한울사회복지학강좌

복지국가에서 능력개발국가로

미국 사회복지의 이해

●

닐 길버트 지음

김영화 · 임성옥 · 공정원 옮김

한울
아카데미

저자 서문

　21세기 유럽과 미국의 사회복지정책은 산업복지국가 형태를 재편성하면서 발전하고 있다. 이 변화들은 다양한 재정, 인구, 사회 요인들에 의해 추진되었다.

　재정 측면에서 볼 때, 사회지출비율은 증가, 안정, 감소 과정을 거쳤다. 예컨대, OECD 21개 회원국의 사회지출은 1960년대부터 1985년 사이에 GDP의 12.3%에서 24.6%로 두 배가 증가하였다. 또한 1980년대 초까지 사회지출 증가율은 서서히 낮아졌고, 1990년대 초에서 말까지 사회지출의 평균비율은 감소하였다. 그러나 노인인구의 증가가 연금, 건강 서비스, 사회보호에 더 많은 지출을 하도록 압박을 가함에 따라 사회복지급여에 대한 요구는 계속 높아졌다. 가족 불안정, 여성 취업, 이민 증가 추세 등과 관련된 또 다른 변화는 다양한 형태의 사회적·재정적 원조에 대한 부가적 욕구가 발생되도록 하였다. 이와 동시에 세계경제의 출현으로 산업복지국가는 노동비용을 더 낮추라는 압력까지 받고 있다.

　산업국가 안에서 나타나는 복지국가의 변형은 위와 같은 요인들뿐 아니라 더욱 커다란 사회·역사적 상황 변화에 의해 이루어진다. 러시아와 동유럽에서 통제경제가 실패함에 따라 시장경제를 지지하는 목소리가 크게 높아졌고, 자본주의 미덕에 대한 신념이 되살아나면서 1990년대까지 사회복지업무에서 시장경제의 가치와 방법이 적용되었다.

우리는 이상의 다양한 요인과 자본주의에 대한 신념으로 인해 1980년대 중반부터 시작된 사회정책의 기본적인 개혁이 사회복지 기능의 민영화를 향해 나아가고 있음에 주목한다. 사회정책은 민영화, 자격 축소, 가장 곤궁한 사람을 대상으로 하는 급여, 노동윤리를 자극하고 경제적 자립을 달성하는 수혜자를 돕는 유인책 도입 등에 의해 다시 설계되었다. 사회권의 축소 및 개인의 노력과 책임을 다시 고무하는 것은 정부의 역할을 약하게 한다. 이 책에 나오는 글은 이러한 변화의 기본적 측면을 살펴보고 분석한 것이다. 여기에 나타나는 변화는 광범위한 자격, 수동적인 소득 부양, 공적으로 전달되는 급여를 특징으로 하는 전통적 복지국가(Welfare State)로부터 복지배분이 소득과 행동을 바탕으로 하여 더욱 선별적이고 노동 지향적이며, 사적으로 전달되는 새로운 접근을 향해서 옮겨가는 움직임을 보여준다. 어떤 사람들은 이 변화를 복지국가의 경계를 약간 바꾸는 주변부적인 수정으로 볼지도 모른다. 그러나 내가 볼 때, 이러한 정책 방안을 모두 합치면 사회보호의 기본적 설계와 철학에서 전통적 모델인 복지국가로부터 새로운 제도적 모델로 바뀔 만큼 거대한 변화를 가져왔다. 따라서 새로운 모델은 이름이 필요하다. 이 모델은 다양한 명칭으로 그 성격이 규명될 수 있지만, 나는 이 모델을 사회복지정책이 사회보호 안전망을 제공하기보다는 사적 책임을 위해서 공적 지원의 바탕을 제공하는 능력개발국가(Enabling State)로 부르겠다.

2000년 12월 14일

닐 길버트(Neil Gilbert)

역자 서문

이 책은 본인이 Fulbright Senior Research 프로그램으로 UC Berkeley에서 1년을 연구하는 동안 Host professor였던 닐 길버트(Neil Gilbert) 교수의 최근 논문들을 번역한 것이다. 미국의 대표적 사회복지학자인 닐 길버트는 복지에 대한 개인과 국가 간의 관계를 새롭게 정립할 것을 주장한다. 그에 따르면, 지금까지 복지는 소비를 위한 일회성 수혜에 그침으로써 개인의 의존성을 더욱 심화시켰으나, 이제는 노동을 위한 복지(welfare to work)를 추구하여 개인이 시민적 의무를 다하도록 하고 이를 위해서 국가는 개인을 직접적으로 부양하는 것이 아니라 개인의 능력을 개발하도록 지원하는 능력개발국가(Enabling State)로 전환되어야 한다는 것이다.

지구상의 수많은 국가들이 신자유주의적 세계화의 물결 속에서 엄청난 변화를 경험하고 있는 지금, 그 변화를 주도하는 미국에서 사회복지가 어떻게 재구조화되는가를 살펴보는 것은 한국 사회에도 중요한 시사점을 제공할 것이다. 자본의 세계화는 시장과 노동 구조의 변화를 가져왔고, 이에 따른 사회복지의 재편은 그 결과가 긍정적이든 부정적이든 한국 사회에 막대한 영향을 끼칠 수밖에 없기 때문이다.

이 책의 내용을 각 장별로 요약하면 다음과 같다.

제1부 제1장 사회복지의 재설계(Remodeling Social Welfare)는 능력개

발국가(enabling state)에 대한 청사진을 가지고 미국 사회복지의 현재 변화와 미래를 분석하고 있다. 저자는 사적인 책임을 위한 공적인 원조의 한도 내에서, 그러나 도움을 필요로 하는 사람들에게는 원조의 손길을 내밀 만큼 충분히 관대한 사회를 건설하는 형태로 사회복지의 재설계를 주장하고 있다.

제1부 제2장 변화하고 있는 복지철학: 자격에서 유인책으로(Changing the Philosophy of Welfare: From Entitlement to Incentives)는 최근의 미국 사회복지정책이 경제적 성과의 향상과 더 많은 조화를 이루어야 하고 중요한 사회적 목표를 성취하기 위한 한 가지 방법으로서, 경제의 공급 측면의 효과적 작용을 고려하여 수행된다는 것을 보여준다. 또한 능동적 사회의 발전을 장려하면서, 수동적 소득부양을 제공하는 복지정책이 고용 및 다른 책임있는 행동을 자극하기 위해 설계된 방안으로 대체되고 있다.

제1부 제3장 능력을 개발하는 시민: 복지국가를 넘어서(Enabling Citizens: Beyond Welfare State)는 복지국가에서 능력개발국가로 바뀌는 미국의 변화를 설명한 것이다. 미국 사회복지는 소득유지를 목표로 하는 복지국가에서 노동과 개인의 능력 부여를 목표로 하는 능력개발국가로 전환되고 있다. 능력개발국가는 그 무엇보다도 미국 빈민이 빈곤과 의존으로부터 스스로를 해방시키기 위해 필요한 능력을 개발하도록 돕는 것을 핵심 내용으로 한다.

제2부 제1장 사회복지의 구조(The Structure of Social Welfare)는 최근 국가나 공공부문의 역할이 변화함에 따라 복지국가의 직접적인 공공지출활동을 넘어서서 정부의 새로운 역할, 즉 능력개발국가가 복지자본주의하에서 형성되고 있음을 분석하고 있다. 현재 미국 사회복지 구조에서 가장 두드러진 변화 중의 하나가 바로 분권화, 민영화, 그리

고 사회시장의 상품화를 위한 방향과 움직임으로써, 이러한 변화들은 사회복지에 대한 공적 책임의 본질적인 성격을 재구조화하는 중요한 힘으로 작용하고 있음을 저자는 비판적으로 검토한다.

제2부 제2장 복지다원주의와 사회정책(Welfare Pluralism and Social Policy)은 1970년대 후반 이후 복지다원주의가 통용되기 시작함에 따라, 사회복지 서비스 급부의 전달에서 공적, 사적 그리고 중앙과 지방의 책임 간의 균형이 변화하고 있음을 지적한다. 저자는 1970년대 이후 미국 사회복지의 발전을 검토하여 사회급부 전달에서 두드러지게 나타나는 민영화와 분권화 경향의 내용, 그리고 이것이 가지는 쟁점들을 구체적으로 살펴본다.

제3부 제1장 서비스에서 사회통제로: 미국의 전문적 사회복지 실천에 대한 복지개혁의 함의(From service to social control: Implications of welfare reform for professional practice in the United States)는 미국 사회복지에서 최근 30년에 걸쳐 이루어진 4개의 주요한 복지개혁, 즉 1962년의 '서비스' 개정법, 1967년 노동유인 프로그램(Work Incentive program: WIN), 1988년의 가족지원법(Family Support Act), 1996년의 빈곤가족에 대한 일시부조 프로그램(Temporary Assistance to Needy Families: TANF)의 전개과정 및 내용을 분석하고 있다. 이러한 주요 복지개혁들에 대한 분석은 소득유지와 사회복지 서비스에 대한 중앙정부의 권한이 어떻게 감소하고, 지방의 책임과 민간의 서비스 전달이 어떻게 증가했는지, 그리고 서비스 기능에 대한 강조가 사회복귀를 위한 개별 사회사업이나 상담에서 근로 지향적인 훈련, 구직활동, 그리고 지방의 고용으로 어떻게 변화되었는지 보여준다. 즉 복지(welfare)에서 노동연계복지(workfare)로의 이동 속에서 사회복지사들의 전문적 역할에 대해 검토하고 있다.

제3부 제2장 복지개혁: 그 함의와 대안(Welfare Reform: Implications and Alternatives)은 기존의 부양아동가족부조(Aid to Families with Dependent Children: AFDC) 프로그램이 총괄교부금(Block Grant) 형태로 바뀌는 복지개혁의 내용과 이에 대한 비판적 인식을 담고 있다. 이 논문은 총괄교부금에 의해 주정부 차원에서의 실험이 가진 문제와 전망, 그리고 총괄교부금하에서의 공공 사회복지 서비스의 미래, 노동요구가 가지고 있는 태생적인 한계들을 언급하고 있다. 이에 덧붙여 AFDC의 원래 목적인 아동의 복지를 어떻게 보장할 수 있는가에 대하여 대안적 접근을 모색하고 있다.

제4부 제1장 사회보장과 퇴직소득의 점진적 민영화(Social security and the Incremental Privatization of Retirement Income)는 퇴직소득의 점진적 민영화 과정, 즉 고용주가 제공하는 연금(기업과 정부)과 개인퇴직계정(IRA)에서 나오는 퇴직소득에 비하여 사회보장에서의 퇴직소득 비율이 서서히 감소하는 과정을 검토한다. 퇴직소득의 점진적 민영화 과정은 결국 각 소득분포에 속하는 계층간의 소득 불평등을 더욱 심화시키는 것으로 나타났다.

제4부 제2장 민영화, 급부, 표적 선정: 미국 사회보장의 경향과 정책 함의(Privatization, Provision and Targeting: Trends and Policy Implication for Social Security in the United States)는 변화하고 있는 미국 사회보장 구조 속에서 진행되는 퇴직소득의 공/사 혼합의 변경, 공적 급여 대체율의 감소, 연령에 따른 급여를 표적으로 하는 개혁을 검토한다. 이러한 개혁의 결과는 가장 곤경에 처한 사람들에게 제공되는 사회보장 재원의 감소, 각종 사회보장 프로그램에 대한 중간 및 상위 소득집단의 정치적 지지 축소, 기업연금에 대한 의존 증가에 따른 공적 규제의 필요성 증가로 나타난다.

제4부 제3장 민영화와 전문화: 미국 사회복지 서비스 전달에 대한 도전 (Privatization and Professionalization: Challenges to Social Delivery in the U.S.A)은 미국 사회복지 서비스 전달에서 발생하는 민영화 경향과 이것이 사회복지 실천에 미치는 영향 및 쟁점들을 검토한다. 저자는 민영화가 사회복지 서비스와 영리추구 공급자 간의 양립성, 직장을 통한 사회복지 서비스 전달의 비용과 이익들, 사회복지 서비스의 전문성과 민주화, 시민사회의 증진을 위하여 지역기반 조직들과 맺는 계약, 전문적 서비스체계에 대한 사적 사회사업 실천 등에 영향을 미침으로써 사회복지 급부에 새로운 사고와 행동의 지평을 열었다고 본다.

미국은 사민주의 또는 집합주의에 기반한 유럽 복지국가의 일반적인 흐름을 따르기보다는 시장과 개인의 자립을 통한 복지를 보다 더 강조해왔다. 그렇다면 닐 길버트가 언급한 복지다원주의적 능력개발국가의 형태가 한국 사회에서는 어떻게 평가받을 수 있는가? 또한 노동연계복지, 민영화 등의 복지 재구조화 방안들이 한국 사회에서도 타당한 것인가? 현재 김대중 정부가 지향하고 있는 생산적 복지는 구체적으로 어떤 면에서 생산을 위한 복지인가? 이러한 논의는 한국 사회복지를 비판적으로 이해하고 세계화에 적극적으로 대처할 수 있는 한국적 복지를 모색하는 데 중요한 밑거름이 될 것이다.

여기에 번역된 닐 길버트 교수의 논문들을 통하여 이러한 성찰이 가능하기를 간절히 바라며, 2편의 논문을 교정해 주신 한국보건사회연구원 박능후 실장께도 감사드린다. 그러나 어색한 문장이나 잘못된 표현의 책임은 전적으로 본인에게 있으며, 더 나은 번역을 위해 많은 비판을 기대한다.

2000년 11월

번역자 대표 김영화

목 차

제3부 복지개혁의 방향과 내용

자 료 출 처

◨ 제1부

• 제1장 사회복지의 재설계(Remodeling Social Welfare)
  - *Social Science and Modern Society*, Vol. 35. No. 5, July/August 1998, pp. 8~13.
• 제2장 변화하고 있는 복지철학: 자격에서 유인책으로(Changing the Philosophy of Welfare: From Entitlements to Incentives)
  - Neil Gilbert, *Welfare Justice: Restoring Social Equity*, Yale University Press, New Haven and London, 1995, pp. 63~83.
• 제3장 능력을 개발하는 시민: 복지국가를 넘어서(Enabling citizens: Beyond the welfare state)
  - Neil Gilbert, *Welfare Justice: Restoring Social Equity*, Yale University Press, New Haven and London, 1995, pp. 148~172.

◨ 제2부

• 제1장 사회복지의 구조(The Structure of Social Welfare)
  - Neil Gilbert & Barbara Gilbert, *The Enabling State —Modern Welfare Capitalism in America —*, Oxford University Press, 1989,

pp. 3~31.

- 제2장 복지다원주의와 사회정책(Welfare Pluralism and Social Policy)
  - James Midgley, Martin B. Tracy, Michelle Livermore(eds), *The Handbook of Social Policy*, Sage: Thousand Oaks, London, New Delhi, 2000, pp. 411~420.

▣ 제3부

- 제1장 서비스에서 사회통제로: 미국의 전문적 사회복지실천에 대한 복지개혁의 함의(From service to social control: Implications of welfare reform for professional practice in the United States)
  - *European Journal of Social Work*, Oxford University Press, Vol. 1. No. 1, March 1998, pp. 101~108.
- 제2장 복지개혁, 그 함의와 대안(Welfare Reform: Implications and Alternatives)
  - *Hastings Women's Law Journal*, University of California Hastings College of the Law, Vol. 7, No. 2, Summer 1996, pp. 323~337.

▣ 제4부

- 제1장 사회보장과 퇴직소득의 점진적 민영화(Social security and the incremental privatization of retirement income)
  - Neung-Hoo Park and Neil Gilbert, *Journal of Sociology & Social Welfare*, June 1999, Volume XXXI, Number 2, pp. 187~202.
- 제2장 민영화, 급부, 표적 선정: 미국 사회보장의 경향과 정책 함의 (Privatization, Provision and Targeting: Trends and policy

implication for social security in the United States)

— Neil Gilbert and Neung-Hoo Park, *International Social Security Review*, International Social Security Association, Vol. 49. 1/96, pp. 19~29.

• 제3장 민영화와 전문화: 미국의 사회복지 서비스 전달에 대한 도전 (Privatization and Professionalization: Challenges to Social Service Delivery in the U.S.A)

— Gaby Flösser Hans-Uwe Otto(ed.), *Toward More Democracy in Social Services*, Walter de Gruyter·Berlin·New York 1998, pp. 295~306.

제 **1** 부
복지철학의 변화와 재구조화

제1장
사회복지의 재설계
(Remodeling Social Welfare)

현대 복지국가의 기원에 대한 다양한 설명 가운데, 두 가지 이론, 즉 수렴과 분산을 강조하는 분석에 수많은 이론과 연구가 초점을 맞추고 있다. 간단히 말해 '수렴이론(convergence theory)'이란 경제성장, 산업화, 인구학적 이동과 같이 복지국가를 결정짓는 특정한 구조적 요인이 있다는 것을 가정한다. 이러한 구조적인 힘에 대응하여, 국가들은 빈곤자들을 위한 공적부조, 노인들을 위한 사회보장 등 제도적인 사회보호장치들을 개발하기 위해 공공지출을 증가시키는 것으로 수렴하는 경향이 있다. 이러한 분석은 자주 인용되는 해롤드 윌렌스키(Harold Wilensky)의 『복지국가와 평등(The Welfare State and Equality)』에서 정교하게 분석되어 있는데, 이 연구는 경제성장과 사회보장지출 수준 간의 관계를 실증적으로 조사한 것이다.

대조적으로, 분산(divergence)을 강조하는 사람들은 높은 추상적 수준에서 광범위하게 유사한 제도적 사회보호장치로 나타나는 것이, 보다 자세히 살펴보면 사실은 서로 다른 복지국가 유형을 의미한다고 주장한

다. 여기에서의 분석 관점은 구조적 결정요인에 대해서는 초점을 적게
두는 반면, 명확한 복지국가체제의 발전을 가져오는 집단적 이해관계의
충돌과 정치적 동원의 과정에 더 많은 초점을 두고 있다[이러한 접근은
에스핑 엔더슨(Gosta Esping-Andersen)의 영향력있는 연구인『복지자본주의의
세 가지 세계(*The Three Worlds of Welfare Capitalism*)』에서 발전된 것으로, 이
연구는 18개 선진산업국가에서의 사회정책을 실증적으로 조사한 것에 기초하
여 복지국가체제를 자유주의, 조합주의, 사회민주주의로 구별하였다].

　거리를 두고 볼 때, 이렇게 외형적으로는 경쟁적인 분석방법이 현대
복지국가의 발전과정에 대한 일치된 은유법을 사용하면 통합될 수 있
다. 썰물 때 커다란 만(bay)에 떠 있는 복지국가라는 배의 선진산업국
가를 상상해 보라. 조수가 물러갈 때, 그것들은 자연이라는 강력한 힘
에 의해 같은 방향, 즉 만의 입구를 향해 수렴되는 것처럼 끌어당겨진
다. 그러나 이러한 국가라는 배는 변화하는 조류 속에서 전적으로 표
류하지는 않는다; 국가라는 배들은 어떤 조종키로 만의 입구에 접근할
것인지 그 목적지를 결정함에 있어서, 승무원들의 이익과 선호를 심사
숙고하는 선거로 뽑힌 지도자들이 민주적으로 배치한다. 해안을 벗어
나 대충 같은 방향으로 움직이는 것 같지만, 엄밀하게 최종목적지는
다른 방향으로 이동할 때, 일부의 배들은 유사한 방향을 따라 항해하
고, 나머지 일부는 독자적인 코스로 항로를 계획하는 소규모 집단을
형성한다. 이처럼 현대복지국가들은 1960년대 초반에서부터 1980년대
후반까지 경제발전의 썰물(ebb tide)을 타면서 다양한 방향으로 확장되
고 분화되었다. 그러나 그 조류는 변화하고 있다. 1990년대가 가까워
짐에 따라, 복지국가라는 배들은 새로운 구조적 압력과 사회·정치적
힘의 밀물(flood tide)이 기동성(maneuverability)의 경로를 좁히고, 사
회복지에 대한 보편적인 장치들을 변형시켜서 만(bay)으로 돌아오고

있다. 이러한 상황이 일어나게 된 방식과 원인에 대해 살펴보자.

1960년 복지국가는 그 지출을 통하여 거의 모든 서구 민주주의 국가에서 역사적인 도약을 준비하고 있었다. 그 당시에 대해, 다니엘 벨(Daniel Bell)은 복지국가를 수용하는 대체적인 합의를 포함하는 부분적인 정치적 타협 때문에 자본주의 사회가 '이데올로기의 종말'에 이르렀다고 선언하였다. 뮈르달(Gunar Myrdal)은 선진복지국가에서의 내적인 정치적 논쟁들을 "광범위한 쟁점들이 점점 사라지고 있음으로 인해 특성면에서는 점차 기술적으로 되어가는 것, 구체적인 문제 해결들에 보다 관심 가지는 것, 그리고 광범위한 쟁점에는 덜 관여되어 있는 것으로" 보았다. 그는 정부의 역할에 대해 선진복지국가에서 모든 민간기업들이 본질적인 측면에서 이미 공적으로 통제되었거나 그렇게 되고 있는 과정으로-국유화되지 않고-생각하였다. 또한 그는 "미래의 복지국가에서는 공적인 소유권과 공적인 관리가 다소 더 큰 역할을 하게 될 것이며, 아마도 결국에는 훨씬 큰 역할을 담당하게 될 것"이라고 보았다. 뮈르달은 1960년 그의 저서인『복지국가를 넘어서(Beyond the Welfare State)』의 많은 부분에서 '복지세계(welfare world)' 건설을 위해 필요한 복지국가 프로그램이 조화를 창출할 것으로 확신하였다.

그 당시의 낙관주의는 대체되지 않았다. 그후 20여 년에 걸쳐 서구 민주주의 국가에서의 사회복지에 대한 공공 지출은 OECD의 21개 국가들에서 1960년 평균 GDP의 12.3%에서 1980년에는 GDP의 23.3%까지 거의 2배로 증가하였다. 미국에서의 지출도 복지국가 발전에서는 느림보로 간주되었음에도 불구하고 스페인, 포르투갈, 오스트레일리아보다 상위에 랭크되면서 GDP의 9%에서 18%까지 2배로 증가하였다. 이 시기 동안 국가가 재정을 담당하고 생산하는 사회복지 프로그램의 가치는 간헐적 비판에도 불구하고 대체적으로 현대 자본주의의 위험과

부족을 교정하는 유용한 대책으로 받아들여졌다. 대중적 승인이라는 물결을 타고, 이러한 계획들은 사회복지급여의 증가비용과 결과에 대해 거의 의문을 제기하지 않는 정치적인 환경 속에서 확대되었다.

복지국가 팽창이라는 이 황금기는 1974년과 1979년 세계경제를 강타한 석유 위기 파동 속에서 끝났다. 1970년대 후반 이후, 사회복지에 대한 공공지출의 비율은 더 이상 증가하지 않게 되었으며, 복지국가는 점차 증가하는 비판에 직면하게 되었다. 사회복지 프로그램들은 자본주의의 불안정이나 결함에 대한 치료책이기보다는 해결하고자 계획된 바로 그 문제의 일부분이 되었다. 비판가들은 복지국가가 동기를 손상시키고, 경쟁을 저해하며, 저축을 억제하고, 국가부채를 증가시킴으로써 시장경제에 해로운 영향을 미치지 않고 전달될 수 있는 것 이상의 것을 약속한다고 주장한다.

1970년대의 석유위기로 인한 재정압박은 사회지출 증가를 저지하기 시작했음에도 불구하고, 복지국가에 대한 증가하는 도전은 보다 광범위한 경제적, 사회적 힘의 강력한 결합으로 촉진되었다. 복지국가를 재편성하고자 하는 경제적 힘은 인구학적 이동과 생산 및 분배의 재조정으로 초래되었으며, 자본의 이동으로 촉진되었다; 이러한 구조적 변화들은 사회지출에 막대한 압박을 초래하는 조건들을 만들어냈다. 사회적 힘은 정부 개입의 제한, 복지와 근로 간의 관계에 대한 생각과 가치가 변화된 결과인데, 이것은 사회복지계획에 대한 규범적 상황을 변화시킨다. 이러한 경제적, 사회적 힘은 뮈르달이 초기에 예상하지 못했던 방향으로 복지국가를 넘어서는 동력을 만들어서 4가지 방면의 결합된 영향으로 수렴되고 있다.

첫째, 구조적 변화의 영역에서 볼 때, 막대한 재정 압박이 사회인구학적 추세와 함께 발달된 사회보장제도의 상호작용에 대응하여 나타날 것으로 추정된다. 예를 들어 대부분의 OECD국가에서, 1960년과 2040년 사이 65세 이상의 인구비율이 9.7%에서 22.2%로 두 배 이상 될 것으로 예상되며, 그중 절반 이상이 75세 이상이다. 동시에, 기대수명은 증가하고 퇴직연령은 낮아지고 있다. 예를 들어, 미국의 경우 1991년도에 평균 은퇴연령은 63.5세였는데, 이 수치는 1940년의 평균 은퇴율보다 5년이나 이른 것이다. 사회보장권이 광범위하게 적용됨에 따라, 증가하는 노령인구는 퇴직, 건강서비스, 사회보호에 대한 공공지출수준을 높이게 될 것이다. 미국의 피신탁인 사회보장이사회(Social Security Board of Trustees)는 최근 노령(Old Age), 유족(Survivors), 장애보험(Disability)의 비용이 2012년경에는 OASDI 기여자를 초과하기 시작할 것이며, 2029년에는 OASDI 신탁기금 내의 적립금과 이자가 고갈될 것이라고 평가하고 있다.

　의료보험에 대한 건강보험 신탁기금(Health Insurance Trust Fund)은 보다 더 심각한 상태이다. 1995년 건강보험 수입은 지출보다 더 적었는데 그 부족분을 채우기 위해 기금자산에 대한 청구가 있었고, 그 기금은 4년 내에 고갈될 것으로 나타났다. 이러한 프로그램들의 재정을 보전하기 위해 결국은 세금 증가, 급부의 감소, 혹은 이 양자를 모두 당국에서 실시하게 되었다. 유럽의 노령연금제도도 유사한 부담에 직면하게 되었다. 프랑스에서는 현재 연금을 받는 한 사람에 대해 세 명의 기여자가 있는데, 2030년경에 이르러서는 퇴직자에 대해 1.6명의 기여자로, 즉 거의 50%가량으로 떨어질 것이라고 지적하고 있다.

　노인인구와 관련한 비용증가는 다른 인구학적 경향과 혼합된다. 혼외출생 및 이혼율이 거의 절정에 달함과 동시에 맞벌이 부부가 증가함으로써 아동과 노인, 그외 보살펴야 할 연약한 친척들의 보호에 대해 현대가족은 그 전통적인 책임을 맡을 수 없게 되었다. 이러한 전개로 인해 국가는 아동보호 및 재정적인 원조, 그리고 그외 다른 원조 서비스를 제공하도록 요구받고 있다. 무엇보다도 가까운 미래를 예측해 보면, 새로운 요구를 만들어내면서 현존하는 욕구는 실천적으로 제거하지 못하게 되는, 사회인구학적 변화의 시기로 조명해 볼 수 있다.

두 번째의 경제적 압박은 경제의 세계화(globalization)에 기인한다─이것은 일부 학자들이 세계 자본주의 발전에서 진보된 단계로 특징짓는다. 자본의 이동이 증가함에 따라 세계경쟁은 더욱 격화되었는데, 이는 국민국가와 사회복지정책에 상당한 함의점을 가진다. 비록 산업국가의 정책들이 국제시장의 요구에 다소 주의를 기울여왔다고는 하지만, 지역 및 국가 시장의 강점은 독자적인 국가경제정책의 추구를 가능하게 하였다. 그러나 최근 십 년에 걸쳐, 자본의 이동은 지역 및 국가 시장에 대해 세계시장의 압박을 강화시켜 왔다. 이러한 과정에서 국가정책 입안자들은 점차 생산비용이 낮은 곳으로 자본이동을 함으로써 압력을 받게 된 재분배적인 사회급여에 대해 억제하여 지출하게 되었다.

세계시장의 경쟁적 규율이 사회급여에 대한 지역의 공공지출을 압박하는 동안, 이민의 증가 경향으로 요구가 증가되는 정반대의 압력이 가해지고 있다─이것은 세계화의 또 다른 측면이다. 기술진보와 정치적 제휴는 자본의 이동을 급속화시켰을 뿐 아니라 노동자들의 이동에 대해서도 새로운 길을 제공했다. 자본이 삶의 기준, 사회급여, 노동비용이 낮은 쪽으로 이동할 수 있는 것처럼 노동자들은 삶의 기준과 임금, 사회급여가 높은 쪽으로 이동할 수 있다. 예를 들어, 1992년 유럽공동체(EU)에 살고 있는 1,060만 명의 주민이 비유럽공동체 국가의 국민이었으며, EU의 500만 명의 국민들은 EU가 아닌 다른 국가에서 살고 있었다. EU의 출현과 소련의 붕괴로 인해 가속화된 노동자들의 이동은 일자리뿐만 아니라 사회급여에 대한 요구와 경쟁을 강화시켰으며, 새로운 이민자들은 기회와 사회급여가 비교적 관대한 땅에서 그들의 행복을 추구하기 시작했다.

사고와 지식의 영역에서, 규범적인 견해는 복지국가 성장의 최근 10년 동안 축적된 경험의 부담 때문에 바뀌고 있는 중이다. 이러한 경험은 사회복지 급여가 일하지 않으려고 하는 동기를 이끌어낸다는 주장을 일리있게 받아들이게 한다. 이것은 미국뿐만 아니라 유럽에서도 빈번한 결론이다. 네덜란드에 대한 OECD 보고서는 "네덜란드에서는 소득의존적인 보조금에 내재해 있는 관대한 사회급부 및 높은 유효한계세율(high effective marginal tax rates)은 일을 하지 않으려고 하는 강한 동기를 만들고, 예외적으로 높은 의존율을 보이는 뚜렷한 징후를 발견하게 하는데, 네덜란드에서는 한 사람의 근로자가 거의 한 명꼴로 사회급부를 받는 사람을 원조해야 한다"고 밝히고 있다. 정부는 소위 '네덜란드병(Dutch Disease)'이라고 하는 것을 제거하기 위해 장애에 대한 자격기준을 강화하고, 급여를 감소하며, 싱글 어머니들은 아동이 5세에 달하면 노동시장에 참여하도록 하는 등의 교정적인 조치들을 시작했다.

네덜란드만이 유별난 경험을 한 것은 아니다. 프랑스의 세입최소지출(Revenu Minimum d'Insertion)에서 오스트레일리아의 새 출발(New-start) 프로그램까지, 최근 십 년에 걸쳐 산업복지국가들은 장애보험, 고용보험, 그리고 사회부조의 수혜자들을 '활성화(activate)'하기 위해 수많은 개혁을 시작했다. 이러한 개혁들은 노동시장에 참여하고 지역사회에 적극적으로 기여하기 위해 계획된 일련의 유인책 및 제재와 함께 '소극적인(passive)' 소득지원을 제공하는 프로그램을 도입하였다. 사회복지에 대한 이러한 접근은 희생자를 비난하지 않도록 사려깊게 만들어 표현한 것으로, 복지급여가 '빈곤의 덫'이나 '강요된 의존'을 만들어낸다는 가능성을 점차적으로 수용하는 것에 대응하여 나온 것이다. OECD 보고서는 "의존의 덫이 대부분의 사회보장제도가 의도하지 않은 결과"라고 언급하는 데까지 나아갔다. 심지어 복지국가의 모범인 스웨덴에서조차, 칼 빌트(Carl Bildt) 수상이 몇 년 전에 언론에 "급여의 수준을 살펴보면, 그 수준이 매우 높아서 일하고자 하는 동기가 감소될 것"이라고 말하였다. 사실, 찰스 머레이(Charles Murray)는 공공복지로 인해 일하고자 하는 동기가 감소된다고 결론짓는데, 이것은 1980년대 중반에 지지받던 복지국가에 의해 이단(heresy)으로 보여졌던 것이 1990년대 중반에는 지혜로 받아들여지게 되었다는 것을 뜻한다.

결국, 국가와 시장 간의 적절한 관계에 대한 규범적 견해는 러시아와 동유럽의 계획경제가 붕괴되고, 사상의 시장(marketplace of ideas)에서 자본주의가 공적으로 받아들여지는 수준이 기록적으로 상승하게 됨에 따라 중대한 전환을 경험하게 되었다. 1942년 조셉 슘페터(Joseph Schumpeter)는 대중의 마음이 "자본주의에 대한 유머가 전혀 없으리만큼 자본주의를 비난하고 자본주의의 기능은 이미 지나간 것으로 결론 내린(토론의 예의를 지키기 위한 것으로밖에는 받아들이지 않는)" 것을 발견하였다. 오늘날, 사적인 부문 덕분에 생겨난 새로운 공공신념의 결과들은 사회복지 기능들을 민영화시키는 무수한 장치들 속에서 뚜렷하게 나타난다. 민영화는 텍사스에서 거의 휩쓸었는데, 앤더슨 컨설팅 록히드 마틴(Anderson Consulting Lockheed Martin)과 같은 거대 회사들이 연간 5억 달러 이상의 예산이 드는 국가의 전체 복지시행을 관리하기 위한 계약에 입찰하고자 경쟁적으로 줄을 섰다. 모든 계획들이 연방정부의 승인으로 부인되었음에도 불구하고(급여 자격기준의 결정이 공공부문 피고용인들에 의해 행해졌기 때문에), 주정부는 이 제도에 등록하는 것과 관련없는 다른 모든 활동을 수행하도록 민간회사와 계약할 수 있는 권한을 부여받게 되었다. 마가렛 대처(Margaret Thatcher) 하에서 10년 이상의 민영화 이후, 신노동당은 더 이상 정부활동의 민영화에 반대하지 않는다는 토니 블레어(Tony Blair)의 선언과 함께 최근 좌파의 입장을 밝히는 순간이 영국에 도래하게 되었다.

팡파르도 없이, 노령연금은 계속적으로 증가하고 있는 민영화 과정으로 나아가고 있다. 1976년과 1992년 사이에, 미국에서는 피고용인 계획 및 연방정부의 사회보장제도로부터 노인들이 받는 총연금 중, 고용연금으로부터 나오는 퇴직급여가 25%에서 33%로 증가하였다. 미국의 경험은 보다 관대한 일부 스칸디나비아 국가들의 사적연금을 쫓아가고 있다. 예를 들어, 덴마크에서 1980년과 1992년 사이에 사적연금 지출이 공적연금과 사적연금의 전체비율 중 20%에서 30%로 상승하였다. 1985년 이후, 노르웨이에서도 느린 속도이긴 하나 사적연금 비율이 증가하고 있다. 무엇보다도 사적인 부문에 호의를 가진 규범적 변화는, 현대 사회정책들이 점차적으로 서비스 전달에서 경쟁을 강화하기 위해 시장 및 시장과 유사한 조건들을 만드는 방향으로 나아가고 근로윤리를 증진시키기 위해 유인책과 제재를 도입하는 방향으로 나아가고 있는 것과 같이, 복지국가에 자본주의의 윤리가 주입됨으로써 수행되고 있다.

위에서 대략 밝힌 구조적, 규범적 변화에서의 영향력있는 4가지 방향에 특별히 무게를 두는 것은 그것들 모두가 광범위한 수혜권제도에서 정부가 사회급여 지출을 전달하는 데 기초를 두고 있는 보편적인 복지국가에서 벗어나, 같은 방향으로 나아가도록 압박받고 있기 때문이다. 아마도 미국이 복지에 대한 사회권에서 근로에 대한 사회책임과 비용억제 및 민영화를 향해 가장 먼저 나아가고 있는 나라일 것이다.

이러한 변화의 움직임들은 근로동기는 필수적이며, 일정 정도의 민영화는 바람직하고, 복지국가의 예산수준은 더 이상 지탱할 수 없다는 보수주의의 견해와 진보주의가 주목할 정도로 수렴됨으로써 지지되고 있다. 수많은 유럽의 복지국가들이 종종 막연하게 부인하면서도, 다양한 속도로 이러한 방향을 향해 나아가고 있다. 예를 들어 OECD 보고서는 "개인의 권리를 존중하는 구조에서라면 일부 직업훈련 방식이 어떠한 강제적인 소득원조 패키지의 일부가 될 수 있다"고 주장하고 있다. 이 보고서는 개인이 그 훈련 프로그램에 참여할 수 없거나 참여하기를 거부하는 경우, '강제적인' 직업훈련이 소득원조에 대한 개인의 '권리'와 어떻게 일치하는지는 밝히지 않고 있다. 또 다른 OECD 보고서는 "복지제도가 그것의 기본원칙에 의심의 여지가 없다면, 자격기준과 급여에 관해 재심사하여 보다 엄격해져야 한다"고 충고하고 있다. 그러나 만일 자격기준과 급여—누가 얼마나 받을 것인가—에 대한 설계가 복지제도의 기본원칙 사이에 존재하지 않는다면 무엇이 남겨지는가?

우리들이 알고 있는 것처럼, 복지국가가 산업혁명이 진행되는 와중에 남겨진 것이라는 점이 시사하는 바는 사회복지 프로그램의 끝이 없다는 것을 의미한다. 누구도 사회보장, 의료보험, SSI[1] 공적부조, 실업보험, 주간보호, 헤드스타트(Headstart),[2] 그리고 그외 나머지가 폐기될 것이라는 것을 상상하지 못한다. 그러나 이것들이 발전된 사회정책 환경은 일련의 인구학적 조건과 시장조건에 의해 제약을 받을 것이며, 1980년대 초반을 통해 사회복지 프로그램이 전개되었던 것과는 근본적으로 상이한 규범적 가정들에 의해 채워질 것이다. 이러한 구조적 조건들과 사회규범들은 사회복지정책을 경제적 조건에 종속시키는 노

---

1) 장애인을 위한 정부의 소득보조 프로그램(역자주).
2) 저소득 자녀의 교육원조 프로그램(역자주).

동시장의 유연성에 대한 욕구, 민간부문에 대한 새로운 시장개방, 국가
간 경쟁에 대한 압박, 그리고 적자지출에 대한 부담 등과 같은 새로운
구조적 관례를 발생시키고 있다. 이처럼 새로운 구조 내에서 사회복지
정책들은 점차적으로 더 많은 사람들이 일하고, 민간부문이 더 많은
영역을 담당하도록 설계되고 있다. 실천현장에서 명칭이 변화하든 그
렇지 않든 간에(옛 꼬리표에 달려 있는 정치적·이데올로기적 명분들) 우리
가 알고 있는 복지국가는 능력개발국가(enabling state)로 대체될 것이
다. 능력개발국가에서는 사회급여가 사적 책임을 위한 공적 원조의 기
치 아래로 이전된다.

능력개발국가의 도래는 사회권(social right)의 확산과 복지국가 황금
기의 확대에 수반되었던 사회지출의 증대를 적절하게 관리할 수 없는
것에 대한 필수불가결한 대책이다. 이것은 공공비용을 억누르고 선진
화된 자본주의 사회에 노동력의 탄력성을 제공하기 위해 고안된 치료
책이다. 그러나 신중한 적용이 필요하다. 새로운 정책들이 복지에 대한
사회적 수혜권과 자족을 위한 개인 책임간의 균형을 보다 잘 맞추기
위해 추진됨에 따라 이러한 정책들은 고용을 원하는 모든 사람들에게
임금고용이 개방되어 있으며, 일자리를 구하는 사람들은 모두 정상적
인 직업을 가질 만큼 유능하며, 일하는 사람들은 모두 충분히 독립적
으로 소득을 벌 수 있다는 가정을 기정 사실화할 위험이 있다. 그리고
이러한 가정들은 경제적 디저트(dessert)라는 문제로 바뀌어 공적인 논
쟁을 일으키게 할 것이다. 사실, 사회복지정책이 공적부조의 자격기준
을 강화하고, 싱글어머니들에 대한 시간제한과 빈곤가족의 공적부조
자격기준에 대한 제한, 그리고 일자리가 없는 사람들을 위해 연방정부
에서 기금을 제공하던 일반부조 프로그램을 감축하고 제거함으로써 노
동참여를 증가시키는 방식으로 재설계되면서 오랫동안 행사되지 않고

동면 중이었던 복지혜택을 받아야 할 빈민(deserving poor)과 받을 가
치가 없는 빈민(undeserving) 간의 차별이 부활되기 시작하고 있다.

능력개발국가가 현재와 같은 형태를 띠게 됨에 따라 가장 약하고 가
장 불리한 사회구성원들, 즉 책임감을 행사하기에 가장 무능하며, 도움
과 보호가 가장 많이 필요한 사람들과 노동하고 있는 빈곤자들, 즉 혼
자 힘으로 경쟁하기에 어려움을 가지고 있으며, 그 어려움을 덜어줄
필요가 있는 계층의 사람들을 위한 사회보호를 희박하게 하고 있는 것
같다. (그러나) 노동하고 있는 빈곤자들의 수는 1992년과 1998년 사이
에 30%나 감소하였다. 이처럼 놀랄 만한 감소는 노동 지향적인 정책
개혁과 튼튼한 경제가 압박과 고용기회를 만들어냄에 따라, 복지 등록
을 하는 빈곤자들이 적어지고, 그리고 등록자들은 복지혜택에서 보다
빨리 벗어나고 있음을 반영한다. 그러나 '노동하고 있는 빈곤자'가 의
미하는 바를 분명히 하는 것은 중요하다. 최저한의 저임금 직종들에
강제적으로 등록되어 있는 복지수혜자들은 빈곤의 공식적인 정의에 의
해 빈곤자로 여전히 남아 있을 것(1997년 2인 가족은 10,610달러, 3인 가
족은 13,330달러)이라는 염려는 문제를 과장하는 것이다. 다른 급여를
고려할 때, 최저임금을 받고 일하는 많은 사람들은 빈곤선보다 높은
순수입을 가지게 된다. 따라서 12개의 큰 주에 거주하는 3인 가족의
순수입은 최저임금에 공적부조(지금은 빈곤가족에 대한 일시부조라고 부른
다)에서 나온 일정 급여나 식품권을 더하고 근로소득세 공제(Earned
Income Tax Credit)를 더한 것에서 지불급료 총액세와 소득세를 뺀 액
수가 되는데, 도시연구소의 로버트 러만(Robert Lerman)은 모든 주에
서 일주일에 35시간 일하는 복지수혜자들은 빈곤선보다는 나은 순수
입을 가지게 될 것이라고 보고 있다; 이러한 주 중에서 5개 주(캘리포
니아와 뉴욕을 포함한)에서의 가족 순수입은 최저임금으로 일주일에 20

시간만 일한다고 해도 빈곤선 이상이 될 것이다.

연방정부의 규정에 의해 법적으로 궁핍하지 않다고 해도, 공식적인 빈곤선 이상의 수입을 얻는 대부분의 가족들은 보편적인 중산층 기준에서 보면 여전히 빈곤하다. 그들은 건강보험도 없으며 재산을 축적할 가능성도, 자기 집을 가지는 아메리칸 드림을 공유할 전망도 없다. 현존하는 급여를 증가시키거나 수정하는 몇몇 조치들은 일하는 빈곤자들에게 원조의 손을 제공할 것이지만, 궁극적으로는 능력개발국가의 노동지향적인 정책들을 한층 강화시킬 것이다. 저소득 근로가족에게 의료보험의 건강보험 급여를 확장시키는 것은 복지(welfare)에서 노동(work)으로의 이동에 안전한 발판을 제공할 것이다. 근로소득세 공제의 증가는 노동을 보다 가치있는 것으로 만든다. 마지막으로, 저소득가족을 위해 주택융자이자신용을, 환불받을 수 있는 주택융자세금신용으로 전환하는 것은 저소득가족들이 집을 구매하고 지역사회에서 보다 강한 이해관계를 발전시키도록 돕게 될 것이다.

개량적인 조치들이 노동력을 흡수하여 저소득 근로자들의 환경을 개선할 수 있도록 설계될 수 있지만, 뒤에 남겨진 실직자들은 더 큰 문제에 직면하게 된다. 복지를 떠날 수 있고 떠날 의지도 있는 대부분의 사람들이 수혜자에서 벗어나게 됨에 따라, 남아 있는 사람들은 인지적, 행동적 측면에서 심하게 계층화가 되면서 가장 무능하고 취업되기가 어려운 사람들로 대표된다. 일상 상황에서 수학을 응용하며 독해할 수 있는 개인능력을 측정하는 성인독해조사(National Adult Literacy Survey) 결과에 의하면, 공적부조 수혜자의 35%가 독해의 가장 낮은 5 수준에 속하는 것으로 점수가 나타났다. 지도 위의 교차점 위치를 찾아내는 것과 같은 업무를 완수하지 못하는 이 범주에 속하는 사람들은 정부의 수혜자 신청서를 채우며, 그 전체 비용을 그들이 속한 범주의

순서대로 메우는 것으로 나타났다(수혜자의 37%가 두 번째로 낮은 범주
에 위치하는 것으로 나타났다). 고등교육 수준에서 수학응용과 읽기 기능
을 측정하는 군대자격시험(Armed Forces Qualifying Test: AFQT)의
결과에서도 유사한 특성이 나타났는데, 이 결과에 의하면 복지수혜자
의 33%가 가장 낮은 기초기능을 가지고 있으며, 10번째 백분위에 있
거나 그 이하에 있음을 알 수 있다(또한 추가적 31%가 10~25번째 백분
위 사이에 위치할 만큼 낮은 것으로 나타났다). 「콜롬비아대학의 약물 중
독 및 남용센터(Columbia University Center on Addiction and Abuse)」
라는 기관에서 나온 결과에 따르면, 행동장애에 대해서도 18세~24세
의 복지 수혜모 37%가 알코올이나 마약을 남용하거나 중독되어 있는
것으로 나타났다. 이러한 결과들은 자기보고(Self-reports)에 근거한 것
이므로, 아마도 그 수치는 현실보다 과소평가되었을 것이다.

   최하층의 만성실업의 공적부조 수혜자들에 대해서는 어떻게 할 것
인가에 관한 질문은 수혜자들로 하여금 복지수혜에서 노동(work)을 하
도록 조장하는 쟁점보다 더 두드러진 것은 없다. 그러나 근로장려에
대한 성공의 증가는 뒤처진 사람들을 위한 정책들을 만드는 것에 일반
적 관심을 증가시킬 것이다. 이 정책의 선택은 일이나 일과 관련된 활
동을 강조하는 점에서 최소에서 최대까지의 측정치 간격으로 연속 형
태를 형성하는 것으로 나타날 수 있다. 이 연속체(continuum)의 한쪽
끝은 수동적인 수용의 정책이다. 복지수혜자에 대한 빈곤가족일시부조
(TANF) 프로그램의 5년간의 시간제한에서 20%의 예외는 이러한 수
동적인 접근, 즉 복지수혜자 중의 상당한 비율이 5년 이상 공적 원조
를 요구할 것이라는 수동적인 접근을 반영한다. 만일 만성실업층(hard-
core)이 20% 이상이라면, 이 정책은 그 수치를 맞추기 위해 조정될 수
있으며, 또한 일부 지역사회 서비스 형태를 부과할 수도 있다. 수동적

인 수용을 넘어, 그들의 적극성을 요구하는 접근방법이 다소 있으나
그것도 여전히 노동 참여에 초점을 두지는 않는다. 만성적 실업층을
위해 제한적인 취업 가능성을 주기보다, 오히려 수혜자의 아동양육을
점검하는 데 공적인 노력들을 집중하고, 아동들에게 특별교육과 사회
복지 서비스를 제공하며, 부모로서의 역할을 향상시키도록 훈련기회를
제공하고, 그리고 십대 어머니들과 그들의 자녀를 그룹홈 내 성인의
지도감독하에 둠으로써 수혜자 자녀들의 삶의 기회를 개선하는 것에
중점을 두어야 한다는 것이 여기에서의 견해이다. 이러한 접근은 또한
지역사회 서비스를 포함할 수도 있다. 임금노동의 가치를 강조하는 사
람들이 선호하는 세 번째 선택은 정상적인 노동시장에서는 경쟁력있게
기능할 수 없는 복지수혜자들을 위해 보호 환경 속에서 공공취업을 확
대시키는 것이다. 마지막으로, 강력한 교육과 재활 노력을 통해 문제행
동 및 기초기술 부족을 보충하는 방안이 있는데, 이는 보충을 하더라
도 복지수혜자들을 정규직에 취직시키기는 가장 어려운 경우가 될 것
이다. 비록 연속체(continuum)로 제시되었음에도 불구하고, 실천적으
로 본다면 이러한 선택방안들은, 혼합된 정책들이 '만성실업층
(hardcore)'은 취직하는 데 서로 다른 문제들과 장애를 가지고 있다는
하나의 은유적 의미라는 것을 인식함으로써, 이러한 대안들이 다양한
장기간의 복지수혜자층에 맞출 수 있다는 점에서 서로 배타적이지는
않다.

계획단계에서 여전히 능력개발국가에 대한 청사진을 가지고 볼 때,
일을 할 수 없거나 재정적으로 보장될 만큼 충분하게 소득을 벌지 못
하는 사람들을 원조하기 위해 계획된 조치들을 정책 입안자들이 더욱
심사숙고함으로써 노동에 대해 강경노선의 가정들을 완화시키는 것이
그렇게 늦지는 않았다. 도전은 복지국가를 넘어서, 사적인 책임을 위한

공적인 원조를 제공하는 한도 내에서 군건한, 그러나 도움을 필요로
하는 사람들에게는 원조의 손길을 내밀 만큼 충분히 관대한 사회를 건
설하는 것이다.

제2장
변화하고 있는 복지철학: 자격에서 유인책으로
(Changing the Philosophy of Welfare: From Entitlement to Incentives)

사회급여에 대한 자격은 미국뿐만 아니라 대부분의 산업민주주의 국가에서 현대복지제도의 발전과 함께 확대되었다. 이 확대는 사회지출의 상승으로 반영되는데, 1960년과 1985년 사이 경제협력개발기구 (Organization for Economic Cooperation and Development) 21개 회원국의 사회지출은 GDP의 12.3%에서 24.6%로 평균 두 배가 되었다 (OECD, 1988).[1] 직접적 사회지출은 전체 복지지출을 대략적으로 예측해주는 수치일 뿐이지만, 이 수치는 대부분의 증가가 나타났던 1960년과 1980년 사이에 사회정책의 주도권을 유지하게 만들었던 강력한 팽창 조류의 의미를 시사한다.

이 기간 동안 사회복지 배분의 근본적 문제는 다음의 두 가지 질문으로 이루어졌다. 첫째, 사회는 다양한 집단의 서로 다른 욕구에 대해

---

1) 이 평균은 GDP의 15%에서 36%까지 이른 1985년의 경비규모와, 25년이라는 단기간에 걸쳐 50%에서 360%에 이른 경제성장률을 비교해서 보여준다.

어느 정도의 지출(흔히 GDP의 비율로 표현되는)을 할 수 있는가? 둘째, 정책 입안자들은 이들 집단 가운데 급여에 대한 자격이 있는 사람을 어떻게 규정할 것인가?(Berkowitz, 1981) 첫 번째 질문은 전체적인 강제가 개입되는 문제이기 때문에, 이 질문에 먼저 답을 하고 나서 그 강제하에서 자원배분을 하기 위해 자격부여에 대한 규칙을 공식화하는 두 번째 질문을 언급하는 것이 합리적인 논리이다. 그러나 실제로는 이와 반대되는 경향이 있어서 자격의 성격이 결정된 후에 얼마나 지출할 것인가에 대한 해답이 나온다. 이에 따라, 베르코비츠(Monroe Berkowitz, 1981: 1)는 장애보험을 분석하면서, "거의 모든 국가에서 먼저 묻고 해결해야 하는 것이 급여에 대한 자격"이라고 지적한다. 사실, 그의 관찰은 사회급여의 대다수 분야에 적용되고, 1980년대 초까지 복지국가의 정책지향을 구현했던 자격의 확대에 대한 지속적인 관심을 반영한다.

복지국가에서 자격은, 철학적으로 '시민권 중 사회권(social rights of citizenship)'으로 자주 해석된다. 마샬(T. H. Marshall)이 설명한 것처럼, 전통사회에서 산업사회로 변천하면서 이러한 권리들은 시장경제의 변화로부터 사회적 보호를 제공했을 뿐만 아니라 개인과 국가를 이어주는 결속을 형성하여 사회통합의 수단으로 이바지하였다. 그러나 시민이 부여받는 사회권은 복지급여의 확대에 상당한 여지를 허용하지만, 그 정확한 내용은 불확실하다.

사회적 권리의 시각에서 볼 때, 복지급여의 자격 기준은 흔히 시민으로서 그 사람의 지위와 장애, 노령, 빈곤 또는 실업자이거나 편부모와 같이 위험형태에 취약한 집단의 구성원을 포함한다. 관심의 초점은 수혜자가 급여를 받을 가치가 있는가(worthiness of recipients)도 그들의 행동도 아닌 시민이 권리를 주장할 수 있는 급여의 범위이다. 지난 수십 년에 걸친 정책에 대한 지침으로서 사회적 권리의 관점은, 시민이 부여받은 광범위한 보호에 반하여(against) 나타나는 문제와 위험을 조명하는 횃불이 되었다.

최근 들어, 복지자격(welfare entitlements)에 대한 철학적 지향에서 두드러지는 변화가 있어왔다(이것은 정책입안자들이 이제 막 이해하고 있는 새로운 종류의 실천적 쟁점이 수반된 변화이다). 사회권은 자격의 성격과 관련된 분석이, 사회적 요구를 확대시키는 것으로부터 이들 요구와 결부된 책임을 기술하는 것으로 방향을 바꿈에 따라 반전되었다. 현재 제기되고 있는 질문은, 사회복지급여가 시민의 권리라면 이 권리에 어떠한 시민적 책임이 수반되는가라는 점이다. 비록 사회적 권리는 개인이 합법적으로 자격을 부여받는 유형의(tangible) 급여에서 분명하게 나타나지만, 사회적 책임은 확인하기가 더 어려운 것이다. 사회적 책임은 일련의 규정된 법적 의무보다 사람들이 어떻게 행동하도록 기대되는가 그리고 사람들이 서로에게 의무로 느끼는 것에 대한 규범적인 합의에 더 많이 의지한다. 월프(Alan Wolfe, 1989: 2)는 서로에 대한 의무를 구체화하는 도덕률을 정의하기가 어렵다고 설명한다. 즉 "자유시장도 민주국가도 그런 규약이 부과해야 하는 의무에 대한 명시적 논쟁에서 편안할 수 없다… 둘 다 의무보다는 권리를 강조한다. 둘 다 목적보다는 절차에 가치를 둔다. 자본주의와 자유민주주의가 결합될 때, 다른 사람에 대한 자신의 의무가 무엇이어야 하는가를 스스로 결정할 가능성은 주어지지만, 그 다음에 이를 충족시키는 방법에 대한 만족할 만한 지침은 거의 주어지지 않는다."

현재, 사회복지의 급여자격에 수반되는 사회적 책임의 성격에 대한 철학적 사고는 유럽보다 미국에서 좀더 뚜렷하고 **활발**하다. 미드(Lawrence Mead, 1986)의 1980년대 사회적 의무에 대한 분석은 미국에서 논쟁을 일으켰는데, 그 예로는 구할 수 있는 직업에서 종사하기, 가족부양에 기여하기, 고용될 수 있도록 학교에서 충분히 배우기, 법을 준수하기와 같은 기대된 행동의 실행을 어느 정도까지 공적부조의 조건으로 내세워야 하는가에 대한 것이었다. 이 논쟁은 몇 년 후에 시작된 공동체주의운동(Communitarian movement)에 의해 확산되었다(Etzioni, 1991b; Glendon, 1991). 공동체주의운동은 레이건-부시(Reagan-Bush)의 보수주의와 뉴딜-위대한 사회(New Deal-Great Society)의 자유주의 사이에 새로운 중간지대를 만들고, 사회적 권리와 책임(social rights and responsibilities) 사이의 적절한 균형문제를 사회정책에 대한 공식적 논의의 전면으로 끌어내는 데 힘을 쏟음으로써 자유주의와 보수주의 진영의 구성원 모두에게서 주목을 받았다.[2) 이 운동의 진전을 판단할 수 있는 척도 중의 하나는 1992년 대통령선거 유세기간 동안 클린턴(Cliton)과 고어(Gore) 두 사람이 자주 표현했던 공동체주의(Communitarian)에 대한 지지에서 볼 수 있다(Galston, 1992).

중간지대를 만들려는 중도파의 의도에도 불구하고, 사회적 책임에 대한 논쟁은 복지에 대한 보수적 사고를 답습하는 경향이 있는데, 이는 예전의 '가치있는'(사회적으로 책임져야 할) 빈민과 '가치없는'(책임질 필요가 없는) 빈민 사이의 차별을 상기시킨다. 만약 유럽의 사회정책 분석가들이 복지에 대한 사회적 권리가 개인의 책임과 어떻게 관련되어 있는가라는 일반적인 문제에 보다 더 소극적이라면, 이는 복지국가에

---

2) 개인의 권리와 시민적 의무 사이에 도덕적 균형을 향상시키기 위한 공동체주의(Communitarian) 원리는 「대응하는 공동체주의 강령(Responsive Communitarian Platform)」(1992)에 의해 초안이 잡혔는데, 여기의 초기 가입자는 Robert Bellah, Amitai Etzioni, William Galston, Mary Ann Glendon, Albert O. Hirschman, Richard John Neuhaus, David Reisman, Alice Rossi, Isabel Sawhill, and Lester Thurow와 같은 사상가가 포함된다.

대한 유럽 지지자들 사이에서 자유주의적 전통이 미국보다 더 강하고 이 문제에 들어 있는 보수적 사고에 보다 더 민감하다는 사실을 반영하는 것이다. 어떤 이는 사회적 권리와 책임의 균형에서 제기되는 철학적 질문이 복지에 대한 사회권이라는 기본적 신조(basic tenets)에 도전하는 것이라고 볼 수도 있다. 예를 들어 경제협력개발기구(OECD)의 정책분석을 보면, 자격을 제한하고 재정의하라는 충고는 사회권에 대한 확언에 의해 다음과 같은 조건이 붙는다는 사실을 발견한다: "그러므로 이 논리는, 개인적 권리를 존중하는 틀 속에서 몇 가지 훈련유형이 소득부양 프로그램에서 의무적 부분이 될 수 있음을 동시에 제안한다"(OECD, 1988a: 27, 강조는 첨가된 것임). 여기에 이를 다시 확신하게 만드는 또 다른 근거가 있다. 즉 "복지제도는 중심이 되는 신조(central tenets)에 대한 문제제기 없이 자격과 급여의 측면에서 재조정되고 보다 더 엄격하게 만들어야 한다"(OECD, 1991: 89, 강조 첨가된 것임).

철학적 논쟁을 하는 데 존재할 수도 있는 망설임이 무엇이든 간에, 현실적으로 말해서 복지정책이 특히 노동력 참가와 연관된 사회적 행위에 어떻게 영향을 미칠 것인가라는 질문은 현대복지국가의 의제에서 중요하다. 비록 이러한 전개양상이 산업국가 전역에서 일치하지는 않으나, 주목할 만큼 충분히 강하다. 예를 들어, 1978년과 1989년 사이에 사회보장의 주요 경향에 대한 국제사회보장협회(International Social Security Association, 1989: 258)의 비평은 "사회정책은 자원을 흡수하여 경제발전을 저해해서는 안되고, 오히려 생산성의 기초가 되는 사회적 요소를 강화함으로써 경제발전을 뒷받침해야 한다"는 것을 점차적으로 인식하는 데 주목한 것이었다. 이와 유사한 맥락에서 OECD(1988a: 24)는 『사회보호의 미래(*The Future of Social Protection*)』라고 제목 붙인 보

고서에서 사회정책은 경제적 성과의 향상과 더 많은 조화를 이루어야
하고 "중요한 사회적 목표를 성취하기 위한 한 가지 방법으로서, 경제
의 공급 측면의 효과적 작용과 관련"이 있어야 한다고 주장한다. 국제
기구의 외교적 언어에서 양쪽의 이러한 진술은 사회복지적 노력이 더
많은 사람들을 일하도록 만들어야 함을 강조하고 있다.

　　OECD는 '능동적 사회(active society)'의 발전을 장려하면서, '수동
적 소득부양(passive income supports)'을 제공하는 복지정책이 고용 및
다른 책임있는 행동을 자극하기 위해 설계된 방안으로 대체되는 것에
찬성한다(OECD, 1989; Kalisch, 1991). 마크런드(Marklund, 1992: 10)
는 이에 대한 스웨덴의 전개양상을 언급하면서, "시장지향적 사회보장
(market-oriented social security)을 향한 스웨덴의 움직임은 경제의 생
산성과 경쟁을 증가시키려는 노력을 포함한다. 그러나 이 노력은 개별
노동자에 대한 더욱 강력한 압력을 함께 포함하고 있다. 욕구에 따른
복지(according to need)라는 개념은 적어도 부분적으로는 유인책을 지
향하는 정책(incentive-oriented policies)으로 대체되었다"고 본다. 미국
에서는 이 유인책을 지향하는 방안이 새로운 온정주의(new paternalism)
라고 이름붙여졌다(Besharov, 1992). 이러한 정책 주도(policy initiatives)
가 능동적 사회를 증진시키는 것으로 여겨지든 새로운 온정주의라는
전문용어로 덜 살벌하게 제시되든 간에, 우리는 유럽과 미국 양쪽에서
노동력 참가를 장려하고 경제적 독립을 조장하는 방안을 공식화하려는
쪽으로 관심이 증가한다는 것을 알 수 있다.

1) 급여와 유인책의 연결(Linking Benefits and Incentives)

　　현대복지국가는 공적부조, 실업보험, 장애보험, 공적연금을 포함한

소득유지 프로그램의 토대 위에 세워졌다. 1980년대 중반 이래 정책입안자들은 각 영역의 복지급여와 노동에 대한 유인책을 연결하는 광범위한 법률과 규정을 도입하였다.

미국에서 대부분의 광범위한 개혁은 공적부조에서 이루어지는데, 이는 1988년의 가족지원법(Family Support Act)과 함께 시작되었다. 이 법은 많은 사람들이 복지개혁에 대한 새로운 공식적 합의인 것처럼 기술하면서, 3세 이상의 아동이 있는 복지 수혜모(welfare mothers)에게 일자리를 구해야만 과정이 수료되는 직업훈련과 교육 프로그램에 등록할 것을 요구한다. 복지에서 노동으로 전환을 조장하기 위하여 주간보호 서비스와 의료보호에 대한 자격심사는 고용된 첫 해 동안 계속된다(Novak, 1987). 복지 수혜모는 아이의 아버지가 아동부양금에 대해 책임지도록 하기 위해서 부권(paternity)을 확실하게 확립할 의무가 있다. 서비스와 급여의 확대라는 당근 뒤에는 직업훈련과 구직에 대한 요구에 순종하지 않는 이들에 대한 지원금 삭감이라는 위협적인 채찍이 붙어다닌다(비록 이 제재는 거의 적용되지 않지만).

1991년에는 많은 주들이 자족을 장려하는 다양한 유인책을 수행함에 따라 개혁의 새로운 물결이 밀려들었다(Greenstein, 1992; Mead, 1992). 예를 들어, 뉴저지(New Jersey) 주는 수혜자가 고졸에 상당하는 학력을 얻기 위해서 노력하는 모습을 보여야 한다는 요구를 급여와 결합시켰고, 복지 수혜모가 결혼할 경우 급여의 일부를 계속 받도록 허용하였으며, 복지 프로그램 등록기간 중에 자녀를 더 가지는 수혜모에게는 급여의 증가를 인정하지 않았다(Florio, 1992). 또한 다른 주는 10대모(teenage mothers)가 학교에 가도록 유도하고 그들의 자녀에 대한 예방적 건강보호를 보장하며, 그 자녀들이 학교에 가도록 요구함으로써 상과 벌을 동시에 주는 방안을 시도하였다. 1993년까지 의회는 복지의존에 대해 2년의 제한을 두겠다는 클린턴 대통령의 약속을 실행하기 위한 방안을 제출하고 있었다.

미국 복지를 개혁하도록 자극했던 불안과 유사한 내용으로 인해 영국의 공적부조가 재검토 중에 있다. 영국의 정책 입안자들은 소득지원급여가 편부모의 노동동기를 저하시키는 정도에 대해 염려한다. 또한 보호받지 못하는 많은 부모들도 자신의 가족을 부양할 재정적 의무를 다하는 데 무기력하다. 브레드쇼(Jonathan Bradshow)와 밀러(Jane Millar)는 편부모에 대한 재정 지원이 공적부조의 합법적 기능임을 인식하면서, "만약 '의존을 강조'하지 않으려면, 편부모를 노동하게 만드는 대책이 필요할 것이다"(1990: 458)라고 경고한다.

프랑스 역시 노동지향적 개혁을 실행하고 있다. 로카르(Michel Rocard) 수상은 1988년 세입최저지출(Revenue Minimum d'Inseriton)을 '복지자격에 대한 진정한 개혁'으로 소개하였다(Collins, 1990: 121). 빈민을 원조하도록 설계된 이 프로그램은 독신 신청인에게 전국 최저임금의 53%, 두 아이가 있는 부부에게는 86%까지의 수당(어떤 다른 소득원에서 나온 1프랑마다 1프랑이 감소된 금액)을 제공한다. 그러나 프로그램 참가자는 이 급여를 받기 위해서 지역위원회와 협상한 사회복귀계약에 서명할 의무가 있는데, 여기에는 직업적 재통합을 향한 구체적인 단계들에 대한 시간표가 포함되어 있다. 수당은 연 4회 재검토되고, 만약 수혜자가 계약한 의무를 다하는 데 실패하면 취소될 수 있다.

공적부조 개혁이 노동에 대한 유인책을 통합한 것처럼, 실업보충급여와 고용을 증진시키는 방안을 서로 밀접하게 결합하려는 유인책들이 시도되었다. 이러한 변화는 미국보다 유럽에서 더 분명한데, 그 이유는 유럽의 실업구제대책이 급여를 상대적으로 더 높게 지속적으로, 그리고 종종 취업경력이 없는 10대도 이용 가능하도록 제공하는 경향이 있기 때문이다. 이렇게 관대한 조처는 수혜자가 구직활동을 하려는 동기를 더 낮게 만든다. 뉴질랜드, 스웨덴, 영국과 같은 국가는 일자리를 찾는 노력을 좀더 고무하기 위하여, 10대들이 실업급여를 받을 때 구직과 관련된 활동에 참가할 것을 조건으로 하고 있다(OECD, 1989). 스페인에서는 실직자가 적절한 취업알선을 거절하거나 훈련 프로그램 또는 공공근로사업에 참가하는 것을 거부할 경우 수혜자격이 상실된다. 독일 역시 인가받은 직업훈련과정에 참가하기를 거부하는 수혜자에 대해서는 벌칙을 부과한다. 오스트레일리아에서 1981년에 도입된 새출발(New-start) 프로그램은 신청자가 다양한 직업훈련활동에 참여하고 있을 때만 실업급여를 지급한다. 이 프로그램은 캘리쉬(David Kalisch, 1991: 8)가 기술하듯이, "재취업을 장려하고 조장하기 위해, 부양적 원조와 클라이언트 의무 사이의 균형을 맞춘다"(원조와 의무 간의 균형을 맞춘다는 말로 표현되는 이 프로그램은 더 나아가 사회정책에서 권리와 책임 사이의 도덕적 균형을 증진시킨다는 철학적 맥락 속에서 생각해 볼 수 있다).

급여자격을 상실하지 않도록 하는 다른 유인책도 고안되었다. 예를 들어 다른 지역에서 구직활동을 해야 할 경우, 여행경비에 대해 지원금을 지급하고 새로운 사업을 구상하는 실업자에 대해서는 총괄교부금을 지급한다. 유즈비(Alain Euzeby, 1988: 18)는 방법을 안내하는 이런 조처와 함께 실업자들이 노동시장의 변화 요구에 적응할 수 있도록 실업보험이 설계되어야 한다고 조언한다. 그는 실업자에 대한 급여지급은 직접적으로 소득유지를 원조하는 방식 대신 '최후의 수단으로 고려할' 것을 권고한다.

장애보험 또한 변화에 대한 요청과 현재 진행 중인 개혁으로 인해 재구조화되고 있는데, 이는 급여에 대한 권리를 경제적 독립을 위한

유인책과 연결하는 것이다. 예컨대, 1991년 네덜란드는 자격신청이 위
험수위까지 도달할 정도로 많은 현실에 대응하기 위해 개혁을 활발히
추진하였다. 1980년과 1990년 사이 장애급여를 받은 사람의 수가 네
덜란드 노동력의 12%에서 14%로 증가하였다. 그 수가 증가함에 따라
수혜자의 평균연령이 낮아졌고, 심리적 곤란을 이유로 수혜자격을 얻
은 비율이 21%에서 27%로 확대되었다. 노동력의 또 다른 6%가 질병
으로 인한 결근을 신청하였다. 요컨대, 장애급여와 병가에 대한 지출은
1990년 네덜란드 GDP의 7%에 달하게 되었다. 다른 복지지출까지 합
하면, 취직한 네덜란드 국민 100명마다 86명의 수혜자를 사회적 원조
로 부양한 것이 된다(OECD, 1991).

　비교연구는 네덜란드의 질병발생률과 장애신청률이 다른 서구 유럽국
가보다 훨씬 더 높다고 지적한다. 네덜란드가 유해한 지역인 것은 아니
다. 반대로 네덜란드 국민은 이웃국가인 벨기에와 독일 국민보다 더 오
래 살고 술을 덜 소비하며, 교통사고도 더 적게 일어나고 병원에도 더
적게 다닌다(Prins, 1990; Prins, Veerman, and Andriessen, 1992). 네
덜란드 국민의 좋은 건강상태를 알고 있는 OECD 분석가들은 장애 신
청률의 급상승이 사회경제적 요인에서 기인한다고 본다.3) 그 첫 번째
요인은 급여의 높은 임금대체율인데, 최근 이 비율은 총임금의 70%까
지 올라간다(미국에서 장애인 노동자와 그 배우자에 대한 임금대체율은 현
재 연간 근로소득이 42,000달러인 경우는 47%, 12,000달러는 77%에 이른

---

3) 이 경향은 네덜란드 밖에서 분명하다. 6개 산업국가에 대한 비교연구에 따르
　　면, 장애율의 상승은 그 지역 인구의 건강변동과 관련되어 나타나는 것이 아
　　니다. Susan Lonsdale(1993: 25)은 이런 증가가 "오히려 경제사회정책의 변화
　　에 대한 결과일 것이다"라고 언급하였다. 그녀가 주목한 한 가지 변화는, 장애
　　급여의 증가 경향인데, 이들이 장애급여를 받지 않으면 실업이 되어 이에 대
　　한 대안으로서 조기퇴직을 조장하게 된다는 것이다.

다). 두 번째 요인은, 고용주가 장애보험을 잉여인력에 대한 조기퇴직
제로 사용하는 것이 누가 봐도 명백하다는 사실이다. 끝으로, 네덜란드
공무원은 자기 나라의 허용적인 문화적 풍토를 지적했는데, 그 나라에
서는 '모호한 신체적 심리적 불평(vague physical and psychological
complaints)'으로 일하러 가지 않는 것이 점차 쉽게 받아들여졌다(OECD,
1991: 95).

네덜란드 내각은 지탱할 수 없는 수준까지 이르게 된 장애와 질병
신청에 대응하여, 노동력으로 재진입시키기 위한 사회적 장려를 활성
화하고 고용기회를 확대하는 한편, 노동동기를 저하하는 재정적 유인
책을 줄이도록 설계된 일련의 18개 개선책에 동의하였다. 자격에 대한
필요조건을 엄격하게 만들고, 70% 대체수준에 있는 지급한도를 1년에
서 5년까지 한정된 기한으로 제한하면서 그 이후의 급여는 연령에 따
라 증가하는 보충급여와 최저임금을 합친 금액의 70%까지 감소시킴
으로써, 노동동기가 저하되는 유인책을 줄였다(네덜란드의 최저임금은 미
국과 달리 상당히 높아서 급여의 감소가 생각만큼 가혹하지는 않다). 노동복
귀 계획의 개발, 재훈련을 통한 원조, 노동능력 상실에 대한 '재활 및
복귀를 위한 상담(reintegration talks)'을 포함하는 개선된 안내제도를
통해서 노동력 재진입이 향상되었다. 고용기회는 장애인 노동자를 고
용하고 유지하는 회사에 보상으로 주는 보조금제도에 의해 확대되었다
(OECD, 1991; 네덜란드 사회고용부). 이들 개혁이 장애신청의 증가요인
이 된 사회경제적 영향력을 완화시킬지에 대한 판단을 내리기는 너무
이르지만, 네덜란드와 그밖의 국가에서 성과를 볼 것으로 기대된다.

영국에서 장애급여 신청은, 1971년 노동불능자(invalids)에 대한 급
여가 도입된 이래 예상 밖으로 증가해 왔다. 그 신청자수는 1975년과
1985년 사이 479,000명에서 850,000명으로 증가하였고, 이 증가는 신

청의 쇄도보다는 급여의 장기 지속성과 더 관련되어 있다(Holmes, Lynch, and Molho, 1991). 노동할 수 있는 장애인들의 노동력 참가를 장려하기 위하여 장애인취업수당(Disability Working Allowance)이 1992년에 개시되었다. 수혜자가 근로소득을 통해 자신의 장애급여를 보충하는 것을 허용함으로써, 이 조처는 장애인들이 자신의 고용 가능성을 극대화하도록 재정적 유인책을 제공한다. 장애인취업수당은 수입이 증가하면서 서서히 감소하기 때문에, 독신자는 주당 110파운드까지 벌 수 있고(대략 165달러로 미국 최저임금에 상당한다), 몇 가지 장애급여에 대한 자격은 계속 유지된다(ISSA, 1991).

미국의 장애보험 프로그램은 영국과 네덜란드에서 보고된 것과 유사한 상황을 경험하였다. 이 프로그램은 최근에 급격하게 확대되어서 수혜자의 수가 1985년과 1990년 사이 13%까지 증가하였다. 보험계정 예측은 2015년까지 노동자가 6천만 이상이 될 것으로 설명하면서 장애인의 수가 두 배로 늘어날 것으로 지적하였다. 서비스를 받는 인구는 규모의 확대를 넘어서 위협적일 정도의 사회경제적 문제를 일으키는 방식으로 바뀌었다. 예컨대, 지난 10년에 걸쳐 장애보험의 새로운 수혜자 연령은 낮아졌고(심지어 미국 인구의 중위연령이 상승했음에도 불구하고), 정신장애라는 근거로 받은 급여비율은 11%에서 23%로 상승하여 두 배 이상이 증가하였으며, 수혜자의 종결률이 50%까지 떨어지면서 장애기록에 등재된 기간도 더욱 길어졌다(피신탁위원회, 연방 노령유족보험과 장애보험 신탁기금, 1991; Hennessey and Dykacz, 1989).

여러 가지 경향을 고려해 볼 때, 정부 수치는 2001년까지 장애보험 신탁기금이 1년의 경비에 해당하는 보유금을 필요로 하는 재정충족도의 단기기준을 만족시키지 못할 것이라는 점을 보여준다. 일련의 신중한 가정에 근거하여 만들어진 보고서대로 장애노동자의 수가 증가한다

면 이런 일이 발생할 것이다. 좀더 비관적인 가정에 따르면, 신탁기금
은 1997년에 가서 고갈될 것이다. 어느 경우이든, 장애보험 신탁기금
의 피신탁자위원회가 장애보험의 지급을 증가시키고 노령과 유족보험
의 지급을 낮추는 기여율로 재조정할 것을 권고할 만큼 문제가 심각하
다. 여기서 제시된 비용중립적 방안으로의 전환이 노령과 유족보험의
재정보전을 위협하지 않을 것인데, 이들 보험은 잉여금이 많기 때문이
다(피신탁위원회, 연방 노령 유족보험과 장애보험 신탁기금, 1991).

장애보험의 비용이 1990년 28조 달러에서 2000년 54조 달러로 상
승할 것으로 예상되는 가운데, 그 비용을 충당하는 문제를 이렇게 즉
각적으로 해결하는 방식은 프로그램 지출의 조정방법이라는 근본적인
문제를 언급하지 않는다. 장애급여의 비용을 줄이기 위해 소득부양 모
델에서 유인책과 가망성(incentives and probabilities)에 근거한 프로그
램으로 전환하는 방안에 대한 권고들이 많이 제기되었다. 이 가운데
한 가지 인기있는 제안은 영국 장애인취업수당과 유사한 것으로서, 고
용된 동안에 수혜자에게 의료보호와 부분적 현금지급을 받을 수 있게
허용한다는 것이다. 이 조처는 보충소득보장 프로그램하의 장애빈민에
대한 현행 조처와 유사하다. 위버(Carolyn Weaver)는 또 다른 정책으
로, 일상적 위험에 대비한 장애보험을 민영화할 것을 주장한다. 그녀가
보기에, 경쟁력으로 자극받는 민간보험회사는 위험등급에 따른 보험료
(risk-grading premiums)와 같은 비용효과적인 유인책(cost-effective in-
centives)을 사용하는 경향이 강해서 공적 기관이 이를 수행하기에는
정치적으로 어려울 수 있기 때문이다.

노동력 참가를 장려하기 위한 다른 소득유지정책 개혁에 발맞춰서
공적연금제도의 정상적 퇴직연령을 연장하려는 압력도 크게 나타난다.
1960년대 중반 이래 평균 퇴직연령은 일반적으로 낮아졌는데, 이는

조기퇴직으로 다양한 연금을 선택하는 비율이 정부의 예상을 자주 초과할 만큼 높았기 때문이다(Tracky and Adams, 1989). OECD(1988b: 103)에 따르면, 이러한 경향을 바꾸는 것은 "기대수명의 증가에 대한 대응 및 지출을 억제하기 위한 수단으로서, 향후 수십 년 내에 필요할 것으로 보인다." OECD는 노인의 노동력 참가를 증가시키기 위하여, 공적연금의 급여구조를 유인책으로 만들어야 한다고 주장한다.

이 방면에서 정책적 노력은 미국에서 이미 그 전조를 보이고 있는데, 미국은 연금지급 가능연령이 2026년까지 65세에서 67세로 연장될 것이다. 연금수혜연령의 상승은 직장에서 훨씬 늦게 퇴직하도록 만드는 유인책과도 연결되어 있는데, 그 이유는 퇴직기간이 1년씩 연장될 때마다 퇴직공제(retirement credit)가 3%에서 8%까지 증가하기 때문이다(Hardy, 1988). 스웨덴에서도 몇 가지 시도가 진행되고 있다. 과부연금(widow's pension)은 점차 단계적으로 폐지되어 1년 동안 또는 아동이 12세가 될 때까지 유족에게 일시적 원조를 제공하는 재적응연금(readjustment pension)으로 대체될 것이다(Smedmak, 1992).[4] 스웨덴 전국사회보험위원회(1992)의 보고서는 연금 개혁의 또 다른 방안으로 퇴직연령을 65세에서 67세로 올리고 보충연금 급여에 대한 자격기간을 노동기간 30년에서 40년으로 연장할 것을 제안하였다. 이 보고서에 따라 스웨덴 의회는 1993년에 정상적으로 연금수급이 가능한 연령을 65세에서 66세로 증가시키는 법안을 통과시켰으나, 급여의 비용절감이 실업급여를 위한 부가적 경비로 상쇄될 것이 밝혀져 이 수정계획을 보류하였다. 정상적으로 연금수급이 가능한 연령은 65세이지만,

---

4) 과부연금제도 폐지 주장의 기저에는, 유족이 일정한 적응기간을 거친 후에는 돈벌이 활동을 통해 자족할 수 있다는 가정이 있다. 또 다른 우려는 과부의 현실적 욕구와 상관없이 지원금이 지급될 수도 있다는 것이다(Smedmark, 1992).

조기 연금지급으로 인해 스웨덴 노동자가 실제로 연금을 지급받을 수
있는 평균연령은 59세 정도로 내려갔다. 이 경향에 따라, 현재 스웨덴
정책 입안자들은 프로그램 비용을 감소시키는 방안으로 정상적 연금수
급연령을 올리는 것이 아니라 조기연금의 지급 폐지를 생각하고 있다
(Haanes-Olsen, 1993).

1985년 이래 기초 소득유지 프로그램하의 재정적 원조는 점차 노동
에 대한 유인책과 연결되었다. 국제사회보장협회(1989: 254)는 이런
경향이 '사회보호정책의 재평가를 향한 전면적 움직임'을 의미할 수
있다고 지적한다. 유인책을 지향하는 정책의 성질과 함의를 검토하기
전에, 왜 이런 움직임이 발생했는가와 어떤 방향을 채택할 것인지에
대해 살펴보는 것도 가치가 있다.

2) 유인책을 중시하는 사고: 자극과 방향
(Incentive Thinking: Impetus and Directions)

사회정책에서 유인책을 사용하는 것은 전혀 새롭지 않다. 거의 4반
세기 전, 1967년 미국의 사회보장법 개정에서는 노동유인 프로그램
(Work Incentive Program)이 만들어졌다(이 프로그램의 제목은 WIN이
라는 한심한 머리글자로 재빠르게 바뀌었다). WIN 프로그램은 직업훈련
을 제공하고, 참가자가 계속 원조금을 받을 자격이 있는가를 산정할
때 매달 수입의 첫 30달러와 그 나머지의 3분의 1을 더한 액수를 소
득으로 간주하지 않았다. 근로소득 공제라는 긍정적 유인책은, '마땅한
이유(good cause)' 없이 직업훈련을 거부하는 사람에게 급여를 종결하
는 위협적인 부정적 유인책에 의해 강화되었다(이 제재는 거의 일어나지
않았다). 노동유인책 이전에도, 아동수당을 제공하는 몇몇 프로그램은

출산장려 풍조에 유인책을 제공하는 것으로 보였다(Schorr, 1965). 시대를 거슬러올라, 19세기 고전인 벨라미(Edward Bellamy)의 『뒤로 보기(Looking Backward)』에서 그려지는 유토피아는, 노동의 역할이 모든 업무를 고귀하게 만들고 광범위한 직업 선택을 허용하도록 구조화되어 모든 시민은 국가가 생산한 재화와 서비스의 균등한 배분에 대한 자격을 부여받는 곳으로 묘사된다. 그러나 벨라미는 이런 이상적인 상황에서조차도 극단적인 자극이 분명히 필요하다고 생각했다. 그의 유토피아에서는 노동할 수 있으면서도 거부한 모든 이들은 빵과 물로 버텨야 하는 독방에 수감되는 형을 선고받았다.

사회정책의 유인책을 설계하기 위한 노력이 복지급여의 지급을 생각하는 한 계속되었다고 볼 때, 흥미로운 사실은 자유주의 및 보수주의적 사고가, 각각의 시민이 노동을 통해서 자족해야 할 책임과 급여의 권리가 굳게 연결되어 있다는 의견으로 현저히 수렴한다는 점이다. 복지정책이 사회적 권리를 부여할 뿐만 아니라 사회적 의무의 이행도 장려해야 한다는 생각은, 일련의 프로그램에서 노동력 참가를 증가시키기 위한 유인책의 사용에 박차를 가하였다. 이런 노력은 적절한 유인책이 바람직한 결과를 낳을 것이라는 확신에 근거한다. 복지정책의 이러한 방향 전환은 필요성, 이데올로기, 그리고 예상치 못한 결과의 강력한 결합에서 기인한 것이다.

(1) 재정적·인구학적 필요성

현대복지제도에서 복지지출 수준이 최고 상한선까지 도달하지는 않는다 해도, 1960년에서 1980년까지의 재정 성장률이 지속될 수는 없다(이때 OECD 국가의 복지지출은 GDP 비율의 두 배에 달했다). 사회급여 제도의 성숙으로 인구의 많은 비율이 적용을 받는 것으로 나타남에 따라라, 지금 이 제도는 인구학적 변동으로 인해 점차 강한 압박을 받고 있다. 현재 출생률은 대부분의 OECD 국가에서 대체수준을 밑돈다. 그 결과 65세 이상의 인구비율은 2040년까지 두 배가 되어 전체 인구의 20~25%로 증가하고, 노인인구의 약 절반이 75세를 넘을 것으로 예상된다(OECD, 1988a). 노인인구수의 증가는 퇴직연금, 건강서비스, 사회보호에 대한 요구를 한층 더 증가시킬 것이다. 1960년과 1980년대 중반 사이의 다른 변화, 이를테면 맞벌이 가구의 급격한 확산과 이혼율의 상승은 사회적 재정원조에 대한 새로운 압력으로 작용했다. 사회복지제도의 지출이 한계에 도달함에 따라 '새로운 욕구를 발생시키면서도 이전의 욕구는 실제로 아무 것도 충족시키지 못하는' 사회인구학적 변화가 가까운 미래에 나타날 것이다(Cantillon 1990: 399). 이 상황에서 사회적 의무와 노동유인책의 도입을 강조하는 것은, 재정적·인구학적 필요성에 대한 실천적 대응으로 볼 수 있다. 노동지향적 정책은 노동력 참가를 증가시킴으로써 현행 프로그램의 실행을 축소하게 도울 수도 있으며, 이는 복지제도가 새로운 요구를 충족시키기 위해 이용 가능한 자원을 재편성하는 데 보다 많은 융통성을 제공할 수 있을 것이다.

(2) 시장 이데올로기

슘페터(Joseph Schumpeter)는 1942년에 쓴 글에서, 대중들은 "[자본주의를] 비난하고 자본주의의 모든 것이 처음부터 뻔한 결론을 가져온다(이렇게 말하는 것이 토론 예의에서 거의 필요조건이다)고 할 정도로" 자본주의를 너무나 '불쾌하게' 생각한다고 보았다. 슘페터([1942] 1950: 63)는 자본주의의 적대자가 아니었음에도 불구하고 자본주의의 지속기간이 얼마 남지 않았다고 믿었다. 뒤늦게 급여를 받는 우리는 자본주의의 급박한 소멸에 대한 그의 판단이 시기상조라고 말할 수 있다. 자본주의 주가는 러시아와 동구유럽 사태로 인해 올라가더니 공적 어음인수에서 기록적인 수치로 상승하였다. 자본주의의 미덕에 대한 신념의 부활은 사회복지 업무에 시장경제의 가치와 수단을 가져다주었다. 그 결과는 1980년대에 시작되어 널리 보도된 사회복지 기능의 민영화 경향에서 가장 두드러진다(Kahn and Kamerman, 1989; Gilbert, 1983; Abramovitz, 1986). 그러나 다양한 사회서비스 전달에서 민간기업과 맺는 공적 계약은, 자본주의 정신을 복지국가에 주입하여 만들어진 더 큰 이념과 정책의 극히 일부분만을 나타낸다. 현대사회복지정책은 서비스 전달에서 점차 경쟁을 자극하고 노동윤리를 증진하는 유인책을 도입하는 쪽으로 향하고 있다. 다양한 사회복지 프로그램 수혜자들의 노동력 참가를 증가시키려는 재정적·인구학적 필요성에 대한 압력은 시장 자본주의 이데올로기에 의해 이런 방식으로 강화된다.

(3) 예상치 못한 결과

노동 유인책에 대한 현재 관심은 역시 과거 사회복지정책의 예상치 못한 결과, 특히 노동동기를 저하시킬 수도 있는 유인책을 바로잡으려는 데서 나온 것이다. 예를 들어, 네덜란드 정부가 제출한 '교정방안(corrective measures)'은 "사회급여의 관대함과 소득 의존성 보조금에 내재하는 높은 유효한계세율이 노동하려는 동기를 저하하는 강력한 유인책을 만들어냈고, 노동하는 한 사람이 사회급여로 거의 한 사람을 부양하는 네덜란드의 특별히 높은 의존율의 밑바탕이 되었다는 분명한 지적"에서 대부분 나온 것이다(OECD, 1991: 90). 네덜란드 경험의 분석은 복지급여가 '빈곤의 덫' 또는 '의존의 강화'를 낳을 가능성이 보편적일 수 있음을 반영한다(OECD, 1988a; Bradshaw and Millar,

1990; Euzeby, 1988). 어떤 보고서는 "의존의 덫은 대부분의 사회보장 제도가 의도하지 않은 결과"라고 말할 정도이다(OECD, 1991b: 27). 스웨덴의 빌트(Carl Bildt) 수상은 "만약 당신이 급여수준을 본다면, 그 수준이 너무 높아서 노동하려는 동기가 줄어들 것"이라는 말에 수긍하였다(Stevenson, 1993: 10). 한때 사회복지 옹호자들이 이단으로 보았던 머레이(Charles Murray, 1984)는 공공복지가 노동동기를 저하하는 강력한 유인책이라는 보수적 분석을 행하였는데, 사실 나는 그의 견해가 이 분야에서 관습적 지혜의 위상(the status of conventional wisdom)을 얻었다고 조금 무리해서라도 결론내리고 싶은 유혹을 받는다.

재정적·인구학적 필요성, 시장 이데올로기, 그리고 예상치 못한 결과가 사회복지정책에서 유인책을 중시하는 사고의 부활에 기여한다는 것이 명백하다면, 이 전개양상이 정확히 어디를 향하고 있는가는 그보다 덜 분명하다. 유인책을 지향하는 정책의 도입은 민감한 문제인데, 이에 대한 묘사는 좋은 의도가 스며 있는 애매한 용어로 자주 표현된다. OECD에 따르면(1989, 1990), 새로운 정책 추진은 "사람들이 사회에 특히 노동시장에 능동적으로 참가하는 것을 '가능'하게" 해야 한다. 능동적 사회(active society)는 사회적 불이익을 개선하는 주요한 접근으로 단순히 수동적인 소득부양(passive income support)에 의존하는 것에서 탈피하는 것이다. 노동력 참가를 증진하기 위한 능동적 방안을 표현하는 방법으로는 더 많은 징벌적 태도 및 강제적 방안을 기꺼이 사용하려는 의향을 시사하는 규칙과 제재의 언어보다는 오히려 행동을 '고양하다', '장려하다', '조장하다', 그리고 '가능하게 하다'라는 적극적 유인책의 언어가 더 선호된다. 그러나 장애보험, 공적부조, 공적연금, 실업보험에서 최근의 노동지향적 정책안들을 검토할 때, 이 경향이 그렇게 분명하지는 않다. 지금까지 논의된 대부분의 유인책은 능력개발급여(enabling benefits), 이를테면 훈련, 주간보호, 건강서비스, 소득 공제와 같은 더욱 적극적인 유형과 함께 규칙 및 벌칙의 결합으로 이루어진다.5)

3) 사회정책과 인간행동
   (Social Policy and Human Behavior)

유인책을 지향하는 사회정책은 상징적이고 실질적인 과정을 통해서 행동에 영향을 미칠 수 있다. 이 정책은 규범적인 기대를 형성하라는 상징적인 신호를 보낸다(Glazer, 1988). 예를 들어, 미국의 공공복지는 원래 집에 있으면서 자신의 아이를 돌보는 편모를 위한 재정지원 프로그램이었다. 이러한 인식은 1988년 가족지원법과 함께 변화되었는데, 이 법은 사회가 이제는 편모들(single mothers)이 노동해서 스스로를 부양하도록 기대한다는 의미를 보낸다. 이 취지가 신용을 얻자, 과거에는 공적부조를 받으리라는 예상으로 아이들과 함께 집에 남아서 편모가 될 수도 있었을 젊은 여성들이 새로운 사회적 기대에 비추어 자신의 계획을 재평가할 수 있게 되었다. 이러한 영향의 경로가 나타나기까지는 보통 시간이 걸리고 또 그것을 측정하기가 어려운데, 그 이유는 사회정책은 규범적 행동을 형성하는 많은 영향력 가운데 오직 하나

---

5) 글래저(Nathan Glazer, 1988)는 소득공제가 사실상 감소되었던 1981년에 AFDC 프로그램의 적극적인 경제적 유인책의 사용에 따른 변화를 분석하였다. 보다 더 엄격한 관리와 감소된 급여는 AFDC 수혜자가 노동으로 복귀해야 한다는 규범적 기대를 강화하곤 하였다. 1990년대 초까지, 많은 주에서 AFDC 지원금은 낮아져서 다른 급여, 이를테면 주간보호와 과도기적 의료보험은 일자리를 찾는 복지 수혜모를 위해 연장되었다. 많은 지역에서 또한 적극적인 경제적 유인책, 이를테면 학교 출석에 대한 보조금과 새로운 수입에 대한 소득공제가 실험적으로 실시되었다.

만을 정책대상으로 선정하기 때문이다.

유인책이 행동에 미치는 실질적 영향은 물질적 급여의 배분을 포함하는데, 이는 상징적 의미보다 더 즉각적이고 직접적인 영향력을 가진다. 즉, 현재 훈련프로그램에 등록하고 일자리를 찾는 복지 수혜모는 자녀를 위한 주간보호와 건강보험의 연장으로 보상받는 반면 소득을 벌기 위해 취업노력을 하지 않는 사람은 급여의 삭감이라는 위기에 처한다.

그러나 수동적 소득부양의 비용부담을 맡았던 사회복지정책이 예상치 못한 결과를 가져온 것처럼, 행동주의적 유인책을 승인한 능동적 정책 역시 예기치 못한 결과를 낳을 부담이 있다. 예를 들어, 피고용인이 질병을 보고할 때마다 그들의 휴가수당에서 하루치를 포기하도록 하는 네덜란드 내각의 제안은 질병으로 인한 결근율을 낮추는 것이 목적임에도 불구하고, 질병을 보고하는 사람들이 병가를 더 적게 내기 위하여 하루 또는 이틀 이상을 결근하도록 만드는 유인책을 제공할 수 있다(네덜란드 사회부, 1991). 미국에서 몇몇 주는 AFDC 수혜모가 자기 아이의 아버지가 아닌 다른 남자와 결혼하는 경우, 그 아이에게 지급되도록 예정된 공적부조 지원금 부분을 받을 수 있도록 개정하였다(Florio, 1992). 이 급부는 AFDC 수혜모가 결혼하도록 하는 유인책이지만, 아이의 아버지에 대한 유인책은 아니다.

유인책이 보상에서 나왔든 벌칙에서 나왔든 간에, 공적 비용을 줄이고 노동력 참가를 증진하려는 노력이 반드시 계획한 대로 실행된다고 할 수는 없다. 의도하지 않은 결과에 대한 가장 분명한 가능성을 여기에 실어보겠다.

다양한 복지프로그램의 수혜자가 자신에게 기대된 것(이를테면 훈련과정의 참가, 구직, 공공근로계획에 참가)을 하지 못할 때 벌칙을 주는 방

법은, 이 방법에 순응하도록 만들고 반대하는 수혜자를 처리하는 과정
을 보장하기 위해 높은 관리비용이 필요할 수 있다. 이는 신체적 질병,
정신적 장애, 가족위기, 그밖의 유사한 것을 포함하는 이의신청으로 인
해 순응하는 것이 불가능한 사람들에 대한 진단적 판단(diagnostic
judgements)이 필요할 때 특히 그렇다. 순응하지 않는 행위에 대한 벌
칙이 심해질수록(예컨대, 급여의 대폭 삭감 또는 지급 취소), 사회서비스
직원은 애매한 사례에 대해 벌칙을 집행하기가 더 쉽지 않을 것이다.
적어도 미국에서 가족지원법의 실행으로 인한 경험은 이를 입증한 것
으로 보인다. 이 법의 실행과정에서 많은 비율의 복지 수혜모가 다양
한 이유로 직업훈련 및 다른 필수적인 활동에서 급여의 상실 없이 중
도탈락하였다(가족복지 조사집단, 1992). 작은 벌칙은, 더 약화된 노동유
인책을 제시하면서 프로그램 급여비용도 더 적게 절감하는 반면 관리
하기에는 큰 벌칙만큼이나 비용이 많이 들 수 있다.

  적극적 행동을 격려하고 가능케 하는 방안, 이를테면 훈련급여와 주
간보호 서비스는 종종 프로그램의 초기비용을 증가시키고, 심지어는 장
기간에 걸쳐 비용을 상승시킬 수도 있다. 그 이유는 부가급여가 이미 고
도로 동기유발된 사람들에게 전달됨으로 인해 '크림현상(creaming)'이
라는 익숙한 문제에 취약하기 때문인데, 부가급여 수혜자의 대다수는
이러한 유인책이 없어질 때가 되어서야 직업을 구할 것이다. 공적부조,
실업프로그램, 장애인을 위한 프로그램에서 자신의 노력으로 탈출하는
몇몇 수혜자가 언제나 있다. 이렇게 동기유발된 수혜자가 새로운 능력
개발급여(new enabling benefits)를 이용하도록 유도된 사람들의 대부
분을 이룬다면 프로그램 비용은 아마도 증가할 것이다. 레비탄과 타가
트(Sar Levitan & Robert Taggart, 1971)는 노동유인 프로그램을 평가
하면서, 예컨대 1970년까지 직업을 구했던 등록자 25,000명 가운데

대부분이 취업을 위해 가장 잘 준비된 신청자들이었다는 사실을 발견하였다(이들은 아마 WIN이라는 프로그램 없이도 짧은 기간 내에 직업을 구했을 것이다).

큰 벌칙을 부과하는 것이 한 가지 프로그램 영역에서 바로 눈앞의 비용은 감소시킬 수 있겠지만, 이 감소된 비용은 다른 영역에서 또 다른 증가로 나타난다. 공적 부담에서 의도하지 않은 변화는, 사회보장이 가장 절실하게 필요한 사람들에게 부양과 재통합의 장기비용을 상승시키면서 문제를 악화시킬 수도 있다. 1992년 캘리포니아 주에서 투표에 부쳐진 법안은, 의존아동이 있는 가족에게 10%까지 공적부조 급여를 삭감하고 6개월 동안 원조를 제공한 후에 또다시 15%를 삭감한다는 내용이었다. 그러나 일자리를 구하도록 강력한 유인책을 제공하는 이 방안은, 6개월 이상 등록된 대다수의 공적부조 수혜자들이 낮은 학력과 시장에서 이용 가능한 기술이 거의 없는 편부모라는 점을 고려하지 않았다. 일자리를 구하는 데 필수적인 기술과 태도를 개발하는 것이 단 6개월의 기간에 걸쳐 해결될 수 있는 것은 아니며, 경기후퇴 시기에는 더욱 불가능하다. 비록 이 방안이 공적부조 프로그램의 상당한 금액을 절감할 것이라고 예상했더라도, 25%의 지원금 삭감은 수혜자 가족 사이에 심각한 혼란을 일으킬 것이 확실했는데, 이들 중 많은 사람들이 임대료를 계속 지불하기가 어렵다는 사실을 발견하게 됐을 것이다. 이 법안은 통과되지 않았지만, 만약 통과됐더라면, 공적부조 비용의 감소가 결국은 노숙자 쉼터, 아동보호 서비스, 그리고 식품권에 대한 공적 지출의 상승으로 나타났을 것이다(Gilbert, 1992).

다양한 프로그램의 수혜자들이 유급의 일자리로 복귀하는 것에 대해 실질적으로 보상하는 방안은 도덕적 해이를 일으킬 위험이 있다. 위버(Carolyn Weaver, 1992: 120)가 지적한 대로, 문제는 이러한 방안이 "계속 일하고 있는 사람들을 위한 유인책은 전적으로 무시한 채, 반쪽짜리 노동유인책을 다루고 있다"는 것이다. 그녀는, 장애인들 가운데 일자리로 복귀한 수혜자에게 부분적 지원금뿐만 아니라 계속 의료보험을 받을 수 있도록 허용하겠다는 유인책이, 자신의 장애에도 불구하고 현재 일하고 있는 사람들에게 이 급여에 대한 자격을 얻기 위하여 오랫동안 직장을 그만두도록 유혹한 것이 틀림없다고 주장한다. 공적부조에서 수혜자를 노동력에 진입시키기 위하여 아동보호 서비스와 의료보호를 제공하는 노동복지 개혁 역시 위와 유사한 위험을 만들어낸다. 그 적절한 예로 노동연계복지 프로그램의 성공사례라고 선전되었던 어느 여성을 들 수 있는데, 이 여성 또한 직장에 다시 들어갔을 때 의료보험과 아동보호급여를 계속 받기 위해 직장을 그만 둔 적이 있었다는 사실이 나중에 밝혀졌다(Kaus, 1986b).

결국, 우리는 유인책을 지향하는 정책의 성공이 동기를 유발하고자 의도하는 사람들의 구직 가능성에 일부 관련되어 있다는 사실을 간과해서는 안된다. 헬러(Walter Heller, 1964)가 지적한 것처럼, 훈련이나 재훈련에 착수한 이들에게는 노동자에 대한 많은 수요 그 자체가 유인책이다. 실업률이 높은 기간에는 유인책을 지향하는 방안이 좀더 많은 노동자를 노동시장으로 억지로 들어가게 할 수도 있다. 그러나 이와 동시에 많은 사회복지 수혜자들은 고용기회의 제한과 행동주의 유인책에 의해 만들어진 노동하라는 사회적 압력으로 인해 더 많은 좌절을 겪을 것이다. 유인책을 지향하는 정책은 이 정책을 설계해서 노동을 장려하려고 했던 사람들을 타락시키는 것으로 끝날 수도 있다.

의도하지 않은 결과의 가능성을 상기하는 것은 유인책을 지향하는 정책이 내세운 약속을 부정하는 것이 아니라 무엇이 일어나고 있는가와 사람들이 정책발의에 어떻게 반응할 것인가를 이해하기 위해 용의주도한 점검이 필요하다는 점을 강조하는 것이다. 이것은 유인책 설계와 그 유인책에 대한 벌칙과 보상의 결합 정도에 대한 올바른 방법의 모색임을 의미한다. 베샤로프(Douglas Besharov, 1992)가 충고한 대로, 정책 입안자들은 종종 "우리 사이에서 가장 힘없고 박탈된 삶을 어설프게 만지작거리고" 있기 때문에 이에 대한 신중함 역시 당연한 것이다.

4) 국가와 시장: 줄어드는 대항력
(State and Market: The Diminishing Counterforce)

변화하고 있는 복지철학은, 노동지향적 유인책이 행동주의적 반응을 가져올지가 불확실하다는 점 외에도 개인의 시장경제 의존에 대하여 깊은 함의를 가진다. 즉 사회보호 방안이, 부양과 소득유지를 위해 설계된 정책에서 사람들을 노동력으로 재통합하려고 형성된 정책으로 옮겨감에 따라 시장경제는 인간의 기본적인 욕구 충족을 위해 점차 중요하게 된다. 시장교환은 산업혁명 이래 욕구를 충족시키는 주요한 수단이 되었다. 이와 동시에 국가와 가족은 시장의 변화에 가장 취약한 이들을 보호하고, 자신의 욕구를 시장참여를 통해 충족하지 못하는 이들을 돕기 위한 대안적 장치로 자리잡아왔다. 사회복지이전은 시장의 힘에 대응하여 시장교환의 외부에서 소득에 대한 권리를 제공함으로써, 노동이 상품처럼 단순히 사고 팔리지 않도록 하는 노동의 탈상품화(decommodication of labor)에 기여한다. 이러한 의미에서, 복지이전은 노동자가 자신의 기본적 욕구를 충족하기 위하여 유급 일자리를 찾아야만 하는 강제를 감소시킬 정도로 노동자에게 자신의 노동에 대한 일정 정도의 통제와 자율성을 제공한다. 물론, 최소한의 수용 가능한 생활기준을 충족시키기 위한 복지이전을 제공하는 것과 제공되는 양이

너무 많아서 노동하려는 경제적 유인을 저해하는 것 사이에는 미묘한 차이가 있다.

복지국가에 대한 좌·우파의 비판은, 사회이전이 노동에 대한 강제와 분리하여 기본적 욕구를 충족시키는 방식에서 너무 많이 또는 너무 적게 제공한다고 주장하는 것이다. 우파에서는, 복지급여가 너무 지나치게 관대한 근로소득의 대체로서 노동윤리와 자본주의 정신을 저해한다고 본다. 좌파에서는, 복지급여가 빈민을 통제하기 위한 영악한 유인물로서 자본주의적 착취를 실제로 변화시키지는 않으면서 대중을 억압 속에 묶어두기 위하여 단지 자본주의가 주는 고통을 완화하기에 족할 정도만 제공되는 것으로 본다.

자본주의 사회에서 복지원조의 지지자들은 복지원조가 노동윤리를 타락시키는 것도 자본주의적 착취를 유지하는 것도 아니라고 주장한다. 그 대신에 이들은 복지제도를, 국가가 시장의 생산적 에너지를 억제함 없이 시장의 위험과 잠재적 강제력을 완화시키기 위하여 도움을 주는 사회적 대항력(social counterforce)의 하나로 본다. 이러한 중도적 관점에서 본다면, 사회복지정책이 노동력 참여를 장려하는 데 더 강한 비중을 둠에 따라 복지제도는 보호적인 대항력으로 활동하는 데서 벗어나 시장경제에 이바지하는 쪽으로 움직이고 있는 것이다. 네덜란드 사회부의 어느 공무원은 "이전에는 사람들을 보호하는 것이 최우선이었다. 지금은 사회급여가 부정수단으로 지급되는 것을 피하고, 가능한 빨리 사람들을 노동으로 복귀시키며, 시민들이 국민보험을 민간보험 정책으로 보충하도록 장려한다"고 말한다(Cohen, 1993: 1).

새로운 정책이 복지의 권리와 자족의 책임 사이에 좀더 공정한 균형을 목표로 함에 따라, 이 정책들은 경쟁이라는 가정에 너무 많은 비중을 두게 될 위험이 있다. 개인의 통제를 넘어선 사회적 힘뿐만 아니라 개인의 무능력으로 인해, 사람들은 일시적으로 또는 영속적으로 스스로를 부양할 수 없고 그외의 시민적 책임을 다할 수도 없는 사람들이 있다. 공공연하게 지지되는 개인의 노력을 통한 자신의 욕구충족을 가능하도록 하기 위해 고안된 정책은 심각한 문제를 일으킨다. 즉 모든 복지 수혜모는 스스로를 부양할 수 있는가? 그들은 공적으로 보조받던 주간보호 서비스의 비용을 상쇄할 만큼 넉넉하게 벌 수 있는가? 노인들이 노동하도록 장려해야 하는가? 이러한 질문 또는 이와 유사한 질문의 밑바탕에는, 변화하고 있는 사회보호철학이 가장 약한 사회구성원에게 더 공정할 뿐만 아니라 사회에 대한 의존을 비굴하게 느끼지 않을 정도로 충분히 친절한 사회로 이끌 것인가 또는 그렇지 않을 것인가에 대한 근본적 쟁점이 자리잡고 있다.

제3장
능력을 개발하는 시민: 복지국가를 넘어서
(Enabling Citizens: Beyond the Welfare State)

많은 사람들이 다양한 분석틀로 현대복지국가를 분석하려고 하였다. 이를 위한 최초의 노력 가운데 하나는 윌렌스키와 르보(Harold Wilensky & Charles Lebeaux, 1958)가 '제도적' 모형과 '잔여적' 모형으로 구분한 것이다. 제도적 모형에서 복지이전은 광범위한 인간의 욕구를 충족시키기 위해 설계된 국가의 정상적인 작동 기능으로 고려되고, 잔여적 모형에서 복지이전은 가족과 시장이 제대로 기능하지 못할 때 사용하는 긴급대책으로 더 많이 계획된다. 티트머스(Richard Titmuss, 1974)는 제도적-잔여적 구분을 확대하여 복지이전이 시장경제의 부속물 또는 '보충적 기능'을 하는 산업성취수행 모형을 포함한 세 가지의 형태로 유형화하였다. 이러한 초기 분류는 인간의 욕구가 가족, 국가, 시장경제를 통하여 충족되는 정도에 중점을 둔 것이다. 복지활동의 네 번째 영역은 자발적인 민간조직의 역할로 대표된다. 에버스와 스베트리크(Adelbert Evers & Ivan Svetlik, 1991)는 제도적-잔여적 모형을 벗어나서 복지국가를 국가, 시장, 가족, 자발적 부문을 포함하는 다원적 장치로 특징지었으며, 여기에는 국가조정(state-coordinated) 모형과 국가

지배(state-dominated) 모형이 있다.

복지국가 유형이 점차 복잡해짐에 따라 그 특징을 경험적으로 구체화하기 위한 노력이 더 많이 나타났다. 경험적 분석 가운데 정교한 것으로는, 에스핑 엔더슨(Gosta Esping-Andersen, 1990)이 사회계층제도의 변화 정도, 사회권이 증진되는 방식, 사회급여의 공/사 혼합에 기초하여 자유주의, 조합주의, 사회민주주의 복지국가로 구분한 것이 있다. 그의 분석틀에 따르면, 자유주의 복지국가의 예로 미국, 캐나다, 오스트레일리아를 들 수 있는데, 이 국가들은 보편적 사회권을 제한하고 복지 수혜자 계층과 다른 시민 간에 분명한 구별을 두며, 민간복지제도를 강조한다. 프랑스, 독일, 이탈리아는 조합주의 복지국가의 예로 들 수 있는데, 여기에서는 사회권이 계급과 지위에 따라 귀속된다. 이 모형은 현재의 계급분화를 유지하고, 가족과 다른 전통적 제도가 구성원을 돌보지 못하는 경우에 한하여 국가가 개입하며, 공적으로 보조되는 복지이전은 '보조성(subsidiarity)'의 원리에 의해 조정된다. 마지막으로, 스웨덴, 덴마크, 노르웨이로 대표되는 사민주의 복지국가가 있으며, 이 국가들은 복지이전의 많은 비중을 공적급부에 둠으로써 보편적 사회권을 증진시키고 계급차이를 없애기 위하여 노력한다. 긴스버그(Norman Ginsburg, 1992)는 위의 세 가지 모형에 사회주의와 자유주의의 혼합물인 영국 자유집합주의를 네 번째 모형으로 첨가하였다.

이상의 모형들은 현대복지국가의 특징을 파악하기 위해 만들어진 소수의 다양한 유형들일 뿐이다.[1] 이아트리디스(Demetrius Iatridis,

---

1) 이에 대한 다른 접근으로는, 정부가 시장을 통제하는 정도를 기준으로 하는 Iatridis(1994)의 자유방임, 제도적, 개입주의, 권위주의 모형의 네 가지 분류와 사회적 자격과 완전고용정책의 수준에 따른 Therborn(1987)의 개입주의적, 보상적, 시장지향적 복지국가 모형이 있다. 그밖의 모형에 대해서는 Alber, 1988; Barnes and Srivenkataramana, 1982; Leibfried, 1990; Hurl and

1994)가 지적한 것처럼, 이러한 분류는 비록 그 유형이 광범위한 변수
를 포함한다 해도, 같은 종류의 나라를 한데 모으는 경향이 있다. 이는
전통적 복지국가 패러다임의 핵심요소에 대한 분석적 담론이 최소한
세 가지 주요 가정에 의해 구조화되기 때문이다. 즉 첫째, 에스핑 엔더
슨(1990)이 표현한 대로, 시민권 중 사회권에 대한 마샬(Marshall,
1975)의 명제가 '복지국가의 핵심적 개념'을 이루고 있고 둘째, 복지
국가에서 정부는 사회급부를 전달하는 1차적 책임을 지며 셋째, 복지
이전의 재정은 주로 직접적 공공지출을 통해 조달되기 때문이다.2)

  복지국가는 그 핵심요소, 즉 폭넓게 자리잡은 사회권, 정부에 의한
서비스 전달, 직접적인 공공지출에 의해 중심적 경향이 표현된다. 여기
서 변화가 생긴다면 그 변화의 정도는 복지다원주의와 복지혼합경제라
는 주제 아래로 편입된다. 따라서 이론적 구성개념으로서 복지국가는
자격, 정부의 활동수준, 사회이전에 대한 직접적 공공지출의 정도를 다
양하게 함으로써 많은 사회보호제도(social protection systems)에 적용
해 왔다. 그러나 가장 진보적인 복지국가가 어디냐고 물으면, 모든 정
치성향의 응답자들이 스칸디나비아 국가라고 말하는 데 동의할 것이
다. 여기에서 **진보적**이라는 것은 사회복지의 핵심요소가 잘 발달되어

  Tucker, 1986을 보라.
 2) Esping-Andersen(1990)은 18개 산업민주주의 국가에서 노령연금이, 일반인들
   이 노동시장에서 탈퇴하는 것을 가능하게 하는 정도를 분석하기 위해 탈상품
   화 지표를 복지자격의 척도로 개발하였다. 이 지표는 소득대체율, 연금급여를
   받기 위해 필요한 기여연수(the years of contribution), 그리고 연금을 적용받
   는 개인이 지불하는 연금재정의 비율과 같은 것을 포함한다. 그러나 미국과
   같은 몇몇 국가에서는 직접적인 공적지출에 기반한 노령연금 외에도, 세금지
   출을 통해 간접적으로 보조금을 받는 개인연금제도에 의해 퇴직소득의 많은
   부분이 대체되고 있다(미 하원의회, 1992). 전통적 복지국가 패러다임에서는,
   정부에 의해 전달되고 직접적 지출을 통해 보조금을 지급하는 사회이전 속에
   서 권리가 나타나므로, 사적급여(그리고 사적급여가 노동의 탈상품화를 증가
   시키는 정도)가 간과되는 경향이 있다.

있고 일반적으로 알려져 있는 복지국가의 개념에 가장 가깝게 접근하
는 제도를 의미한다. 유형론은 진보적이라는 가치부과적인 용어를 쓰
지 않는데, 그 이유는 이 용어가 어떤 제도는 다른 제도보다 더 훌륭
하고 선진적이라는 것을 암시하기 때문이다.3) 그 대신 만약 가치부과
적인 용어를 쓴다면 덜 진보적이라고 생각될 수도 있는(사회지출, 정부
활동, 사회이전에 대한 자격의 정도가 현저하게 낮은) 제도는 단지 전통적
패러다임의 변이(variants)일 뿐이라고 단정된다.

그뿐 아니라 전통적 복지국가 패러다임은 1980년대까지 산업민주국
가에서 집중적으로 발생한 사회보호제도와 그 제도를 판단하는 기준
(베버의 개념에서 볼 때, 평균보다는 오히려 이념형인)에 대하여 꽤 정확한
설명을 제공한다.4) 볼드윈(Peter Baldwin, 1972: 69)이 지적한 대로,
"최근까지 복지국가에 대한 많은 문헌은 사회권 모형을 사회정책 개발
의 종착점으로 다루었다. 사민당 집권하에서 스웨덴은 다른 모든 국가
들이 지향하거나 반대했던 복지의 땅(the welfare Mecca)이었다. 복지
국가의 길은 사회권 모형을 이탈하거나 이를 지향하는 두 가지의 길만
가능한 것으로 보였다." 그러나 미국은 1980년대 이래 또 다른 길을
선택하여 사회보호를 발전시켰다.

어떤 면에서, 정도의 변화는 본질의 변화가 되었다. 최근 미국에서
사회보호철학의 변화를 촉발한 인구학적·이데올로기적 힘에 의해 나
타나고 있는 것은 전통적 복지국가의 단순한 변이가 아니라 하나의 대

---

3) 복지를 위한 노력에 대한 비교분석, 이를테면 Harold Wilensky의 고전적 연
　구인 『복지국가와 평등(The Welfare State and Equality)』(1975)은 사회지출의
　상대적 수준에 따라 복지국가를 순서대로 분류하였다.
4) Max Weber(Miller, 1963: 31)의 이념형은 완벽하거나 전형적인 가치를 대표
　한다는 의미에서 이념적인 것이 아니었다. 이념형은 현상의 본질적인 경향성
　을 포착한 분석적 구성개념이었다. 베버가 설명한 대로 '종교뿐만 아니라 창
　녀의 이념형'도 존재한다.

안적 형태이다. 이는 본질적 변화이다. 즉 사회보호제도는 복지국가
(welfare state)에서 '능력개발국가(enabling state)'로 그 본질이 바뀌고
있는 것이다. 비록 그 전환이 완전하지는 않지만, 우리는 능력개발국가
를 향한 움직임이 주류 정치의 장에서 분명하게 인정받았다는 사실을
발견한다.

진보정치연구소(Progressive Policy Institute, PPI)는 1985년에 클린
턴 대통령이 그 창립을 도와 1991년에 의장을 지낸 바 있는 민주당지
도자회의(Democratic Leader Council)의 정치적 무기이다.[5] 이 연구소
는 클린턴 행정부에 제출한 보고서에서 현행 복지제도의 점진적 변화
를 능가하는 방법을 권고하는 '새로운 미국을 위한 청사진(blueprint
for a new America)'을 제시하였다.

새 행정부가 빈곤과의 전쟁에서 진정 주도권을 확보하기 위해서는 복지제
도 역시 미국 빈민의 능력을 개발하는 새로운 전략으로 대체되어야 한다. 복
지국가는 소득유지를 목표로 하는 반면에, 능력개발국가는 노동과 개인의 능
력부여를 목표로 해야 한다. 능력개발국가는 무엇보다도 미국 빈민이 빈곤과
의존으로부터 스스로 해방되기 위해 필요한 능력을 개발하도록 도와야 한다.
또한 책임과 자원을 될 수 있는 한 공공관료와 서비스 공급자를 거치지 않고,
직접 우리가 돕고자 하는 사람들의 손에 전달해야 한다. 능력개발 전략은 빈
민들을 복지제도의 수동적 수혜자보다는 그들 자신의 발전을 위한 일차적인
행위자로 보는 것이다(Marshall and Schram, 1993: 228).

이 보고서의 마지막 문구는 수동적 사회에서 능동적 사회로 전환(a

---

5) 민주당지도자회의는 민주당을 정치적 스펙트럼의 가운데로 옮기기 위해 온건
   파에서 만든 것이다. 이 회의는 미국 전역에서 선출된 750명 이상의 민주당
   대의원으로 구성되었고, 의장(나중에 주지사가 된)인 클린턴뿐만 아니라, 의회
   다수당 지도자 Richard Gephardt, 상원의원 Sam Nunn, 상원의원 Robb
   Charles 같은 정당 지도자가 의장을 지냈다.

shift from a passive to an active society)을 장려하는 경제협력개발기구(OECD, 1989)의 노력에 동조하고 있다. 와텐버그(Ben Wattenberg, 1993: 12)는 진보정치연구소(PPI)의 보고서에 들어 있는 핵심 개념이 "민주당의 새로운 공적 가치체계가 '복지국가(welfare state)'에서 '능력개발국가(enabling state)'로 변화되었음을 나타내는 것에 불과하다"고 기술한다. 능력개발국가의 미덕을 받아들인 민주당뿐만 아니라 머레이(Charles Murray, 1988: 58)도 훌륭한 "정부는 시민이 자신의 능력을 개발할 수 있도록 최대한 도울 뿐이지 그것을 직접적으로 해주지는 않는다"라고 주장한다. 그러나 능력개발정책에 대한 머레이의 출발점은 민주당지도자회의의 출발점보다 확실히 더 아래에 있는 것으로 보인다.

이와 유사한 경향은 비록 국가의 능력개발 역할이 미국만큼 진전되지는 않았으나 영국에서도 볼 수 있다. 1988년 『그리피스 보고서(Griffiths Report)』와 영국 정부의 지역사회보호에 대한 1989년 백서는, 민간 및 자발적 공급기관의 이용을 장려하면서 지방 사회서비스 당국의 '능력개발 역할'을 강조하였다(Evandrou, Falkingham, and Gleenerster, 1990). 피아초드(David Piachaud, 1993: 13)는 경제성장과 사회정책의 연결을 강화하기 위해 사회정책을 좀더 일반적으로 재고해볼 필요가 있다고 본다. 그는 "만약 사람들이 능력을 계발하거나 자급하도록 원조받을 수 있다면, 이는 어떤 견지에서 보더라도 부양에 대한 의존보다 선호될 것이다. 사회정책은 2차대전 이래 지배적 사고가 된 재분배를 넘어설 필요가 있고, 이는 어떤 의미에서 사람들의 능력과 제한된 능력(기술 부족이나 아동보호의 결핍, 또는 실직으로 인한 것이든 간에)을 가진 사람들이 자조하도록 능력을 개발할 수 있는 방법에 대해 고려하는 쪽으로 한 걸음 물러나는 것이다"라고 말한다.

<표 1-3-1> 복지국가와 능력개발국가의 비교

복지국가	능력개발국가
사회권 확대	권리와 의무의 연결
직접적 지출에 의존	간접적 지출의 증가
서비스 형태로 이전	현금 또는 교환권으로 이전
공공기관에 의한 전달	민간기관에 의한 전달
개인에 중점을 두는 정책	가족에 중점을 두는 정책
소비를 위한 복지급여	투자를 위한 복지급여
경제적 불평등 감소	사회공평의 회복

능력개발국가에 대한 언급은 '능력부여', '민영화', '책임'이라는 용어로 자주 표현된다. 사회보호에 대한 이러한 접근의 지배적 원리는 '사적 책임을 위한 공적 지원(public support for private responsibility)'이라는 문구로 요약될 수 있다(Gilbert and Gilbert, 1989). 그러나 시민과 비정부조직에 의한 사적 노력과 책임에 대한 관심은 능력개발국가를 전통적 복지국가와 구별하는 개념과 선호(ideas and preferances)라는 더 큰 토대 속에서 구현된 것이다. <표 1-3-1>에서 볼 수 있는 것처럼, 사회보호에 대한 대안적 패러다임으로서 능력개발국가는 복지국가와 몇 가지 차원에서 본질적으로 다른 경향을 가진다. 사회보호에 대한 대안적 모형의 특징은 중복되는 영역이 있기 때문에 경향성으로 표현된다. 복지국가와 능력개발국가는 둘 다 직·간접적 지출에 의해 재정이 조달되고, 공적 또는 사적 수단을 통하여 전달되는 현금과 서비스의 형태로 이전됨으로써 사회권을 배분한다. 또한 복지국가와 능력개발국가 모두 평등과 공평을 실현하려는 목적에서 소비와 투자를 위한 복지급여로 개인과 가족단위를 지원하는 사회정책을 만들어낸다. 그러나 여기서 제시된 각 변수가 아니라면, 복지국가와 능력개발국가는 서로 다른 선호를 가지고 발전해 간다.

능력개발국가는 순수한 형태로 존재하지 않는다. 사회보호제도가 이 방향으로 발전하고 있다는 가정을 지지하는 증거가 많이 있는 미국에서도(Gilbert and Gilbert, 1989) 여전히 갈 길은 멀다. 많은 사회정책이 <표 1-3-1>에 실린 중심적 선호(central preference)와 일치하지 않는다. 예를 들어 양쪽 부모가 다 있는 가족은 경제·사회적 지원의 사적 자원으로서 매우 효과적이기 때문에, 능력개발국가는 이 집단에 초점을 맞추는 정책설계를 더 지향한다. 대부분의 가족은 정부기관보다 피부양인을 더 잘 양육하고 돌볼 수 있다. 양쪽 부모가 다 있는 가족에서 전적으로 양육되는 아이와는 달리 편부모 가정에서 자라는 대다수의 아이들은 아동기에 빈곤을 경험할 것이다(Ellwood, 1988). 이 관점에서 볼 때 사적 책임을 위한 공적 지원을 증진하는 정책은 부부가 자신의 배우자와 아이들 및 친족을 돌보겠다는 약속을 공식화하는 결혼이라는 합법적 결속을 방해해서는 안된다. 그러나 소득세 규약은 상위소득 범주에 있는 결혼한 몇몇 맞벌이 부부에게 독신으로 소득을 신고할 경우보다 더 높은 세금을 내도록 만드는 일종의 벌칙(a penalty)을 부과한다. 결혼을 벌칙으로 만들어버린 이 규약은 비록 1986년의 세금개혁법(The Tax Reform Act)에 의해 그 액수가 축소되었지만, 1993년 새로운 시행령으로 다시 증가하여 결국 폐지되지는 않았다(Bernstein, 1993). 이 소득세 규약이 결혼을 결정하는 데 미치는 효과는 알려져 있지 않지만, 결혼제도 밖의 동거율 증가와 함께 세금의 불공평성은 심화되고 있다.

1) 사회공평의 쟁점(Issues of social equity)

사회공평(social equity)에 대한 관심은 능력개발국가에서 사회보호철학의 중심이다. 이에 대한 관심은 복지이전의 배분에서 권리와 책임의 균형을 바로잡으려는 정책에 대한 최근의 강조에서 나타났다. 또한 이 관심은 규칙대로 열심히 일하면서 쉬는 시민이라면 자신의 가족을 빈곤선 이상에서 부양할 수 있어야 한다는 일반적 통념 속에 반영되어 있다(Ellwood, 1988). 능력개발국가는 부의 분배에서 복지국가보다 평등을 더 적게 추구하고 사람들에 대한 공정한 대우를 더 많이 지향한다. 이런 의미에서 사회공평은 능력개발국가가 그 방향을 선택하는 도덕적 나침반이다.

"무엇이 공정한가(What is fair)"에 대해 모든 사람이 동의하는 것은 아니다. 공평에 대한 형식적 논쟁은 동등한 상황에 있는 사람은 동등하게 취급하는 수평적 공평(horizontal equity)과 다른 상황에 있는 사람들은 적절하게 차별하는 수직적 공평(vertical equity)을 구별하는 것이다. 사회이전과 관련지어볼 때, 적절한 차별이나 공정한 대우는 부자와 특권층보다는 빈민과 사회적 약자에게 보조금을 주는 것을 의미한다. 이러한 보편적 기준은 폭 넓게 받아들여져서 평등한 상황과 불평등한 상황을 판단할 수 있는 기준의 구체화가 없으면 모호할 정도로 그 범위가 넓다. 예를 들어 차별철폐조처정책(affirmative action policy)에 근거하여 대학입학을 허가받은 고소득가구의 아프리카계 미국인 및 이와 동등한 권리를 가진 저소득 가구의 백인의 경우를 보자. 여기서 사회정책이 불이익을 받는 환경을 재조정했다고 규정하는 기준은 소수 인종집단의 지위이다. 그러나 어떤 사람은 이 경우에, 가구소득이 보다 더 적절한 기준이라고 믿을 수도 있다. 이러한 의문은, 위의 두 가지 경우에 들어맞는 사례들이 상위소득 범주에서 소수인종집단의 가구수의 확대와 함께 증가하는 것으로 요약된다.

많은 사회정책이 지나치게 과분한 대우를 한다고 판단될 수 있는 특별한 경우를 만들어낸다. 불공정한 대우를 하는 특별한 경우는 정책지침의 전형적인 결함을 나타내는데, 이 결함은 정책지침이 모든 가능한 우연을 거의 설명할 수 없다는 것이다. 그러나 정책이 많은 수혜자에게 실질적 부분에 대한 공정한 대우를 부정하는 급여분배 유형을 만들 때 이것은 사회공평의 쟁점이 된다. 능력개발국가가 발전함에 따라 사회공평을 증진하려는 사람은 상황의 변화, 숫자의 올바른 파악, 의존 관리를 포함하는 최소한 세 가지 도전과 맞붙게 될 것이 틀림없다.

2) 상황의 변화(Shifting Circumstances)

사회공평의 쟁점은 취업한 기혼여성(working wives)의 실질적 증가로 인해 공적연금과 관련되어 부분적으로 나타난다. 사회보장급여가 연방정부의 사회복지에 대한 직접적 지출의 절반 이상을 차지하게 되면서 절대 다수 시민들의 관심사가 되었다(또한 사회보장급여는 모든 사회이전 중 상당히 큰 부분을 포함한다). 1935년의 사회보장법(Social Security Act)이 1939년에 처음 개정되었을 때, '개별적 공평(individual equity)'이라는 보험원리(퇴직노동자는 대략 자신의 기여금과 동등한 급여를 받는다)는 급여가 적정한 삶의 기준을 제공해야 한다는 생각에 의해 절충되었다(Pechman, Aaron, and Taussig, 1968). 1939년의 입법개정은 급여의 적절성을 보장하기 위하여 노동자들의 급여를 피부양인까지 확대하였다.

그러나 피부양인 급여는 노동과 소득에서 다른 유형을 가진 기혼부부 사이에 많은 불공평을 유발한다. 이들처럼 서로 다른 유형은, 노동력(labor force)에 참가하는 기혼여성의 비율이 증가하면서 사회적 불공평의 한 유형이 되고, 이 불공평한 유형은 차별적 급여구조에 의해 확대된다. 사회보장급여는 비록 저소득 노동자에게 유리하도록 가중치를 두었다 해도 임금수준에 따라 상승한다. 그 결과 1995년까지 남편의 연간소득이 60,600달러이면서 자신이 취업한 기혼여성은 피부양인 급여로 7,470달러를 받았다. 이것은 연간소득이 11,400달러인 기혼여성이 주요 수익자로서 받는 것보다 약 1,000달러 이상이 많은 것이다(남편의 연간소득이 25,000달러인 맞벌이 부부 가구에서). 그리고 이 금액은 연간소득이 11,400달러인 남편과 함께 사는 전업주부에게 지급되는 피부양인 급여 3,245달러의 두 배 이상이다(미 하원의회, 1992). 비록 더 높은 소득이 있는 남편이 수 년에 걸쳐 사회보장세를 더 많이 내왔지만, 그의 가족을 위한 연금급여는 (모든 다른 가구에서처럼) 부분적으로 다음 세대 기여자로부터 이전에 의해 보조받은 것이다.6)

여기서 기혼여성의 자격은 의존 지위와 계층에 의해 규정된 것으로서, 더 높은 소득범주에 속해 있는 전업주부는 더 낮은 소득가구에 있는 전업주부 또는 취업한 기혼여성보다 더 많은 급여를 받는다. 이 제도가 공정한가? 상위소득에 있는 집단이 노년기7)에도 차별적 소비유

---

6) Martha Ozawa(1982)는 피부양인 배우자가 있으면서 65세에 퇴직하는 고임금 소득자는, 비슷한 상황에서 매달 482달러의 보조금만을 받는 저임금소득자의 경우와 비교하여, 무불의 급여(unpaid-for benefits)로 매달 828달러를 받는다고 예측한다.

7) Eveline Burn(1956)은 거대한 지역(미국 같은)의 임금과 소득수준은 한 지방에서 또 다른 지방까지 실제로 다양하다고 지적한다. 따라서 이 경우는, 임금과 연관된 급여가 평균소득이 높은 지방에서 기본적 욕구를 충족하기에 충분할 정도로 많은 연금을 보장하도록 만들 수도 있었을 것이다. 그러나 주(州) 내에서 소득의 차이 역시 상당히 크다. 임금과 연관된 급여는 평균소득의 지역적 차이를 상쇄하는 것보다는 퇴직 이후 지방 소득집단 사이에서 상대적 위치를

형을 유지하도록 돕는 보조금을 왜 사회정책이 제공해야 하는가? 올슨
(Mancur Olson, 1983: 358)은 모든 사람을 위한 가장 적절한 삶의 기
준을 제공하면서도 훨씬 더 협소한 범위의 급여와 더 큰 개인의 책임
을 주장한다. 즉 "선견지명이 없는 고소득자에게 소비위계에서 자신의
상대적 위치를 유지시켜 주기 위해 많은 퇴직소득을 보장하는 사회보
장제도는 필요하지도 않고 해서도 안된다. 어떤 고소득자가 노동기간
보다 노년기에 조금 더 가난하게 산다고 해서 큰 불행이 되는 것은 아
니다. 실제로, 이런 종류의 경험은 (다른) 사람에게 신중함의 가치를 가
르치고 장래에 대한 계획을 세우도록 장려할 것이다."

미국 사회보장제도는 대부분의 산업민주주의 국가와 마찬가지로 연
금제도의 성숙과 인구노령화로 인한 막대한 재정적 압박에 의해 재구
조화되고 있다. 2026년까지 표준 퇴직연령은 67세로 상승할 뿐만 아
니라 연금급여의 가치는 급여가 대체하는 임금과 비교하여 감소하고
있다. 1980년에 저임금 소득자의 연금급여는 그해 자신들의 근로소득
의 68%에 달했는데, 이 비율은 급여에 대한 자격을 인정받은 저임금
소득자의 비율을 앞지른 것이다(이때 평균임금소득자의 임금대체율은 51%
였다). 1995년까지 임금대체율은 약 6분의 1로 떨어져서 저소득 노동
자는 57%, 평균소득 노동자는 42%가 될 것이다(Committee on Ways
and Means, 1992).[8]

사회보장대체율은 감소하는 반면 노인들이 다른 재원으로부터 얻는
총소득은 <표 1-3-2>에서 보여주듯이 증가하고 있으나 그 변화가 큰
것은 아니다. 그러나 만약 다양한 소득원 사이의 절대적 차이가 1980

유지하는 역할을 더 많이 할 것이다.
8) 이 수치는 1980년의 저소득자 임금 5,166달러와 1995년의 11,425달러에 근거한
   것이다. 1980년 평균소득자의 임금은 11,479달러였고, 1995년에는 25,390달러였
   다(미 하원의회, 1992).

<표 1-3-2> 노인인구의 총소득원, 1980년과 1990년

소득원	1980 (%)	1990 (%)
사회보장	39	36
연금	16	18
수입	19	18
자산소득	22	24
기타	4	3

주: 노인은 65세 이상의 인구로 정의됨. %는 반올림으로 인해 합계 100이
되지 않음.
출처: 1993년 Reno의 논문에서 재구성

년에서 1990년 사이에 발생한 만큼 다음 40년 동안 똑같은 비율로 증
가한다면, 지금 노동력에 진입하는 노동자는 사회보장, 자산, 다른 연
금에서 나오는 혼합된 소득을 받으면서 퇴직할 것이다(이때의 소득혼합
은 현세대의 퇴직자의 소득혼합과 실질적으로 다르다). 사회보장은 노인의
주요 소득원이 되기보다는 자산과 개인연금에서 오는 소득 다음의 세
번째 위치로 밀려날 것이다. 이런 현상은 노년기의 재정보장의 원천을
공적기금에서 사적기금으로 변경시킬 것이다.[9] 물론 노인의 소득원이
40년의 과정에 걸쳐 똑같은 비율로 변하지는 않을 것이다. 이러한 종
류의 경향이 오랜 시간에 걸쳐 똑같이 유지되는 일은 드물다(1980년에
서 1990년의 십 년 동안에도 이 비율은 오르내렸다. 즉 자산소득은 1984년
총소득의 28%까지 증가했고, 1990년에는 24%로 감소하였다). 그러나 우리
가 예상할 수 있는 것은 가까운 기간 내에 더 많은 퇴직소득이 사적

---

9) 1990년에 사회보장과 공적연금 기금은 근로소득 외에 노인이 얻는 총소득의
   50% 이상을 차지한다. 최근 변동률에서 40년 동안 근로소득 외에 노인이 얻
   는 총소득의 50% 이상이 개인연금과 자산에서 나온 것이다. Virginia
   Reno(1993)가 설명한 대로, 사적 개인연금 역시, 소득발생 자산으로 판단되는
   총액에서의 사적 개인연금 지불금을 반영할 수 있는, 자산소득의 많은 부분을
   차지할 것이다.

<표 1-3-3> 노인의 총소득 10분율에서 사회보장급여가 차지하는 비율, 1980년과 1988년

소득 수준 (낮은 순서부터)	1980	1990
1	72	74
2	78	83
3	79	82
4	76	74
5	66	66
6	61	59
7	53	48
8	43	41
9	32	29
10	14	14

주: 노인은 65세 이상 인구로 정의됨. 소득수준은 최저에서 최고까지 10분율에 의해 분류
 된 것임.
출처: 현재 인구조사에서 측정된 것임.

재원에서 나올 것이라는 점이고, 이 전환은 민영화의 방향으로 계속될
것이다.

저소득 노동자는 개인연금과 자산소득에 대한 접근이 제한되므로
민영화 경향은 고소득 집단보다는 저소득집단의 사회보장급여 의존을
증가시킨다. 이러한 전개는 소득수준에 따라 사회보장에서 나오는 총
소득의 변화를 분석한 <표 1-3-3>에 예시되어 있다. 1980년과 1988
년 사이 사회보장급여는 소득수준의 최저 10분의 3에 있는 노인의 총
소득 비율을 실제로 증가시켰다. 상위소득 수준의 사회보장급여는 총
소득 비율로 볼 때 감소했다(5분위는 66.05%에서 65.95%로). 최상위 10
분위에 있는 노인은 예외인데, 이 예외는 사회보장급여가 처음부터 총
소득의 극히 일부분만(15% 미만) 대표했기 때문이다.

사회보장비용의 증가와 저소득 노인의 공적 급여에 대한 의존 증가
는 피부양인 급여와 차별적 급여구조로부터 나오는 불공평을 감소하라
는 압박을 더 많이 받게 할 것이다. 개혁이 어떤 형태이든 간에 미래

의 사회보장은 노동인구에서 의존인구로 자원의 이전이 계속될 것이
틀림없다. 그러나 국제사회보장협회(International Social Security Asso-
ciation)의 사무총장인 호스킨스(Dalmer Hoskins)는 이런 제도를 재검
토할 때라고 주장한다. "사회의 변화하는 상황을 반영하기 위하여 사
회보장 급부를 지속적으로 변경하고 수정해야 한다"(Hoskins, 1992:
40).

    퇴직소득에서 공/사 혼합의 변화와 여성 노동력 증가는 사회보장 개
혁에 두 가지 방향을 제시한다. 그 방향은 ① 연금의 자격이 남편뿐만
아니라 피부양인 급여를 받는 위치에 있는 부인에게도 평등하게 분할
되는 가족계정(family accounts) ② 일정한 보호수준을 보장하는 안전
망으로서 더 충분한 서비스를 제공하고, 노령기에 과거의 소득에 대한
대체율을 더 적게 만드는 정액률 급여구조를 지향하는 것이다. 이러한
개혁 외에도 사적연금제도의 적용확대는 더욱 큰 공적 규제가 필요한
가라는 쟁점을 유발한다. 연금급여보장협회(Pension Benefit Guarantee
Corporation, 1993)에 따르면, 단일 고용주가 운영하는 사적연금제도
(single-employer plans)의 기금부족이 1982년 18조 달러에서 1991년
의 40조 달러로 두 배 이상 증가하였다. 다수의 고용주가 운영하는 연
금(multi-employer plans)은 11조 달러가 부족하여 1991년 연방정부가
보장한 연금에서 51조 달러의 기금 부족이 발생되었다. 비록 대부분의
기금 부족이 상대적으로 소수의 회사에 집중된다 해도, 사적연금제도
의 기금조성에 대한 공적 책임은 크며, 그 규제를 강화하는 개혁 또한
정당한 권한을 가지는 것이다.

3) 숫자의 올바른 파악(Getting the Numbers Right)

사회공평에 내포된 가정은 복지이전이 욕구와 문제로 경쟁하는 사람들 사이에 공적 자원의 공정한 분배를 가져와야 한다는 것이다. 이 등식(equation)의 한편에서 우리는 사회이전의 모든 범위와 이것을 분배하는 방법을 산정해야 한다. 다른 편에서 우리는 사회이전이 발생하도록 한 욕구와 문제가 무엇이고, 그 욕구와 문제를 해결하기 위해 사회이전이 어떻게 기여해야 하는가를 제대로 파고들어야 한다. 모든 욕구, 자원, 복지이전의 결과물을 측정하는 것은 현실적으로 어려운 일이기 때문에 사회공평을 실현하려는 노력은 이 등식의 완벽한 균형을 찾으려는 것이 아니라 지식의 한계 내에서 합리적 자원배분을 만들어내는 것이다. 여기서 공정(fairness)은 욕구와 이 욕구를 충족하는 데 필요한 자원 간의 일정한 비례를 반영한다. 사회이전의 배분에서 상세한 정보에 근거한 결정을 하기 위하여 정책 입안자들은 그 문제가 얼마나 중요한가, 그 문제에 대해서 과거에 얼마나 지출했는가, 현재까지 해온 노력으로 이 문제를 어느 정도 해결했는가에 대한 자료를 가지고 있어야 한다.

사회이전 지출의 정확한 숫자를 파악하기 위해서는 복지국가 지출에 대한 전통적 설명을 넘어설 것이 요구된다. 앞서 제시되었듯이, 복지이전의 측정을 전체적으로 하기 위해서는 새로운 장부(new ledger)가 필요한데, 이 가운데 한 가지는 빈민과 의존집단뿐만 아니라 예컨대 자기 집을 가진 사람, 학생, 피고용인, 퇴역군인, 농민에게 급여를 주는 직·간접적 지출을 포함하는 것이다. 많은 정보가 이용가능하고, 이 많은 정보들을 사회복지 지출에 대한 일체의 연간 보고서(inclusive annual report) 안에 모두 넣기만 하면 된다. 전체적인 계산이 들어 있는 모든 범위의 지출이 어떤 것인가에 대한 합의가 없기 때문에, 이와 같은 보고서는 사회복지와 관련된 이전을 분류하는 방법에 대해 서로 다른 가정에 근거한 복지지출의 두세 가지 모형을 개발할 수 있다.

사회지출을 추정하는 것은, 옹호조사(advocacy research)에 의해 제기된 문제를 판단하는 것보다 가끔씩 쉬울 때가 있는데, 옹호조사는 때때로 문제의 정도를 과장하는 경향이 있다. 이익집단과 옹호자들은 공공연한 관심을 끌어, 그 관심으로 자원의 배분을 확대하기 위하여 어떤 문제를 사회병리로 빈번하게 과장해서 말한다. 다양한 이익집단의 당파적인 의제와 제휴한 사회과학자는 옹호조사를 과학적 활동의 아우라(aura)로 대여한다. 호로위츠(Irving Louis Horowitz, 1993: 183)가 학술적 원칙에 대해 말한 것을 보면 이것을 알 수 있다. 그는 "사회과학과 사회적 옹호의 동일시는 미국 사회학에서 전국적으로 너무나 유행하여, 만약 진지한 분석의 가치를 그 자체로 보존하려면 이제는 당파성의 위험으로부터 물러서야 할 때(사실은 이때가 너무나 늦었지만)가 되었다"고 주장한다. 사회조사가 과학보다 정치에 의해 고무되는 현상이 미국에서만 나타난 것은 아니다. 핀커(Robert Pinker, 1991: 287)는 "영국 사회정책 연구의 전후 역사에서 정치적 입장 차이가 학술적 논쟁에 너무 깊숙이 박혀서 종종 과학적 조사 그 자체의 과정을 방해한다"고 지적한다.

옹호조사의 주장은 박사학위를 가진 사람들의 학술적 권위로 뒷받침되어 검증이나 비판적 검토가 거의 없이 대중매체에 의해 자주 받아들여지고, 이 대중매체는 사회문제를 확대하는 옹호연구를 반영한다. 또한 보도자는 이익집단이 조작하여 구체적인 문제에 대한 선별된 해결책으로 보이는 서비스 프로그램의 영향을 평가한 옹호조사에 영향받기 쉽다. 아동에 대한 성적 학대를 예방하기 위한 프로그램이 그 완벽

한 예이다. 이 프로그램의 폭넓은 사용에도 불구하고 다른 곳에서 검
토된 증거들은, 이 프로그램이 효과가 있는지 그리고 확대되어야 하는
지 또는 이 프로그램에 소요되는 거대한 양의 자원이 아동을 더욱 효
과적으로 보호하기 위한 다른 방법에 사용될 수는 없는지에 대하여 전
문가들 사이에 심각한 논쟁이 있음을 보여준다. 주류 연구의 결과는
포괄적 예방 프로그램이 정말로 아동을 보호한다는 발견으로 이러한
논쟁을 해결했다고 주장한다. 이 결과는 ≪뉴욕 타임즈(The New York
Times)≫가 인정한 사실 덕분에 더욱 권위를 얻었다. ≪타임즈≫는 "학
대예방 노력이 아동을 돕는다(ABUSE-PREVENTION EFFORTS AID
CHILDEN)"라는 표제로, 성적 학대 예방훈련 프로그램의 유익성을 격
찬하는 기사에 지면의 대략 1/4을 할애하였다(Goleman, 1993). 그러나
이 연구를 자세히 보면, 그 내용이 일반 대중에게 언급했던 것과 다르
다는 사실을 알게 된다. 그것은 언론인이 사회과학이라는 이름으로 제
시된 옹호조사에 어떻게 속고 있는가와 이 과정에서 공공자금이 그 가
치가 의심스러운 프로그램을 위해 어떻게 조성되는가를 이야기하는 것
이다.

　≪타임즈≫에 실린 이 기사의 첫 문장은 "학교에서 실시되는 성적
학대 예방 프로그램의 효과성을 사정하기 위한 최초의 전국적 조사는
이 프로그램이, 실생활에서 잠재적인 치한과 맞설 수 있게 아이들을
돕는다고 확실하게 증명한다"고 선언한다. 그 조사의 선임자는, 전화
조사로 접촉한 전국의 대표표본 2,000명의 아동으로부터 나온 결과를
바탕으로, "더 나은 성적 학대 예방 프로그램을 받은 아동은 위기의
순간에 더 적절하게 행동한다"라고 말한다(Goleman, 1993). 그에게
'더 나은 프로그램'이란, 예방 개념의 범위로 볼 때 가장 길고 포괄적
인 프로그램을 의미한다.

이 프로그램의 효과는 무엇인가? ≪타임즈≫ 기사에 따르면, 이 연구는 "훈련이 더 포괄적일수록 아이들이 성적 학대에 위협을 당할 때 소리치기, 안된다고 말하기 또는 도망가기와 같은 전략을 사용하기가 더 쉽다. 또한 이 아동들은 성적 학대라는 주제에 대해 다른 아이들보다 더 잘 알고 있어서 스스로를 보호하는 능력에 자신감을 가진다. 또한 실제로 성인에게 학대를 당했거나 이러한 시도가 있었을 때, 더 쉽게 외부에 알릴 것이다. 다른 한편으로, 일단 성적 공격이 시작되면, 훈련을 받았던 아이들은 더 많이 저항하는 경향이 있기 때문에 조금 더 쉽게 다치는 경향이 있다"(Goleman, 1993).

조사결과에 대한 이러한 해석은 중요하지 않은 작은 차이를 확대하고 심각할 수도 있는 큰 위험을 은폐시킨다. 사실을 직시하자. 포괄적 프로그램에 참여한 아동들이 성적 학대 예방에 대해 더 많은 지식을 가지고 있는가? 물론이다. 16점 척도에서 그들은 전혀 훈련을 받지 않은 아동보다 평균 반점(0.5)이 더 높은 점수를 받았다. 이와 동시에 훈련을 전혀 받아본 적이 없는 아동은 포괄성이 약하다고 판단되는 예방 프로그램에 참가한 아동보다 약간 더 높은 점수를 실제로 얻었다 (Finkelhor, Asdigian, and Dziuba-Leatherman, 1993). 만약 이 결과가 옳다면 예방훈련을 의무적으로 하는 학교의 약 절반이, 한 번도 참여한 적이 없는 학생들과 똑같은 지식을 가진 학생들을 만들어내는 간단하고 포괄성이 더 약한 예방 프로그램에 수백만 달러를 지출하고 있는 것이 된다.

그러나 다른 결과에 대해서는 어떠한가? 지식이 약간 증가하는 것이 중요한가? 포괄적 성적 학대 예방훈련을 받은 아동이 위기의 순간에 정말로 더 잘 행동하는가? 그 자료에 대한 조사자들의 엄밀한 분석은 결과에 대한 긍정적 해석과 전혀 일치하지 않는다. 성적 학대나 위협

을 받은 모든 아동에 대한 자료를 ≪타임즈≫에 인용된 긍정적 성과와
관련해서 보면, 연령과 성(gender)과 같은 관련요인을 통제했을 때, 예
방훈련을 전혀 받지 않았거나 최소한의 훈련만 받은 아동의 행동과 가
장 포괄적 프로그램에 참여한 아동의 행동 사이에 통계적으로 유의미
한 차이가 없다는 것을 알 수 있다. 즉, 성적 희생자 가운데 포괄적 훈
련을 받는 아동은 그렇지 않은 아동과 ① 사건이 일어났을 때 예방 프
로그램의 추천을 받아 그들이 사용했던 선별된 전략의 수(이를테면 안
된다고 말하기 또는 도망가기), ② 학대자에게 대처하는 자신감, ③ 실제
로 또는 시도된 학대에 대해 성인에게 폭로하기, ④ 시도된 학대를 성
공적으로 막아내는 것 등과 관련하여 유의미한 차이가 나지 않았다.

이 결과의 변수에 대해 반응자 집단 사이에서는 작은 차이가 있다.
예를 들어 시도된 학대를 성공적으로 막아낸 것으로 주목받는 아동의
경우에, 훈련을 받지 않은 아동이 최소한의 훈련에 참가하거나 포괄적
예방 프로그램에 참가했던 아동보다 약간 더 효과적이다. 이 발견은
≪타임즈≫ 기사에 언급되지 않았다. 그러나 모든 경우는 전통적인 과
학적 기준으로 판단되기 때문에, 우리는 발견된 이 작은 차이가 우연
히 발생했을 것이라고 결론지어야 한다.[10]

그러나 이 차이는 몇 가지 다른 변수를 도입했을 때, 더욱 뚜렷하고
통계적으로도 유의미했다. ≪타임즈≫ 기사는 포괄적 훈련을 받은 아
동들이 "일단 성적 공격이 시작되면 조금 더 다치기 쉬울" 뿐이라고
보도한 반면, 이 자료는 포괄적 훈련을 받은 아동의 15%가 실제로 다

10) 보다 포괄적 프로그램에서 아동들이 선별된 전략을 사용하는 경우에, 연령과
성을 통제한 상태에서 차이에 대한 유의미 수준은 .35였다. 학대에 대처하는
아동의 자신감의 차이에 대한 유의미 수준은 .41이었다; 그리고 사건을 말하
는 비율의 차이에 대한 유의미 수준은 .16이었다(Finkelhor, Asdigian, and
Dziuba-Leatherman, 1993).

쳤고 이 비율은 훈련받지 않은 아동의 세 배 이상이라는 사실을 보여준다. 또한 성적 피해자가 될 수도 있는 위협을 받을 때, 포괄적 예방훈련 프로그램에 참가했던 아동들은 울고 저항하는 방식의 별로 좋지않은 전략을 사용하기 쉽다(이 점이 아동들의 부상 원인을 설명해줄 수도있다). 비록 저항하는 것이 별로 좋지 않은 전략 가운데 하나로 생각되지만, 이는 전국적으로 가장 광범위하게 사용된 프로그램 중의 하나에서 취학 전 연령의 어린 아이들에게 가르친 보호전략이다. 여기서 끌어올 수 있는 가장 확실한 결론은 성적 학대의 위험에 처했을 때 포괄적 훈련을 받은 아동은 훈련받지 않고도 별로 좋지 않은 전략을 사용하는 아동보다 세 배 이상이나 다친다는 것이다. ≪워싱턴 포스트(The Washington Post)≫는 이 연구에 대해 좀더 정확한 해석을 제공하지만, 여기에서조차도 이 연구는 혼란스럽기만 하다(Evans, 1993).[11]

성적 학대 예방 프로그램이 실제로 그렇게 위험한가? 이 결과들이 너무 심각하게 받아들여져서는 안된다. 전문가들은 전화조사가 예방 프로그램이나 아동이 실제 위협에 대처하는 방법의 효과성과 같은 복잡한 어떤 것을 측정하는 도구로서 신뢰성이 부족하다는 사실을 알고있다.

언론인은, 오해하기 쉬운 자료와 쓸모없는 정책을 막기 위해 사회조사의 한계에 대하여 더 많이 알아야 한다. 자금원(funding sources)

---

11) Sandra Evans(1993)는, 예를 들어 잘 훈련된 아동은 더 이상 성공적으로 학대를 막아낼 수 없고, 성적 공격을 받을 때 더 많이 다치는 경향이 있다고 보고한다. 그럼에도 불구하고, 그녀는 "잘 훈련된 아동은 학대에 대해 보다 많은 지식을 가지고 있고, 사건을 보다 잘 말하며, 공격에 처했을 때 보다 많은 통제력을 가졌다"는 것에 주목한다. 그녀는 나중에 이와 정반대로, 성인에게 폭로하기에 대하여 "그 프로그램에서 배운 것의 결과로서, 14%의 아동이 성인에게 사건을 말하였다. 그러나 이 수치는 훈련받지 않았던 아동집단과 유의미하게 다르지 않았다"라고 말하였다(강조는 첨가됨).

에 의해 조사가 추진되는 한, 과학보다 이데올로기가 더 많이 조사에 영향을 미치는 한, 이익집단이 많은 문제 영역에 침범하는 한, 옹호조사자들은 끊임없이 거래를 계속할 것이다. 옹호라는 현대적 상표(modern brand)는 때때로 사회과학조사의 객관적 범위를 넘어서, 판단력을 상실한 대중매체에 쉽게 접근함으로써만 보상받도록 조작된다. 대중매체는 사회문제와 공적원조의 해결에서 옹호조사자들이 사회문제의 크기와 공적원조의 효력(the size of social problems and the efficacy of public aid)을 과도하게 주장하는 것을 제한할 수 있다. 물론 몇몇 제한은 벌써 나타났지만, 뉴스에서 정기적으로 보이는 사회병리에 대한 과장을 억제할 정도로 충분하지는 못하며 사회정책에 대한 합리적 토론의 기반을 잠식하고 있다. 옹호조사가 더욱 중립적인 내용이 되고 대중매체가 더 엄격하고 정확한 기준에 의해 감시를 받을수록 능력개발국가가 사회공평을 증진시키려는 노력은 더 나은 결과를 가져올 것이다.

4) 의존 관리(Managing Dependency)

사회공평은 지출의 종류를 감시하고 대중매체에서 보도된 희생자수의 의미를 해석하는 것 이상이다. 이것은 복지에 대한 자격과 시민의 의무, 특히 자족해야 할 의무 사이의 상호교환을 구체화시킨다. 의존에 대처하는 공평한 복지정책을 만드는 것은 능력개발국가에서 대단히 중요한 과제가 된다.

잘 설계된 사회정책의 올바른 조화가 사람들을 독립적으로 만들 것이라고 전제하는 능력개발국가에는 암묵적인 낙관주의가 존재한다. 잘 설계된 정책 요소는 소비자 선택, 민간에 의한 사회서비스 전달, 복지

급여의 간접적 이전, 가족의 강화를 지향하는 보조금, 인간자본의 창조, 자산 축적, 노동유인책 등을 포함한다. 복지국가(welfare state)가 자본주의의 역기능(어떤 이는 해악이라고 말하기도 한다)을 바로잡는 것으로 간주된다면, 능력개발국가(enabling state)는 시장경제의 미덕 및 자족해야 하는 시민의 자질 위에 건설된다. 이런 맥락에서 보면, 수입이 없는 신체 건강한(특히 AFDC 프로그램의 공적부조를 받는) 시민은 1990년대 복지개혁의 1순위가 된다. 정치적 스펙트럼의 양쪽에 있는 정책 입안자들은 노동이 복지를 대체해야 하고 공적부조에 대한 의존이 사라져야 한다는 점에서 일치한다. 이러한 정서는 진보정치연구소가 제기한 개혁 요구에서 명백하게 드러난다. 즉 "복지개혁을 가능하게 하는 전략은 미국의 기본적 가치, 특히 상호책임성(reciprocal responsibility)을 뒷받침해야 한다… 사회적 책임은 쌍방이 서로 주고받는 관계이다. 이는 곧 정부는 스스로를 돕기로 결심한 사람을 도울 수 있다는 의미이다. 능력개발국가는 노동과 자족에 대한 의지가 있을 때만 수혜자에게 사회적 지원을 제공해야 한다"(Marchall and Schram, 1993: 233).

클린턴(Bill Cliton)은 1992년 대통령선거 유세기간 동안 새로운 계약(New Covenant)을 공약으로 내세웠는데, 이 계약은 노동과 공적부조 사이의 결합을 강조하는 것이었다. 클린턴이 제안한 바에 따르면, 규정대로 일하고 쉬는 사람들의 욕구는 정부가 충족시키겠지만 복지의 존에 2년의 제한을 두고 그 이후에는 수혜자가 일자리를 구해야 한다. 복지에 2년의 기한을 두고 그 동안에 AFDC 수혜자가 교육, 훈련, 아동보호, 직업알선상담을 받도록 한다는 생각은 민주당과 공화당 양쪽의 환영을 받았다. 수혜자들은 현재 가족지원법(the Family Support Act)의 적용을 받는 경우처럼, 노동력에 진입한 이후에도 아동보호와 의료부조와 같은 과도기적 서비스에 대한 자격을 계속해서 가질 수 있다.

이때 누구에게나 생기는 의문은 훈련 프로그램에 참가하지 않는 사람은 어떻게 될 것인가와 2년이 지난 후에 일자리를 구하지 못한 사람은 어떻게 될까이다. 두 번째 질문에 대한 흔한 반응은, 2년 후에 직업을 구하지 못한 사람들을 주정부가 만든 어떤 형태의 공공근로 프로그램에 참가시킬 필요가 있다는 것이다. 이것은 문제를 해결하는 것보다 더 많은 문제를 유발하게 되는 혹독하고도 성급한 해결책이다. 2년 후에 일자리를 얻지 못한 사람들의 집단에는 복지수혜인구 중에서 기술훈련이 가장 낮고 동기유발이 가장 적은 다수가 포함되기 쉽다. 예를 들어, 17세에서 21세 사이에 해당하는 전형적인 AFDC 수혜모(AFDC mothers)의 읽기능력은 6학년 수준 이하이다(Pryor, 1994). 18세와 24세 사이의 AFDC 수혜모 가운데 적어도 37%가 알코올과 약물을 남용했거나 중독되었다(Center on Addiction and Substance Abuse, 1994). 이러한 AFDC 수혜모를 공공근로 프로그램에서 일하도록 만들기 위해 투입될 사회경제적 비용은 막대하다. 의회예산청(Congressional Budget Office)은 감독과 주간보호에 드는 지출이 참가자 1인당 6,300달러에 달할 것이라고 예측한다. 평균 5,000달러의 AFDC 지원금이 들어가는 공공근로 프로그램의 의무적 참가는 기본적인 지원금의 증가가 없더라도 복지수혜자 1인당 비용을 두 배로 만들 것이다(Besharov, 1993a). 재정에 대한 염려는 제쳐놓고라도, 일자리 만들기에 감추어진 냉소주의와 도덕성 해체는 이미 믿을 수 없게 된 공공관료제의 기준을 위태롭게 할 것이 확실하다.

강제적인 요구의 부과와 함께 또 다른 쟁점이 발생한다. 즉 훈련 또는 공공근로에 참가하는 것을 거부하는 AFDC 수혜자를 어떻게 처리

할 것인가이다. 그 대답은 더욱 가혹하고 만족스럽지 못하다. 예를 들
어 공화당 특별조사위원회가 제안한 복지개혁(H. R. 3500, 1993)은, 노
동력 참가에 실패한 사람들에게 처음에는 AFDC의 가족지원금과 식품
권 급여를 25%까지 감소시킨 다음 6개월 후에는 AFDC 등록에서 모
두 탈락시킴으로써 벌칙을 부과하자는 것이다. 이런 종류의 제안은 프
로그램을 처음에 고안하게 만든 가족 내의 아동에게 어떤 일이 일어날
것인가에 대해서는 극도로 침묵하는 경향이 있다. 또한 그들이 간과하
고 있는 문제는 공공근로에는 참가할 수 있으나 일자리는 구하지 않으
려는 AFDC 수혜자들 사이에서 나타나는 사회공학(social engineering)
에 대한 소극적 저항을 어떻게 다룰 것인가라는 것이다.

　관심의 초점이 아동을 보호하는 것에서 AFDC 수혜부모의 노동을
요구하는 것으로 바뀜에 따라, 복지에 2년의 기한을 두려고 강행하는
노력은 사회공학에 대한 방해요인을 더욱 부각시키는 일이 된다. 이것
은 새로운 이야기가 아니다. 스타이너(Gilbert Steiner, 1971: 74)는 20
여 년 전에 초기 노동복지 개혁의 비용과 결과를 분석하면서 다음과
같이 말하였다: "불행히도 1970년의 복지행정 전문가들은 주간보호와
노동훈련이 복지문제에 대한 '해결책'으로서 가지는 한계와 유감스러
운 역사를 직시할 수 없었다… 그러나 몇 년 후에 노동훈련과 주간보
호가 복지의존자의 수와 공적구제 비용의 감소에 거의 효과가 없다는
사실을 불가피하게 알게 되었다. 몇 가지 새로운 해결책이 제안되겠지
만, 좀더 현실적인 접근은 더 많은 복지 욕구를 인정하고 주간보호와
'노동연계복지(workfare)'가 기적의 치료제라는 계속된 환상에서 깨어
나야 한다." 제시된 새로운 해결책은, 노동연계복지에서 수요는 적고
노동유인책은 관대한 문제점을 개혁하려는 내용을 포함하지만, 초기의
제도만큼 성공하기는 쉽지 않다. 노동유인책과 2년 기한의 공적지원으

로 정리되는 현재의 복지 개혁은 세 가지 문제로 몸살을 앓고 있다. 즉 이 개혁은 성공의 실질적인 의미를 무시하고 역효과를 초래하며, 사회사업가들이 묵인하기 어려운 냉정한 수준을 요구한다.

AFDC는 많은 가족들에게 빈곤의 덫이 아니라 어려운 시기에 일시적 지원을 주는 것이다. AFDC 수혜자의 약 48%가 2년 미만으로 등록되어 있다. 사실상 이 사람들의 3분의 1이 향후 어떤 시점에서 다시 프로그램에 등록할 것이기 때문에 단기간 내에 성공한 사례수는 해석상 오해의 소지가 있을 수 있다. 어떤 경우든 간에 대부분의 AFDC 비용은 장기수혜자로 인한 것임에도[12] 불구하고 실질적인 성공사례수를 무시하는 개혁방안은 프로그램 지출을 훨씬 더 증가시키기 쉽다. 만약 AFDC가 복지수혜 2년 후 노동으로 전환시키기 위한 다양한 과도기적 유인책을 제공할 경우, 그러한 급여가 없었다면 예전에 AFDC 등록을 떠났을 가족들에 대한 공적지원 비용을 상승시킬 것이다. 이와 동시에 높은 수준의 유인책은 저임금의 직업에 종사하는 이들이 AFDC 원조를 받기 위해 자신의 직장을 그만둔 다음 과도기적 급여의 자격을 얻으려고 노동력으로 다시 돌아가는 형태의 재순환을 장려하는 역효과를 낼 수도 있다.

마지막으로, 노동연계복지의 참가를 거부하는 사람들을 끌어내려는 복지 일선의 어떠한 강경정책론자라 하더라도 아이들이 있는 가족들을 길거리로 내몰 수 있는 제재를 가하기란 쉽지 않을 것이다. 만약 그 제재가 실행된다면, 1990년대 2년 기한의 복지는 1960년대 정신질환

---

12) 비록 10년의 기간에 걸쳐, 복지혜택을 받는 모든 사람의 48%가 2년 미만 동안, 그리고 17%가 8년 정도 등록되어 있지만, 이 비율은 단기간 내에 역전된다. 어떤 주어진 시점에서, 장기간(8년 또는 그 이상)의 사례는 AFDC 수혜자의 50%를 차지하고, 이 비율이 프로그램 재원 수준에서 볼 때 적합하지 않는 지출이다(미 하원의회, 1992).

에 대한 탈시설화의 관계와 같을 것인데, 그때 유예된 비용은 미국 도시들을 지금 괴롭히고 있다. 과도기적 유인책과 시간제한이 가지는 본질적 문제는 이 두 가지가 능력과 동기 면에서 수혜자들을 구분하지 않는다는 것이다. 복지개혁에 대한 이러한 접근은 가장 능력있고 동기유발된 사람들을 너무 관대하게 그리고 가장 능력이 없고 동기유발이 안된 사람들은 너무 가혹하게 다룬다는 점이다.

급여의 비용을 증가시키는 과도기적 유인책과 공공근로 프로그램 없이, 아동에게 고통을 주는 재정적 제재를 부과하는 시간제한 없이 더 공평하게 복지를 개혁하기 위해서 무엇을 할 수 있는가? 복지 개혁을 위한 대안적 접근은 AFDC 가족들을 구분할 필요성과 아동의 복지를 보장하려는 목적에서 시작된다.

이것은 쉬운 문제가 아니다. 민주당 정부는 종종 평등한 대우와 복지에 대한 자격이라는 규범에 고무되어서 대상자에 맞는 정책과 표적을 구체화한 프로그램에 대한 욕구를 수용하기가 곤란하다는 사실을 발견한다(Finn, 1991). 그러나 가족들은 서로 다른 이유로 AFDC 프로그램에 참가하고, 등록되어 있는 기간도 다양하다. AFDC 등록자의 약 60%가 가족소득의 감소나 아동이 있는 부부의 이혼(또는 별거)으로 인한 경우이다. 이들을 AFDC의 30%를 차지하는 미혼모의 경우와 처음에 다르게 처우해야 하는가에 논란이 있을 수 있다. AFDC 프로그램 등록에 앞서 결혼했거나 일정 기간(이를테면 적어도 18개월) 동안 직업을 가졌던 복지 신청자의 대부분은 일반적으로 사회적 관습을 지키고 살았던 독립적인 시민이다. 그들은 따로 고려되어야 한다. 카우스(Mickey Kaus, 1986a: 23)는 다음과 같이 설명한다. "그들은 규정대로 살려고 노력했다. 즉 그들은 결혼했고, 자신 또는 그 남편은 일했으며, 지금은 단지 일시적 도움이 필요할 뿐이다." 그들이 자족할 만큼 능력있고 동기유발되어 있다는 가정은 근거가 있는 것이다. 따라서, 부부관계의 파탄이나 가족소득의 감소 때문에 프로그램으로 내몰린 신청자들은 AFDC 급여를 받아야만 하고 2년 동안 자신의 삶을 재구성하여 AFDC 프로그램을 떠나도록 해야 한다. 그들 중 많은 사람들이, 2년이 채 안되어 자신의 의지로 복지등록을 떠나는 48%의 수혜자에 속한다. 2년 후에도 AFDC 프로그램에 남아 있는 수혜자는 관리되어야 하는 의존이라고 이름붙일 수도 있는 개입의 첫 단계에 등재될 것이다.

혼외출산으로 인해 AFDC 프로그램에 참가한 여성은 또 다른 문제이다. 그들은 다른 집단에 있는 사람들보다 젊고 더 오랜 기간 동안 수혜자가 되기 쉬우며, 그들의 아이는 더 큰 불행의 위험에 처해 있다.13) 정책 입안자들의 가장 큰 관심부문이 바로 이들에 대한 개혁인데, 그 이유에는 장기간의 복지제공 비용이 매우 높다는 이유도 부분적으로 포함된다. 엄격한 2년 기한과 복지등록 2년 후에도 일자리를 구하지 못한 사람들을 의무적으로 공공근로에 참가시키는 방안은 겉으로 보기에, 독신의 미혼모가 장기간 복지에 의존하는 유형에 종지부를 찍으려는 것이다. 비록 AFDC가 이런 의존유형의 한 원인이 된 것은 의심할 바 없는 사실이지만, 이것이 편모의 빈곤문화를 유발한 것은 아니며, 시간제한으로 이 빈곤문화가 제거되지도 않을 것이다. 다름 아닌 위기에 있는 아동을 보호하려면, 이 집단은 여전히 특별한 개입을 위한 표적이 되어야 한다.

잠재적인 장기 복지수혜자 집단을 위해서는 노동의 강요와 일자리 만들기 계획 대신 두 단계의 사회적 감독이 있어야 할 것이다. 첫 단

---

13) 장기 복지수혜의 위험은 AFDC 등록자 가운데 어린 아이가 하나 있으면서 결혼한 적이 없는 26세 미만 여성의 40%가 복지에 등록되어 있는 기간이 10년 또는 그 이상이라고 예측한다(미 하원의회, 1992).

계는 수혜모에 대한 실질적 원조와 그 아이들에 대한 보호의 제공을 목표로 하는 서비스 전략이 포함될 것이다. 이런 노력은 건강을 위한 정기적인 가정방문(regular home-health visiting), 학교탈락자가 고등학교 졸업조건을 달성하도록 격려, 가정관리의 원조, AFDC 수혜모를 노동력으로 통합시키기 위한 체계적인 제도의 개발을 포함한다. 3년 후에도 여전히 AFDC에 남아 있는 사람들은 두 번째 단계에 들어설 것이다. 수혜자의 지위가 일시적 의존자보다는 '국가가 감독'하는 지위로 바뀌었다는 사실을 반영하는 더 큰 사회적 통제가 발생할 것이다. 아동의 복지를 감시하기 위한 가정방문은 계속될 것이고, 공적부조 지원금은 같은 수준으로 유지될 것이다. 그러나 이 단계 동안 각 가족의 재정업무를 조정하는 사례관리자가 임명될 것이다. 이 사례관리자는 집세와 공공요금을 지불하고 매주 식품권도 배급할 것이다. 또한 수혜자가 이용할 수 있는 모든 외부자원에 대한 감시도 증가할 것이며, 이 외부자원은 그들의 AFDC 지원금을 감소시킬 것이다.

비록 복지수혜자는 간단한 훈련으로 많은 개별과업(casework jobs)을 수행할 수 있겠지만, 사례관리자와 가정건강 방문자를 통한 사회통제의 강화는 이들의 인건비로 인해 AFDC 비용을 확실히 상승시킬 것이다. 그러나 장기적인 공적 의존은 더 많은 공적 감시를 수반하는 반면, 취약한 아동을 사회가 보호하는 것은 여전히 상대적으로 비용이 덜 드는 방법이다. 수혜자의 생활에서 공공기관의 역할이 증가하는 것은, 그렇지 않았다면 일자리를 구할 수도 있었던 사람들에게 복지를 덜 매력적인 것으로 만들게 된다. 또한 더욱 밀착된 감시는 수혜자가 신고하지 않고 벌어들이는 소득을 제한할 것인데, 사실 수혜자가 신고하지 않은 소득은 그들이 받는 AFDC 보조금을 보충하는 부수입이었던 것이다(Jencks and Edin, 1990; Harris, 1993).

위에서 제시한 두 단계의 목표는 적당하다고 볼 수 있다. 이 목표를 더 높게 요구하는 사람은 "지칠 줄 모르고 의존가족들을 어설프게 만지작거린다"는 스타이너(1971)의 조언에 귀기울이는 것이 좋겠다. 복지 프로그램은 결혼하지 않은 편부모의 빈곤문화를 유발하는 한 원인이 된다. 빈곤문화를 만든 것이 AFDC만은 아닌 것처럼, 유해한 행동유형을 줄이기 위해서는 AFDC 개혁이 만들어낸 것보다 더 큰 요인이 필요할 것이다. 궁극적으로 복지를 축소하려는 전략이라면 AFDC의 조정을 제대로 넘어서야 할 것이다. 일자리 만들기, 복지수혜 기간의 제한, 과도기적 급여는 복지지원금, 식품권, 의료부조 등을 받는 사람들보다 취업자를 실질적으로 더 잘 살게 하는 사적 영역에서의 고용과 대체되는 것이 아니다. 가장 훌륭하고 공평한 유인책은 많은 복지 수혜자가 실제로 구할 수 있는 저임금의 직업에 대하여 노동과 연관된 급여를 증가시키는 것이다. 이러한 경향은 이미 근로소득세 공제와 같은 세금을 바탕으로 하는 사회이전의 확대로 진행중이다.

엘우드(David Ellwood, 1988)와 잽스(Christopher Jencks, 1992b) 같은 정책 분석가들은, 노동하는 가족이 빈곤선 위로 올라가도록 하기 위해 간접적 사회이전과 세금에 기반한 다른 부가적인 지원의 필요성을 강력히 주장한다. 복지 수혜자는 의료부조를 받는데, 노동하는 가족 또한 의료보호가 필요하다. 끝으로, AFDC 수혜아동의 아버지가 재정적 부양을 할 수 있는 자원이 제한적이라 하더라도, 그 아동에 대한 재정적 부양의 책임은 부재한 아버지(absent fathers)가 져야 한다는 데에는 폭넓은 합의가 존재한다.

이 모든 부조와 지원에도 불구하고 의존성은 사라지지 않을 것이다. 개인적 결핍 때문이든 자신들의 능력 밖이라는 이유 때문이든, 사회보호를 필요로 하는 사람들이 우리와 항상 함께 있을 수 있는 방안이 현실화된다면, 능력개발국가에서 사회공평의 추구는 온화한 방향으로 계속될 것이다.

제 2 부
사회복지의 구조와 복지다원주의

제1장
사회복지의 구조
(The Structure of Social Welfare)

사람들이 사회복지에 대해 생각할 때, 마음속에 즉각적으로 떠올리는 이미지는 '직접적인 공공지출모델(direct public expenditure model)'이라 불리는 것일지 모른다. 이러한 관점에서 볼 때, 사회복지는 정부가 직접적으로 재정을 담당하는 건강, 주택, 소득유지, 교육, 그리고 대인사회서비스 급부로 명시된다. 정부의 재정으로 부담되는 이러한 재화 및 서비스가 사회복지 급부의 주요 부분을 설명함에도 불구하고, 이것들은 복지 급여와 수혜자들에게 다소 왜곡된 관점을 전달하며, 또한 전체 중 단지 일부분만을 대표한다. 이것은 비록 독점적이지 않다고 할지라도, 대체로 사회구성원들 중 빈곤자와 의존자들에 대한 복지이전의 한 형태에 집중되는 관점이다. 이러한 협의의 적용기준은, 보다 광범위한 수혜인구에 적용되면서도 사회복지 급부의 전반적 수준을 향상시키는 공적, 사적 이전의 대안적 형태들을 무시한다.

사회복지 영역과 구조에 대한 보다 정확한 형태를 파악하기 위해, 우리는 통념적인 범위를 확대하여 세금우대와 신용보조금의 방식으로 전달되는 '간접적인' 공공이전의 영역까지 포함해야 한다. 리처드 티

트머스(Richard Titmuss)는 30여 년 전에 그의 고전적 논술을 통해 이러한 보다 광범위한 견해에 대해 논하면서, 소득이 직접적인 정부지불을 통해 혹은 세금을 줄이는 간접적인 방법으로 개인들에게 제공되는가는 주로 행정적 방법의 상이함에 있음을 지적하였다. 두 경우 모두 재정적 지원을 위한 급부가 이전지불을 통해 효과적으로 이루어졌다.[1] 그러나 공공부문이 사회복지이전의 유일한 재원은 아니다. 사회복지의 효과를 최대한 가져오기 위해, 우리는 어느 정도의 사회급부가 자발적, 사적 경로를 통해 재정적으로 처리되고 전달되어야 하는지도 고려해 보아야 한다.

　지난 10년 동안 '혼합경제'라고 불리는 것을 받아들이면서 사회복지 패러다임이 나타났는데, 이 패러다임은 공공재원 및 민간재원으로부터 직·간접적 조치들을 통합하는 것이다.[2] 이런 관점에서 볼 때, 사회복지 급부를 규정하는 것은 직접적인 정부재정이라기보다는 그 거래의

---

1) Richard Titmuss, *Eassays on 'The Welfare State'*, London: Unwin University Books, 1958, pp. 34-55.
2) 최근에 많은 연구들은 직접지출의 모델보다는 더 광범위한 분석적 시각으로 사회복지의 성격을 규명하고 있다. 예를 들면 다음과 같다. Robert J. Lampman, *Social Welfare Spending*, Orlando, Fl.: Academic Press, 1984; Howard Glennerster, *Paying for Welfare*, Oxford: Basil Blackwell, 1985; Martin Rein and Lee Rainwater, eds., *Public/Private Interplay in Social Protection: A Comparative Study*, Armonk, N.Y.: M.E. Sharpe, 1986; Neil Gilbert "How to Rate a Social-Welfare System," *Wall Street Journal*, January 13, 1987, p. 30; Richard Rose, "Common Goals But Different Roles: The State's Contribution to the Welfare Mix," in *The Welfare State East and West*, Richard Rose and Rei Shratori(eds.), New York: Oxford University Press, 1986; Alex Inkeles, "Rethinking Social Welfare: U.S. and U.S.S.R. in Comparative Perspective," Working Papers in Economics E-86-34, Domestic Studies Program, Hoover Institution, Stanford University, July, 1986; and Norman Johnson, *The Welfare State in Transition*, Amhers, Ma.: University of Massachusetts Press, 1987.

본질과 목적에 있다고 하겠다. 마샬(T. H. Marshall)이 지적하는 것처럼, 이러한 거래에서 "개인의 시장가치가 복지에 대한 권리의 측정도구가 될 수는 없다."[3] 사실 자본주의 사회에서 사회복지의 가장 일차적인 기능 중 하나는 시장경제에만 의존하는 사회에서는 나타날 것 같지 않은 자원의 배분을 통해 경제적 시장이 아닌 다른 자원으로부터 급부를 할당하는 것이다. 그러나 시장경제 밖에서 주로 파생되는 사회복지분배에 관한 파악은 이러한 이전물들을 분석하기 위해 개념적으로 범위를 정하는 데 어려움이 있다.

사회복지연구는 종종 '복지국가'의 개념적 범위 안에서 행해진다. 이러한 연구는 복지급부 관리에서 국가나 공공부문의 역할을 강조하는 몇 가지 의미를 함축한다.[4] 최근 국가나 공공부문의 역할이 변화함에 따라, 복지국가에 대한 통상적 견해는 사회복지업무의 범위와 복합성에 대해 적절하지 못한 관점을 가진다. 복지국가의 직접적 공공지출활동을 넘어서는 정부의 새로운 역할, 즉 능력개발국가(enabling state)가 복지자본주의하에서 형성되고 있는 중이다. 능력개발국가는 사회복지 전달과 재정에 대해 다양한 방법으로 공적·사적 접근노력을 통합하는 것을 말한다. 사회복지에 대한 다양한 장치의 기본특징을 명시화하고 그 범위를 더욱 분명히 하기 위해, 우리는 자원할당의 기제로서 사회시장과 경제시장 간의 차이점을 분명히 해야 한다. 현재의 복지자본주의 모델을 형성하는 것은 사회시장과 경제시장 간의 상호작용과 사회급부의 전달 및 재정에 대한 사회, 경제시장의 책임 분담이다.

3) T. H. Marshall, "Value Problems of Welfare Capitalism," *Journal of Social Policy*, 1:1(January 1972), pp. 19-20.
4) John Carrier and Ian Kendall, "Categories, Catagorization, and the Political Economy of Welfare," *Journal of Social Policy*, 15:3(January 1986), pp. 315-35.

1) 복지-자본주의 패러다임(The Welfare-Capitalism Paradigm)

사회시장과 경제시장에서의 업무처리는 형태와 목적 면에서 모두 상이하다. 사회시장은 일방적인 이전을 통해 자원을 배분한다. 사회시장에서의 이전은 재화와 서비스가 지닌 현금 가치로 공급자들에게 보상할 경제적 의무를 즉각적으로 이행하지 않는다는 점에서 일방적이다. 그러나 이러한 이전은 경제적 교환의 대상물(代償物)보다 어렵게 상환되며, 보다 확산적이고 조건없는 사회적 의무를 만든다. 경제시장에서의 구매자와 판매자 간의 교환은, 이전물(transfers)과는 달리 구매자와 판매자 간의 사회적 의무나 주저하는 관계를 만들어내지 않는 분리된 상호작용이다. 이전물과 교환물은 사회시장과 경제시장 각각에서 이루어지는 상호교류를 통해 나타나는 독특한 형태이다.[5]

이 두 시장은 상호작용 방식뿐만 아니라 그것들을 추동하는 동기와 기능면에서도 상이하다. 경제시장의 상호작용은 성장, 이윤을 달성하기 위한 기대와 소비자들의 만족에 영향을 받는다. 성장과 이윤의 추구에서 시장경제는 많은 소비자가 원하는 것을 우선 만들고, 그리고 나서 만족을 추구한다고 일부는 말한다.[6] 사회시장은 명시적인 동기로서 이윤이나 성장 어느 것도 추구하지 않고 전형적으로 다음과 같은 세 가지 중요한 기능을 수행하는 것으로 보인다.

첫째, 사회시장은 사회통합을 위한 기제로 보여진다. 국가, 지역사

---

5) 이전과 교환의 차이에 관한 논의에 대해서는 다음을 보라. Lampman, *Social Welfare Spending*, pp. 10-39.

6) 이에 대한 전형적인 언급은 다음을 보라. John K. Galbraith, *The Affluent Society*, New York: Mentor Books, 1958, p. 205, and the response by Friedrick Hayek, "The Non Sequitur of the 'Dependence Effect'," *in Private Wants and Public Needs*, ed. Edmund S. Phelps, New York: W. W. Norton, 1962, pp. 37-42.

회, 그리고 가족으로부터의 일방적 이전은 사회에서 개인들을 보다 큰
단위로 묶어주는 사회적 의무의 그물망을 만든다. 그것에 따르는 사회
적 의무와 급여자격은 사회구성원을 함께 이끌어 공동체의 귀속의식을
향상시킨다. 둘째, 사회시장은 재화 및 서비스를 제공하여 재정적 궁
핍, 의존성, 무능력, 또는 이러한 사회급부를 만들어내지 못하는 경제
시장의 무능력으로 경제시장에서 구매를 통해 충족할 수 없는 사람들
의 기본적 욕구를 충족시킨다. 이런 점에서, 사회시장은 경제시장을 통
한 자원할당의 흐름과 불확실성에 대한 '안전망'으로서 기능한다. 사
회시장은 사회구성원들이 더 이상 떨어져서는 안되는 최소한의 기준을
지킬 수 있도록 물질적인 원조를 한다. 셋째, 사회시장은 시장경제가
양산하는 자원의 배분을 수정한다. 이 기능은 불평등과 생활조건에서
극도의 불균형이 야기하는 사회적 불공평을 감소시킨다.

　사회시장이 자본주의 사회에서 이러한 기능 수행에 얼마나 이바지
하는가는 정도의 문제이다. 어떤 사회에서는 욕구의 최소수준을 충족
시키는 기능이 불평등을 감소시키는 기능에 비해 과도하게 강조될 수
있다. 이러한 현상은 스칸디나비아 국가에서 훨씬 덜하나 미국에서는
분명히 그렇다. 이러한 기능적 관점은 빈민을 통제하고자 하는 사회시
장의 진정한 목적을 숨기는 이념적 가리개라고 주장하는 사람들이 있
다.[7] 사회시장에 대한 맑스주의자들의 견해는 사회시장이 기본적인 구
조적 개혁을 위한 압박을 적절하게 줄이기 위하여 노동계층 및 빈곤층
에 대한 억압과 이들의 불만을 감소시키면서 욕구를 가진 사람들을 위
한 안전망보다는 자본주의를 위한 '안전밸브'로서 사용된다는 것이다.
사회시장에서 이루어지는 할당이 극도의 물질적 박탈로부터 야기될지

---

7) Frances Fox Piven and Richard Cloward, *Regulating the Poor: The Functions of
　Public Welfare*, New York: Pantheon Books, 1971.

도 모르는 불만과 압박을 줄인다는 것은 의심의 여지가 없다. 이것이
통합, 보장, 재분배에 대한 요구를 반영하는 것인지, 혹은 빈곤층과 노
동계층을 건전하고 온순하게 유지하려고 노력하는 자본주의 엘리트의
덜 존경할 만한 동기인지는 부분적으로 해석의 문제로 보여질 수 있
다. 빈곤층과 노동계층이 사회시장의 유일한 수혜자가 아니기 때문에
우리는 '부분적'이라고 말한다. 사실, 직·간접적 정부지출 모두가 사회
시장의 개념적 범위 내에 포함될 때, 중산층에 대한 사회복지 이전의
중요성은 상당히 크다.[8]

　사회시장의 범위는 공적·사적 부문 모두를 포함하고 있다. <그림
2-1-1>에서 알 수 있는 것처럼, 공공부문에서의 이전은 보다 덜 직접
적이긴 하지만 직접적 정부지출과 거의 같은 이전효과를 창출하는 세
금지출 및 신용보조금을 통해서뿐만 아니라 연방정부, 주정부, 그리고
지방정부단위의 직접지출을 통해 달성된다. 예를 들어, 정부보조금에 의
한 아동보호 서비스는 받을 자격이 있는 가족의 아동보호비용에 대해 환
불 가능한 세금공제 및 이와 유사한 종류의 재정적 원조를 제공한다.
그리고 시장비율보다 10%가 낮은 이자율로 학생들에게 빌려주는 공
적대부는, 그 10%의 차이만큼 직접적인 보조혜택을 주는 것과 같다.
　사회시장의 사적 부문은 재화 및 서비스가 제공되는 세 가지 부문,
즉 가족과 친구라는 비공식적인 망, 자발적 비영리기관들, 그리고 영리
지향기관들을 포함하고 있다. 영리지향기관은 또한 경제시장에서 교환

8) Julian Le Grand, *The Strategy of Equality*, London: Allen and Unwin, 1982;
Julian Le Grand and David Winter, "The Middle Classes and the Welfare
State," discussion paper No. 14, March 1987, The Welfare State Program,
Suntory－Toyota International Center for Economics and Related Disciplines,
London School of Economics; Neil Gilbert, *Capitalism and the Welfare State*,
New Haven, Conn.: Yale University Press, 1983.

<그림 2-1-1> 복지자본주의의 사회, 경제시장

사회시장				경제시장
공공부문	민간부문			
연방정부, 주정부 및 지방정부의 직접적인 이전	가족, 친구 같은 비공식적 관계망을 통한 급여	자원(비영리) 기관의 급여	영리지향적 기관과 사적인 실천가들의 급여	영리지향적인 기업들이 생산하고 분배하는 재화 및 서비스
세금지출과 신용보조 기제를 통한 간접이전				

의 기본수단이기 때문에, 사회시장과 경제시장 간의 차이는 이런 점에서 다소 잘못 규정된다. 사회시장에서 영리지향기관들의 역할은 복지급부의 재정보다 전달을 더 많이 포함하고 있다. 그러나 영리를 추구하는 기업들이 실제로 이전물을 보조하는 사례, 예를 들어 민간 주택개발업자가 저소득 세대주에게 시장가격보다 낮은 가격으로 임대나 판매를 할 때와 같은 경우가 있다. 이것은 사적 자선행위라기보다는 공적부문에 의해 창출된 유인과 기준에 대한 대응이다; 주택은 보통 지역 규정을 충족시키거나 혹은 정부의 대부를 받을 수 있는 장점이 있으므로 이에서 제외되기도 한다.

영리지향기관들의 관여는 사회시장과 경제시장 간 경계의 투과적 특성(permeable character)을 보여준다. 이 특성은 이론적으로는 두 시장들이 서로 다른 할당방식과 서로 다른 명분을 위해 자원을 분배하나, 실천상으로는 순수한 이론적 구분에서 나타날 수 있는 것보다 훨씬 더 복합적인 방식으로 상호작용하며 서로 교차하는 것을 말한다. 예를 들어, 사회시장에서 자원이전은 재화 및 서비스의 전달 및 재정 모두를 포함하는 것으로, 이때 서비스의 전달 및 재정 기능이 항상 같은 단위로 수행되는 것은 아니다. 따라서, 공공기관은 저소득 어머니들에게 주간보호 서비스를 제공하기 위해 자체의 직원을 고용하거나, 혹은 클라이언트의 가족, 자발적 기관들, 혹은 영리기업의 구성원이 실시하는 주간보호 서비스를 위해 서비스 구매 장치를 이용할 수 있다. 서비스 구매는 영리지향기관들이 사회시장에서 급부의 전달에 관여하는 주요한 경로 가운데 하나이다. 그러나 영리추구기업들이 사회시장과 경제시장의 개념틀 속에 어떻게 범주화되는지가 항상 분명한 것은 아니다. 만일 주간보호센터를 이용하는 가족들 중 절반이 그들의 수입에서 나온 시장교환형태로 그 서비스를 지불하고, 나머지 절반이 공적 서비스 구매에 의해 보조되는 이전에 의해 무료로 서비스를 받는다면, 이 주간보호센터는 사회시장에 속하는가? 그렇지 않으면 경제시장에 속하는가? 만일 그 지불고객들이 아동보호세금공제를 통해 비용 일부를 환불받는다면 이것은 무엇이라고 하겠는가?

세금지출과 신용보조금은 사회시장, 경제시장 양자의 작동에 영향을 미친다. 이러한 간접적 보조금은 복지서비스가 사회시장에서 전달되는 방식에 영향을 미칠 뿐만 아니라 경제시장에서의 재정보상체계에도 영향을 미친다. 예를 들어, 영국에서 1987년 재무장관령에 따른 예산은 영리관련 지불에 대한 세금면제시책을 포함하였다. 이 시책은 영리관련 지불형태 중에서 20%에 해당하는 금액까지 피고용인들에게 기본보상으로 돌려주는 유인책을 제공한다. 이것은 영리추구기업에만 적용되기 때문에, 이 시책에 대한 흥미있는 새 방식이, 공공부문에서 민간기업으로 사회서비스의 전달을 이동시키는 두 번째 유인이 된다.9)

서비스 구매 계약을 통해 직접적으로, 그리고 세금지출 및 신용보조금을 통해 간접적으로 생산된 재화와 서비스의 재정 외에도, 사회시장

9) Graham Mather, "Profit-Everyone's Incentive," *The Times*, March 18, 1987, p. 10.

의 공공부문은 또 다른 수준에서 경제시장과 교차된다. 공공기관들은 사적 공급자들이 기준과 조건을 맞추도록 국가의 강제력을 사용한다. 규정을 강화하느냐 혹은 느슨하게 하느냐에 따라, 공공부문이 사회복지 전달에서 사적 참여에 대한 유인책을 창출하게 된다. 예를 들어, 주간보호센터에 대한 설립방식기준을 완화한다는 것은 자신의 가정에서 아동을 보호하는 개별공급자들의 수를 증가시킬 수 있다. (그리고) 앞에서 언급한 것처럼 지대 및 건축규정은 저소득 주택단위의 민간 개발을 촉진하는 데 이용될 수 있다. 사회복지전달에서 영리추구기업의 역할이 확대됨에 따라 공공기관의 규제적 기능들은 중요성을 얻게 된다. 또한 공공기관들은 정보와 물적 자원을 공유하는 협력 관계로서 민간조직에 참여할 수 있다. 예를 들어, 이러한 파트너십 유형은 팔리지 않은 여분의 음식을 지역사회 음식은행(food banks)에 기증하거나 공공의 목적을 위해 민간편익시설을 빌리는 것 등을 포함한다.10) 비록 협력사업에 대한 가능성이 광범위한 범위의 활동들을 포함하고 있음에도 불구하고, 실천면에서는 아직도 상당히 제한적이다.

사회시장은 기금자(funder), 규제자, 그리고 파트너의 역할에서 경제시장과 상호작용하며 중첩되기도 한다. 이 역할들의 확대와 축소는 사회시장의 기본특성과 경계에 영향을 미친다. 이러한 의미에서 사회시장은 정태적인 구성체가 아니라 지속적으로 발전하는 할당기제라고 하겠다. 만일 그 경계가 <그림 2-1-1>에서 묘사되는 것보다 훨씬 덜 명확하며, 훨씬 더 유동적이라고 할지라도 그것은 보다 큰 복지자본주의 구조 속에서 사회복지 급부의 물질적 영역을 조사하고 공적인 책임

---

10) 보다 상세한 것은 다음을 보라. Gilbert, *Capitalism and the Welfare State*, pp. 29-31; Michael Hill and Glen Bramley, *Analysing Social Policy*, Oxford: Basil Blackwell, 1986, pp. 102-117.

성의 변화하는 특성을 분석하기 위해 유용한 패러다임으로서 사용될
것이다.

2) 사회복지이전의 영역(Scope of Social Welfare Transfers)

사회복지는 언제나 공적, 자조적, 자선적, 그리고 영리추구활동의 혼
합으로 특징지어져 왔다. 그러나 1945년 이전의 미국에서는, 이러한
활동들이 가장 빈곤한 사람으로 보이는 사람들에게 우선적으로 소득
및 서비스 원조를 제공하는 것으로 엄격하게 제한되었다. 나머지 사람
들은 자활하거나 가족, 친구, 지역협의회, 그리고 시장경제로부터 이러
한 원조를 받도록 방치되었다. 대공황 및 1935년 사회보험의 도입기
간 동안 사회복지제도의 공공부문 확장을 위한 재정적, 도덕적 토대가
마련되었는데, 처음에는 수혜자수와 원조수준이 상당히 제한적이었다.
사회보험 및 무기여(noncontributory) 공공부조, 세금공제를 통한 간접
지출, 그리고 사회복지 목적을 위한 신용보조가 상당히 발전하게 된
것은 전후(postwar period)에 이르러서이다. 공적 사회보험은 확대되어
거의 모든 노동자들을 포함하게 되었으며, 장애, 유족, 의료보호, 실업
과 같은 새로운 욕구의 영역까지 발전하였다. 무료의 공공부조를 받을
자격은 집단 및 지리적 자격제한을 완화함으로써 보다 많은 인구를 포
함하도록 확대되었고 보편적 급여제공을 증가시켰다.

직접적인 공공지출의 증대에 이어, 미국의 세금제도는 사회복지를
목적으로 하는 세금우대를 통해 이전물 제공범위를 확대해 왔다. 세금
지출은 부분적으로 피고용인 급여 프로그램 및 사적연금계획의 확장에
도움을 주었다. 더구나, 개인들과 사업체들은 세금 유인책에 부분적으
로 대응하여 자선에 대한 자발적인 기여를 증가시켰으며, 그 때문에

사회복지기금의 전통적인 자원은 증대되었다. 그러나 세금지출의 성장과 함께, 파악하기 어렵다 할지라도 사회복지이전의 광범위한 다양성을 위한 신용보조금제도가 급증했고, 이는 대체로 건강, 주택, 교육, 그리고 농업부문에서 현저하게 나타났다. 이러한 이전은 직접적인 정부대부, 정부보증대부, 직접적인 보조보험, 그리고 정부가 '후원하는' 자치적인 신용제도 및 보험 공동관리 등을 통해 나타난다. 이러한 이전들의 영역과 실제 비용은 이제서야 검토되기 시작했다. 이러한 기제를 통해 정부는 체납, 재난, 혹은 재정붕괴의 경우 부수적인 공적 책임을 지는 일 이외에도 부가적인 세금지출뿐만 아니라(1986년까지 대체로 '비공개예산') 보조비율과 시장비율 간의 차이와 관련해 숨겨진 비용까지도 담당하게 된다. 따라서 지난 수십 년 동안 사회복지를 목적으로 하는 기금도 팽창되고, 자원, 기제, 목적, 그리고 클라이언트도 확대되었다.

공공부문은 사회시장에서 서비스, 재화, 소득의 이전을 위한 기금의 가장 큰 원천이다. 1960년 이후, 직·간접적 공공지출은 극적으로 증가해왔다.

3) 직접적 공공 이전(Direct Public Transfers)

1960년과 1980년 사이에 사회복지를 목적으로 하는 직접적인 공공지출비의 총액은 523억 달러에서 4,927억 달러(정부의 모든 수준 및 강제 공공보험을 포함하여)로 증가했으며, GNP의 10.3%에서 18.1%로 상승하였다; 이러한 직접공공지출은 1984년 6,719억 달러, GNP의 18.0%로 증가하였다. <표 2-1-1>에서 볼 수 있는 것처럼, '기타 사회복지'의 범주에 포함되는 모든 대인사회서비스를 합치면 공적부조

<표 2-1-1> 자금원과 공공프로그램에 의한 사회복지지출: 1975-1984[1]

연도	1975		1980		1983		1984	
프로그램	연방	주, 지방	연방	주, 지방	연방	주, 지방	연방	주, 지방
총계	167,426	122,654	302,616	190,180	398,792	243,285	419,264	252,707
사회보험	99,715	23,298	191,162	38,592	274,212	56,846	289,884	52,381
노령, 유족, 장애, 건강	78,430	(X)[19]	152,110	(X)	224,709	(X)	239,395	(X)
건강보험(의료보험)	14,781	(X)	34,992	(X)	56,930	(X)	62,481	(X)
공공근로자퇴직[2]	13,339	6,780	26,983	12,507	36,920	17,914	38,587	20,300
철도근로자퇴직	3,085	(X)	4,769	(X)	6,082	(X)	6,144	(X)
실업보험 및 고용서비스[3]	3,429	10,407	4,408	13,919	3,144	22,206	2,529	13,575
기타 철도근로자보험[4]	75	(X)	224	(X)	448	(X)	230	(X)
주정부 일시장애보험[5]	(X)	990	(X)	1,377	(X)	1,767	(X)	1,821
산재보험[6]	1,357	5,122	2,668	10,789	2,909	14,959	2,999	16,684
병원 및 의료급여	50	2,420	130	3,596	264	4,818	282	5,729
공적부조	27,186	14,122	48,666	23,133	55,895	29,935	57,666	32,206
공적원조[7]	14,529	12,832	23,542	21,346	28,796	27,824	30,838	30,162
의료매각인지불(의료부조)[8]	7,056	6,445	14,550	12,844	18,828	17,499	20,212	19,251
사회서비스	1,963	660	1,757	586	1,881	627	2,092	697
보충보장소득	4,802	1,290	6,440	1,787	8,683	2,111	9,094	2,043
식품권	4,694	(X)	9,083	(X)	11,727	(X)	11,561	(X)
기타[9]	3,162	(X)	9,601	(X)	6,689	(X)	6,173	(X)
건강 및 의료프로그램	8,521	9,267	12,688	15,231	15,594	20,382	16,496	21,368
병원 및 의료보호	4,045	5,175	6,451	6,042	8,737	7,781	9,082	8,259
시민프로그램	1,231	5,175	2,391	6,042	2,254	7,781	2,392	8,259
국방부[10]	2,814	(X)	4,060	(X)	6,483	(X)	6,690	(X)
모자건강프로그램	271	296	351	519	428	672	352	679
의료연구	2,642	286	4,414	422	4,984	583	5,497	606
의료설비건설	413	1,391	223	1,954	164	1,930	212	1,930
기타	1,150	2,119	1,250	6,294	1,281	9,416	1,354	9,894
재향군인 프로그램	16,570	449	21,254	212	25,561	265	25,822	305
연금 및 보상	7,579	(X)	11,306	(X)	13,895	(X)	13,949	(X)
건강 및 의료 프로그램	3,517	(X)	6,204	(X)	8,388	(X)	8,855	(X)

연도	1975		1980		1983		1984	
프로그램	연방	주, 지방	연방	주, 지방	연방	주, 지방	연방	주, 지방
병원 및 의료보호	3,287	(X)	5,750	(X)	7,763	(X)	8,141	(X)
병원건설	137	(X)	323	(X)	474	(X)	527	(X)
의료 및 보철연구	93	(X)	131	(X)	152	(X)	186	(X)
교육	4,434	(X)	2,401	(X)	1,708	(X)	1,413	(X)
생명보험[11]	556	(X)	665	(X)	744	(X)	746	(X)
복지 및 기타	485	449	679	212	827	265	860	305
교육	8,629	72,205	13,452	107,597	12,397	129,416	12,979	139,046
초등 및 중등부	4,563	55,183	7,430	79,720	6,140	96,512	6,659	103,359
건설[12]	21	5,725	41	6,483	77	7,112	28	7,230
고등부	2,864	13,521	4,468	21,708	5,052	25,416	5,028	27,616
건설	274	1,239	42	1,486	85	1,974	35	2,236
직업 및 성인[13]	940	3,501	1,207	6,169	898	7,488	1,046	8,072
주택	2,541	631	6,608	601	8,087	1,003	9,068	1,306
기타 사회복지	4,264	2,683	8,786	4,813	7,046	5,438	7,349	6,096
직업재활	814	222	1,006	245	1,008	326	1,109	338
의료서비스 및 연구	174	44	237	56	269	100	277	83
제도적 보호[14]	20	276	74	408	107	553	118	753
아동 영양[15]	2,064	454	4,209	643	4,099	882	4,270	928
아동복지[16]	50	547	57	743	160	(NA)[20]	165	(NA)
특별 CSA 및 ACTION프로그램[17]	638	(X)	2,303	(X)	475	(X)	479	(X)
그외 분류되지 않는 복지[18]	677	1,184	1,137	2,774	1,197	3,677	1,207	4,076

주 1) 단위: 100만 달러
  2) 이러한 퇴직서비스에 대한 환불은 제외. 연방자료는 군인퇴직을 포함한다.
  3) 연장된, 비상, 재난, 그리고 특별실업보험 프로그램 하의 연방 공무원과 제대군인을 위한 수당, 무역조정, 현금훈련수당 및 지불 등을 포함한다.
  4) 실업 및 일시장애보험
  5) 5개 분야에서의 현금부조와 의료부조 적절한 민간계획을 포함한다.
  6) 급여는 민간보험 가입자, 주정부 기금, 그리고 자가보험인(self-insurers)에서 지불. 연방정부는 탄광부의 탄진폐(black-lung)급여 프로그램을 포함한다.
  7) 주정부 하에서 독립적으로 보이지 않는 일반부조 프로그램과 근로동기유인 활동의 지불을 포함한다.

8) 의료매각인지불은 의료보호의 공급자들을 위해 직접적으로 만들어진 것들이다.
9) 1983년에 시작된 경제기회 및 보상 고용훈련법(Econmic Opportunity Act and Comprehensive Employment and Training Act) 하에서 피난민 원조, 곤궁자들을 위한 잉여음식 및 근로경험 훈련프로그램은 저소득 에너지 원조 프로그램을 포함한다.
10) 군인부양자가족을 위한 의료보호를 포함한다.
11) 현역군인의 생명보험은 제외한다.
12) 독립적으로 보이지 않는 행정비용(교육부)과 연구에 대한 연방지출을 포함한다.
13) 기본적-이차적인 지출에 포함되는 직업 및 성인교육 프로그램의 설립비용
14) 연방지출은 주로 비영리기관을 위한 잉여음식을 대표한다.
15) 학교급식 및 아동영양법(National School Lunch and Child Nutrition Acts)의 학교를 위한 잉여음식 및 프로그램들
16) 사회보장법 Title V의 초등학생 복지서비스를 대표한다.
17) ACTION의 국내 자원봉사프로그램과 지역사회서비스관리(Community Services Administration)의 지역사회행동 및 이민 근로자 프로그램들을 포함한다.
18) 연방지출은 보건후생부(Secretary of Health and Human Services)의 관리비용을 포함한다; 인디언들의 복지와 지침; 그리고 노인 및 청소년비행. 주정부와 지방은 반빈곤(antipoverty)과 인력 프로그램, 아동보호 및 입양서비스, 법률원조, 그리고 그 외 명시화되지 않은 복지서비스들을 포함한다.
19) 해당사항 없음.
20) 자료를 구할 수 없음.

출처: U. S. Bureau of Census, *Statistical Abstract of the United States*, 1987(Washington, D. C.: U. S. Government Printing Offices, 1986), p. 341.

범주하의 대인사회서비스는 거의 162억 달러가 된다. 총액이 적지는 않다 하더라도, 이것은 1984년 공공프로그램에 충당된 직접적 사회복지 총지출의 2.4%에 불과하다. 반대로, 사회보험, 공적부조, 보충보장소득, 그리고 퇴역군인연금 프로그램이 공급하는 현금급여는 대략 365억 달러, 1984년 지출액의 54%에 이른다. 교육에는 1,519억 달러, 즉 총지출액의 23%가 사용되었고, 건강급여 및 프로그램으로 1,483달러, 22.1%가 사용되었다. 이러한 지출은 1960년에 정부 총지출의 38.4%를 차지했으며, 1984년에는 정부지출의 약 53%를 차지했다. 1인당 기준(1984년 달러 가치로)으로 볼 때, 지출액은 1960년 1인당 937달러에서 1984년 2,801달러로 증가하였다. 1970년과 1981년 사이에 전체

인구가 11.5% 증가한 데 비해 급여 수혜자수는 13%가 증가하였다.
1965년과 1983년 사이에는 자산조사 없는 급여가 사회지출의 24.3%
에서 43%로 증가하였으며, 자산조사가 있는 급여는 5.9%에서 11%로
증가하였다.[11)

<표 2-1-1>에서 언급한 직접적인 사회복지지출 외에도, 중요한 복
지 기능을 위하여 복지지출의 국가예산에 포함되어야 하는 또 다른 공
적 이전의 범주가 있다. 그것은 직접적, 간접적 지출 모두로 구성된 정
부의 농민보조이다. 직접적인 원조의 범주 속에서, 농장소득 안정화를
위한 보상은 대략 1980년의 15억 달러에서 1986년의 20억 달러까지
증가되었다. 이것은 1980년 농가당 평균 535달러에서 1986년 평균
6,787달러로 증대된 셈이다. 이러한 직접적 보상을 모든 농민이 받은
것은 아니기 때문에, 수혜농부당 평균 현금원조액은 실질적으로 이보
다 훨씬 더 높다.

4) 세금지출을 통한 간접적 이전
(Indirect Transfers through Tax Expenditures)

세금지출의 분류가 복잡하며 계속 진전되고 있는 과정이라고 하더
라도, 이러한 세금지출은 납세자 집단이나 특정활동형태를 지향하는
것으로서, 일반세금구조에 대해 특정한 예외를 유발하는 세입손실로
대략 정의될 수 있다. 이러한 세금감면은 인간의 복지를 향상하고, 경
제를 강화하며, 위기에 처한 국가자원을 보존하는 것과 같은 공공의

---

11) Robert Morris, "Rethinking Welfare in the United States: The Welfare
State in Transition," in *Modern Welfare State*, eds. Robert Friedmann, Neil
Gilbert, and Moshe Sherer, New York: University Press, 1987.

목적이라는 측면에서 정당화된다. 세금지출이 현실적으로 위와 같은
공공의 목적을 추구하는 데 사용되지 않는다면, 세금지출이 세입으로
대체되지 않는 한 세입 '손실(losses)'이다; 이런 의미에서, 세금지출은
직접적인 공공지출을 요구하지 않는 사적인 활동에 대해 납세자들에게
부분적으로 보상하는 것으로 보일 수 있다. 사실, 세금지출이 정부의
모든 수준에 영향을 미친다 하더라도, 현재 세금지출은 국민 소득과세
와 관련해서 계산된다.[12]

세금지출은 세금이 부과되는 모든 수입, 세금우대활동에 쓰이는 총
액, 그리고 적용 가능한 세율 등의 측정에 대한 세금구조의 표준적 기
능을 한다. 세금우대에는 6가지 기본유형이 있다: 면제, 삭감, 신용, 신
용상환, 세율우대, 그리고 납세의무 집행연기 등이다. 이것들의 계산은
서로 다른 세금우대와 상호작용효과가 연방, 주, 지방세금으로부터 이
윤을 창출해 낼 수 있다는 사실로 인해 복잡해진다. 또한 세금지출의
가치를 평가하는 방법은 서로 다르다. 예를 들어 '세입선행(revenue-
foregone)' 접근은 과세로부터 보호되는 비과세총액을 계산하는 것으
로, 이것은 납세자들이 세금우대가 없을 경우 어떻게 할 것인가에 대
한 아무런 가정이 없다. 반대로, '세입취득(revenue gain)' 접근은 세금

---

12) 전국적인 세금지출에 대한 계산은 복잡하다. 어떠한 목적을 위해서는 엄청난
    정확성을 요구함에도 불구하고, 세금지출의 분리된 범주는 중복으로 인해 총
    합계를 내는 것이 단순하지가 않고, 예산의 상호작용적 성격은 세금구조에 영
    향을 미친다. 그러나 세금지출의 부가적인 개요와 상호작용적 결과를 통제하
    는 개요 사이의 차이는 크지 않다. 이 책의 목적을 위해 부가적인 개요는 전
    체 세금지출을 충분히 대표한다. 세금지출의 규명과 계산에 관련된 쟁점은
    Richard Goode, "The Economic Definition of Income," in *Comprehensive Income
    Taxation*, ed. Joseph pechman, Washington, D.C.: The Brookings Institution,
    1977, pp. 1-36, and Committe on Fiscal Affairs, Organization for Economic
    Co-operation and Development, *Tax Expenditures: A Review of the Issues and
    Country Practices*, Paris: OECD, 1984, pp. 9-23에서 논의된다.

<표 2-1-2> (해당년도의) 연방세입, 직접지출, 세금지출 (단위: 10억 달러)

연도	세입	직접지출	세금지출	세입대비 세금지출	직접지출대비 세금지출
1982	617.8	745.7	281.3	45.5	37.7
1983	600.6	808.3	292.4	48.7	36.3
1984	666.5	851.8	314.6	47.2	36.9
1985	734.1	946.3	340.6	46.3	35.9
1986	769.1	989.8	380.7	49.5	38.4

출처: U. S. Bureau of the Census, *Statistical Abstract of the United States*, 1986, p. 310; *Statistical Abstract of the United States*, 1987, p. 297; Committee on Fiscal Affairs, OECD, *Tax Expenditures: A Review of Issues and County Practices*, 1984, pp. 80-83; Offices of Management and Budget, *Budget of the United States Government FY 1988, Supplement*, 1987, p. 6c-45.

경감대책이 폐지되면 기대할 수 있는 세입증가를 추정한다.[13]

세금지출이 정부지원의 실질적인 한 형태로 인식된 것은 지난 20년 동안일 뿐이다. 세금규약에서 특별한 감면 및 면제가 정부지출과 맞먹는다는 생각은 미 재무부장관인 스탠리 서리(Stanley Surrey)가 '세금지출'이 연방정부의 세입손실로 계산될 것이라고 제기했던 때인 1967년도에 지지를 받았다. 이 생각은 1974년의 의회예산법에서 정식 승인을 얻었다.[14] <표 2-1-2>에서 알 수 있는 것처럼, 최근 전체 세금지출은 연방세입의 46%와 49% 범위 사이에 있으며, 직접지출의 약 36%와 같다.

어떠한 세금지출이 사회복지 목적을 대변하는지, 그리고 어떤 지출이 경제적 목적을 대변하는지에 대해 답변하기란 쉽지 않다. 표준적인 세금지출의 범주는 불명확한데, 왜냐하면 일부 항목은 여러 목적과 유

13) Committee on Fiscal Affairs, OECD, *Tax Expenditures: A Review*, pp. 16-23.
14) Goode, "Economic Definition," p. 26.

<표 2-1-3> 선택세금지출(Selected Tax Expenditures)[1]에 대한 세입손실 추정치

자원	세입손실추정치
비복지세금지출	
국제적 사건	$2,250
일반과학	5,330
에너지	3,480
천연자원 및 환경	2,330
일반통상	70,970
소계	$84,360
개인에게 직접적으로 급여가 주어지는 복지세금지출	
주택	$38,030
고용	9,245
건강	24,675
교육	1,775
소득보장	89,305
소계	$163,030
부분적·간접적 복지세금지출	
소득향상	$68,495
농업소득향상	1,280
주택 및 지역사회개발	6,895
건강	3,450
교육	1,565
고용	415
기타 자선	11,135
소계	$93,235

주 1) 단위: 100만 달러, 1985년 9월 30일
출처: U. S. Bureau of the Census, *Statistical Abstract of the United States*, 1986, p. 310.

권자에게 동시에 해당하는 것이기 때문이다. <표 2-1-3>은 세금지출을 세 종류로 구분하고 있다; 이러한 세 종류의 세금지출은 <표 2-1-1>에서 잘 명시되어 있는데, 직접적인 지출에 의해 일반적으로 반영됨으로써 사회복지 목적에 부합되지 않는 지출, 사회복지와 분명하게 관련이 있는 지출, 그리고 광범위하게 개념 규정되는 사회복지를 적어도 부분적으로, 혹은 간접적으로 지원하는 지출 등이다.

<표 2-1-3>에서의 자료들은 전체 사회복지지출에 대해 몇 가지 평가를 하는 데 사용될 수 있다. 개인의 복지와 가장 직접적으로 관련이 있는 두 번째 항목에 초점을 맞추면 모든 세금지출의 48%, 즉 163억 달러로 사회복지에 최소한으로 기여한다. 세 번째의 항목, 즉 사회복지에 부분적으로 관련이 있는 것은 모든 세금지출의 75%, 즉 256억 달러로서 최대한의 세입감소를 가져온다. 물론 그 목적과 사회복지 이데올로기, 그리고 보다 부유한 개인들과 경제공동체의 이익에 이바지하는 경향이 있는 세 번째 범주의 항목에 대해 어떻게 해석하느냐에 따라 다양한 중간적인 접근이 가능하다.

1987년 세금개혁이 시작될 때, 대다수 기업의 세금우대가 상당히 감소되거나 제거되면서 세금지출은 전반적으로 감소하였다. 그러나 세금지출의 삭감에도 불구하고, 핵심적인 사회복지지출은 지속적 주요 수혜자로서의 중산층을 위해서는 상당한 규모로 유지되어 왔다. 의회의 목적은 납세의무의 재구성을 통해 보다 간단하고 공정한 세금구조를 만드는 한편, 전체 연방세입을 동일하게 유지하는 것이었다. 결국 비본질적인 주요 기업의 세금우대 및 세금지출은 크게 감소했으며, 대안적인 최저한의 세금은 강화되었고(때문에 부유한 개인들을 위한 세금우대의 유용성은 감소되었다), 수많은 저소득자들이 세금명부에서 삭제되었으며, 대부분의 사람들에게 개별 세율은 떨어졌다.

5) 신용보조금기제를 통한 간접적 이전
   (Indirect Transfers through Credit-Subsidy Mechanisms)

공공 신용보조금 기제는 세금지출과 같이 무정형적이어서 제대로 이해되지 못하고, 측정하기도 또한 어렵다. 1986년말 경 공공 신용보조금을 위해 연방정부는 연방지원 재정대부금 1조 1,000억 달러 이상을 지출하였다; 2,520억 달러가 직접적으로 대부되었고, 나머지는 보험 또는 보증권으로 4,500억 달러를 대부하였다; 더구나 정부지원을 받지만 표면상으로는 자치적인 재정기업들은 연방보조신용을 이용하면서 또 다른 453억 달러를 대출했다.[15]

연방예산은 이러한 신용체계에서 직접적인 순지출만을 측정할 뿐이다(1986년까지 대부분이 '비공개예산'이었을 정도이다). 이는 정부가 시장에서 돈을 빌리는 비용과 그것을 보다 낮은 비율로 다시 빌려주는 것, 그리고 연방정부의 보증비용, 그 어느 것도 설명하지 못한다. 더구나, 직접적 대부에 관해 채무불이행이 발생할 때까지 이를 위한 예산도 없는 반면, 보증대부에 관한 불이행은 손실로 드러나지도 않는다. 비록 재정자치기관에 의한 대부금이 이론상으로는 공공의 의무가 아니라 하더라도(만약 보증대부금이 아니라면) 이 기관들과 투자가들에 대한 공공의 의무는 어느 정도 내재해 있다. 이러한 의무는 대규모의 공공 긴급융자를 가능하게 한다. 예를 들어, 1980년대 후반에 '독립농업신용은행(Independent Farm Credit Banks)'과 '연방저축 및 대부보험회사(Federal Savings and Loan Insurance Corporation)'는 재정적 어려움에 처해 있었으며 6억 달러의 공공 긴급융자를 요청하였다.

농업인구의 규모를 고려해 볼 때, 연방신용제도의 혜택에서 가장 큰 몫은 농민에게 돌아간다. 1986년 새로운 직접대부금에서 전체 413억 달러 중 267달러(65%)는 농업부문에, 20억 달러(5%)는 주택 및 지역사회개발에, 16억 달러(4%)는 교육에, 그리고 나머지 11억 달러(11%)

---

15) Office of Management and Budget, *Budget of the United States Government FY 1988, Supplement, Part 3B*(Washington D.C.: U.S. Government Printing Office, 1988).

는 상업, 군사 그리고 하부구조 설립의 목적으로 사용되었다.[16] 1984
년까지, 대부금이 2,460억 달러에 달했고, 연방정부가 보증하는 5개의
주요 독립기관 중에서 전체의 29%가 농민을 위한 것이었으며, 2.2%
는 학생대부금, 그리고 68.8%는 주택을 위한 것이었다.[17] 1980년대
초반까지, 미국 전체 비농지 주택융자 채무의 약 25%가 공적으로 보
증되었다.[18]

신용보조금으로 재정이 마련되는 사회복지이전은 정부에 의한 이자
율과 유사대부에 대한 시장이자, 상환불이행 비용, 공공보증금의 이율
사이의 차이로 발생한다. 신용보조금 계산의 복잡성 때문에 이러한 자
원으로 발생하는 간접적인 공공 사회복지이전의 전체 총량을 유의미한
화폐수치로 환산하는 것은 어렵다. 그러나 사회복지활동의 특정 영역
에 대한 분석에서 가까운 시일 안에 이러한 기제의 기능과 영역을 파
악하려는 노력으로 관련수치의 일부를 정리할 수 있을 것이다.

일반적으로, 사회복지재정의 핵심적인 공공체계는 정치적으로 확고
하며 실천적으로는 대체될 수 없는 것으로 입증되어 왔다. 직접적인
공공지출은 1960년과 1970년 후반 사이에 크게 증가했으며, 농업원조
를 제외하고는 1980년대에 와서야 그 성장률이 줄어들게 된다. 1970
년대 중반 이후, 개인 및 고용주가 후원하는 퇴직금, 아동보호, 소득신
용, 신용부조, 민간부문을 통한 사회복지 공급의 전달 및 소비자 선택
을 장려하는 시책 등을 위한 간접적인 공공지출 영역에서 놀랄 만한
확장이 있어 왔다.

---

16) *Ibid.*, Table 14.2.
17) U.S. Bureau of the Census, *Statistical Abstract of the United States, 1986,*
    Washington D.C.: U.S. Government Printing Office, 1985, p. 500.
18) *Ibid.*, p. 738.

<표 2-1-4> 사적인 자선 지출

	1970	1980	1984	1986
총지출[1]	20.75	47.74	74.25	87.2
총사회복지지출 (건강, 교육, 사회서비스)[1]	9.52	17.9	28.53	34.7
총지출대비 사회복지지출	46	38	38	40

주 1) 단위: 10억 달러.

출처: U. S. Bureau of the Census, *Statistical Abstract of the United States*, 1986, p. 385; *Wall Street Journal*, June 15, 1987, p. 25.

6) 비공식망, 가족, 박애적 기여를 통한 민간이전 (Private Transfers through Informal Networks, Family, and Philanthropic Contributions)

개인, 자선, 재단, 회사 등에 의한 전체 기여지출은 1970년의 207억 달러에서 1980년 477억 달러까지, 그리고 1986년에는 872억 달러까지 증가하였다. 비종교적인 사회복지활동(종교, 예술, 시민활동과 반대되는)에 사용된 자선적 성격의 기부금 비율은 1970년에서 1980년 사이 10년 동안의 높은 공적지출과 비교해서 감소했으며, 1980년대 초반에 정체상태였다가 1980년대 중반에 상승하기 시작하였다. <표 2-1-4> 에서 볼 수 있듯이 박애적 기여금의 40%, 즉 약 347억 달러가 1986년 사회복지 프로그램에 충당되었다. 이 수치는 지출의 실제수준보다 다소 낮을지도 모르는데, 왜냐하면 종교활동의 범주에 속하는 경비의 대다수가 사회복지 목적을 위해 바쳐진 것이기 때문일 것이다. 다양한 이익집단의 경고에도 불구하고, 전반적인 자선적 기부가 경제적 사건과 세금변화의 결과로 감소되어 왔다는 것을 시사하는 증거는 없다.

자선적 기부 이외에도, 민간부문의 현금이전 또한 대체로 세대간 가족들 내에 제공되는 재정원조를 포함하고 있다. 이러한 이전의 규모는 서로 다른 평가에 따라 다양하다. 램프만(Lampman)은 1978년에 현금, 식량, 주택의 가족간 이전이 86억 달러까지 증가했다고 추산하고 있다.[19] 1985년 인구조사국에 의한 조사는 현금이전에서 189억 달러가 양친과 더 이상 함께 살지 않는 자녀들을 원조하는 부모들과 노부모를 봉양하는 자녀들에 의해 주로 제공되었다고 밝히고 있다. 이 원조 제공자들은 대략 630만 명 정도이며, 평균 3,006달러로 자신들의 가족 1,000만 명을 원조했다.[20]

가족 안에서 제공되는 재정적 원조 및 자선적 기부의 현금가치는 상당히 정확하게 계산될 수 있는 반면, 민간부문에서의 현물이전의 총 재정가치를 계산하는 것은 보다 더 어려운 일이다. 문제는, 부분적으로 어떤 활동범주들을 여기에 포함시킬 것인지 결정하는 일이다; 예를 들어, 어떤 가족에게 전구를 바꾸어주느냐 혹은 식사를 준비해 주느냐는 것이 현물이전에 해당하는가? 사회복지의 현물이전으로서 모든 가족의 허드렛일을 포함시키는 것은 가족을 형성할 때 사람들이 절대적으로 동의하는 상호의존과 분업에서의 개인적 영향을 다소 왜곡시킨다. 비록 이것이 시장 상호교환과 사회이전의 구성요소를 모두 포함한다고 할지라도 현대의 '결혼계약(marriage contract)'은 원칙적으로 상호헌신에 의거한다. 가족생활에서 현물이전의 보다 제한적인 정의는 노인과 장애인에 대한 사회적 보호 및 지원과 같은 가족자원의 특별한 요구가 있는 상황에 한정될 수 있다. 이러한 요구는 가족이 그 부담을 수행할 수 없을 때 공적 부문의 급부를 통해 적절하게 충족된다. 그러나 가족들은 여전히 이러한 집단들에게 원조와 사회적 보호의 주요 부분을 제

19) Lampman, *Social Welfare Spending,* pp. 27-28.
20) U.S. Bureau of the Census, *Who's Helping Out? Support Networks Among American Families,* Washington D.C.: U.S. Government Printing Office, 1988.

공한다. 전국보건통계센터는 노인들을 위한 건강보호서비스의 약 80%
가 가족구성원으로부터 제공되며,[21] 중증 정신장애아동의 67%가 자신
들의 부모와 함께 살고 있다[22]고 추정한다. 가족에 의한 보호활동과
함께, 민간부문의 현물이전의 분류화에는 자발적인 지역사회 서비스활
동도 포함된다. 1985년 14세 이상 인구 중 약 48%가 대가없이 타인
을 어떤 방식으로든 도왔다.[23] 이러한 대다수의 자발적 활동은 사회복
지 서비스로 충당되었다. 가족보호 및 자발적 지역사회 서비스는 현금
으로 환산하기가 불가능한 민간부문에서의 현물이전 활동영역에 대해
대략적인 묘사를 가능하게 해준다.

부양가족 구성원에 대한 가족 보호의 명확한 가치를 결정한다는 것
은 어려운 반면, 이러한 영역에서의 활동들이 최근 수십 년 동안 감소
해 오고 있다는 것을 믿게 하는 이유가 있다. 6세 이하의 자녀가 있는
기혼여성의 고용률이 1970년과 1983년 사이에 30%에서 50%로 상승
했을 때 전통적으로 보호서비스를 수행했던 여성노동력은 확실히 감소
했다.[24] 1960년에서 1980년까지 거의 두 배로 증가한 이혼율과 함께,
집에서 자녀들을 양육할 부모의 수는 점차 줄어들고, 노부모를 돌볼
에너지와 시간을 가지고 있는 가족들도 점차 적어진다. 어머니들의 노
동력이 가족에서 시장경제로 이동함에 따라, 공, 사 기관들이 대인보호
서비스에 대한 보다 큰 책임을 맡게 되었다. 예를 들어, 대충 계산해

21) National Center for Health Statistics, U.S. Department of Health,
   Education, and Welfare, "Home Health Care for Persons 55 Years and
   Over," *Vital and Health Statistics: Statistical Publication Series* 10(1972).
22) Bonnie Brown Morell, "Deinstitutionalization: Those Left Behind," *Social
   Work*, 24, November 1979, p. 528.
23) U.S. Bureau of the Census, *Statistical Abstract of the United States, 1988*,
   Washington D.C.: U.S. Government Printing Office, 1987, p. 359.
24) Sheila Kamerman, "The Child-Care Debate: Working Mothers vs. Ame-
   rica," *Working Woman*, November 1983, pp. 131-135.

보건대, 1977년과 1986년 사이에 아동보호센터의 수는 77%, 235,000
개의 시설로 증가하였다.[25]

7) 이윤추구 기업에 의한 사적 이전
(Private Transfers by For-Porfit Enterprises)

1965년과 1984년 사이에 국민소득과 임금소득이 대략 500% 증가
한 반면에 노동자에게 제공되는 고용주의 보충적 소득기여금은
1,000% 이상 증가하였다. 1970년과 1984년 사이에 이 보충소득은 국
민소득의 7.8%에서 12.5%에 이르렀다. 1984년 피고용인에 대한 비임
금보상은 3,690억 달러 또는 임금의 20%(그리고 임금지불기간이 중단된
경우를 비임금보상에 포함했을 때, 일체의 평균적 부가급여는 약 37%가 되었
다)였다. 기업연금제도는 이들 부가급여의 주요한 요소를 이루고 있다.
1970년에서 1984년에 이르는 동안 장부가격(book value)으로 기업연
금기금은 1,514억 달러에서 9,482억 달러까지 치솟았다; 노동자의 약
56%가 기업연금의 적용을 받았고 1983년까지 약 32.5%가 이 제도에
가입하였다.[26]

사적 고용의 부가급여는 본래 사회적 이전이 아니다. 이는 노동자가
소득 대신에 받는, 때로는 교섭하기도 하는 일체의 기본적인 보상의
일부분이다. 이 급여는 시장경제에서 노동과 자본 간의 교환이라는 통
합적 특성을 띤다. 그러나 이 급여들이 전적으로 노동과 자본 간의 교

25) Jeanne Saddler, "Low Pay, High Turnover Plague Day-care Industry," *Wall Street Journal*, February 2, 1987, p. 25.
26) U.S Bureau of the Census, *Statistical Abstracts of the United States*, 1986, Washington, D.C.: U.S. Government Printing Office, 1985, pp. 368, 369, 436, 510.

환인 것은 아니다. 부가급여에 대한 세금우대와 부분적인 공적 조정은 세금지출 자료에 반영되는 사회적 이전의 한 요소를 제공한다. 따라서 이 이전은 사적 기업보다는 공적 부문에 의해 부분적으로 재정조달이 되고 지시된다. 미국에서 부가급여에 대한 세금부과방법은 서구 산업 사회에서 가장 자유롭다. OECD 23개국에 대한 분석은 미국에서는 16개의 가장 인기있는 부가급여 가운데 오직 5개에만 과세하고 있다는 것을 보여주었다; 이 수치는 23개국에서 세금을 부과한 부가급여의 평균개수의 1/2보다 약간 많은 것이다; 더구나 스위스, 이탈리아, 그리고 그리스만이 부가급여에 대하여 미국보다 더 낮은 과세금을 부과하고 있다.27)

이러한 분명한 이유 때문에, 사적 기업은 사회복지이전을 위한 직접적인 재정 조달자원이 거의 없다. 포드(Fords)와 멜론(Mellons)이 말했듯이 사기업에게 가장 중요한 일은 돈을 버는 것이지 돈을 나누어주는 것이 아니다. 물론 포드(Fords), 멜론(Mellons), 록펠러(Rockfellers)와 다른 많은 기업가들은 박애라는 이유로 그들의 부를 관대하게 나누어주었다. 그러나 그런 자선행동은 일반적으로 사적 기업의 운영과는 상당히 거리가 먼 기능이다. 이러한 활동의 범위는 자선경비와 결합되어 있다(<표 2-1-4> 참조).

비록 제한된 범위지만, 사회복지이전이 사적 기업의 운영으로부터 재정조달을 받는 경우가 몇 가지 있다. 이러한 이전은 어떤 영역에서 운영자격을 주는 대신에 소비자들에게 부분적으로 보조금을 주도록 사기업을 장려하는 공적 규제와 유인책에 의해 가속화된다. 최근에 신중간소득층과 상위소득층의 주거 개발에서 저소득층 입주자를 위한 많은 단위 지정과 통제는, 그 상품이 공적 제한과 유인책이 없을 때 요구되

---

27) Organization for Economic Co-operation and Development, *The Taxation of Fringe Benefits,* Paris: OECD, 1988, pp. 49-57.

는 가치보다 더 적게 제공되는 시장거래의 중요한 예들이다. 이와 유사
한 맥락에서, 장애인에 대한 편의시설을 건축하도록 촉진하는 건물 규제
는 사기업이 성장과 이윤에 관련된 정상적 기업활동에 의해서는 불가능
한 급여에 투자하도록 유도하거나 강제한다. 의학에서는 최근까지도 가
정의가 의료서비스에 대한 기존의 시장가치보다는 환자의 재정적 상황
에 대한 평가에 근거하여 연동제로 요금을 부과한 경우가 있었다.

몇 가지 이유로 해서, 사기업이 조달하는 사회복지활동의 재정규모
에 대한 신빙성있는 자료는 거의 없다. 사기업을 통한 이전의 정확한
가치는 측정하기가 어렵다. 또한 어떤 사람은 궁극적으로 사회복지는
시장경제에서 생산되는 잉여에 크게 의존한다고 하지만, 사기업의 활
동을 통한 직접적인 이전은 사실상 상당한 정도로 여전히 제한된다.
지난 10년 동안 사기업은 이러한 급여의 생산과 전달에서 더 많은 역
할을 해온 반면에 사회복지급여에 대한 직접적인 재정조달에는 최소한
으로 기여하고 있다. 이런 방향으로의 전개는 복지자본주의에서 공/사
책임성의 구조변화를 진전시켰다.

8) 분권화, 민영화, 상품화: 책임성의 전환[28]
   (Decentralization, Privatization, and Commercialization: Shift-
   ing Responsibilities)

거의 20년간 복지제도의 지속적인 팽창 이후 1970년 후반이 되었을
때, 대부분의 산업사회에서 복지제도의 적절한 범위와 기능에 대한 문

---

[28] 다음 논의는 Neil Gilbert의 다음 책에서 처음으로 소재를 끌어왔다.
"Changing Structures for the Delivery of Social Benefits in the United
States," paper delivered at the 2nd Conference on the Study of Trends in the
Welfare State, University of Massachusetts, McCormack Institute of Public
Affairs, September 24, 1986.

제가 제기됨과 동시에 재정적 한계와 정치적 재평가의 시기로 들어섰
다.29) 사회, 정치, 경제적 압력에 대응하여, 사회복지 급여의 지급과
재정에 대한 새로운 구조적 조정이 나타났다. 현대 복지제도의 구조에
서 가장 현저한 변화 중의 하나는 분권화, 민영화, 그리고 사회시장의
상품화를 위한 방향과 움직임이다.

분권화 경향을 분석함에 있어서 다음 세 가지 사항을 명심해야 한
다; 지리학적 맥락, 지급된 급여의 형태, 그리고 역할 기능의 범위이다.
실제로 분권화는 지리학적 측면과 인구학적 측면을 모두 가지고 있다.
따라서 미국 사회복지의 책임성 정도가 얼마나 변화했는가를 다른 국
가의 경우와 비교하는 것은 다소 무리가 있다. 예를 들어, 캘리포니아
는 지리적으로 영국 크기의 세 배이고 스웨덴 인구의 두 배가 살고 있
다. 미국 사회복지 프로그램에서, 관계당국의 의사결정이 연방정부로
부터 주정부 수준으로 전환된 것은 분권화의 중요도를 보여준다. 그러
나 주 수준의 행정단위들은 종종 많은 인구를 대상으로 하며 현격한
차이를 보인다. 관료적 통제범위라는 측면에서 캘리포니아와 다른 큰
주(미국 상황에서 분권화에 대한 상당한 진전을 보여주는)는 사회복지행정
에 대한 주정부의 재량이 증가하고 있고, 이 재량의 증가는 여러 가지
운영상의 특성에서 스웨덴, 이탈리아, 그리고 이스라엘과 같은 고도의
중앙집중화된 복지행정제도와 비교될 수 있다.

분권화를 어떻게 보는가는 또한 급여제공의 형태와 연결된다. 주간
보모와 상담제도 같은 현물급여는 재분배의 측면이 희석된다. 따라서
이러한 급여를 제공하는 행정체계는 재분배와 소비의 성격을 동시에
가지고 있다. 현금급여, 교환권, 그리고 신용보조금은 또 다른 경우를

---

29) Friedmann et al., *Modern Welfare States.*

보여준다. 현금급여의 재분배는 고도로 중앙집중화된 정부단위에서 관리될 수 있으나, 소비재로 옮기는 방법을 결정하는 것은 개별적 수혜자의 손에 달려 있기 때문에 높은 수준의 분권화가 이루어진다.30) 따라서 현금급여, 교환권, 또는 신용공제를 제공하는 사회복지 프로그램은, 주정부에 의해 관리되는가에 상관없이, 리블린(Rivlin)이 "분권화의 가장 극단적 형태"라고 표현하는 분권화의 '시장 모델'을 재연하는 것으로 생각될 수도 있다.31) 미국의 분권화를 향한 흐름은 서비스 배분체계의 변화와 현금급여의 지급을 확대하는 세금공제(tax credits)와 같은 새로운 방법의 도입으로 나타난다.

마지막으로 분권화의 과정에는 중앙에서 지역 수준으로 귀속될 수 있는 몇 가지 역할이 있다. 이는 자금조달자, 소유자, 서비스 공급자, 그리고 규제자의 역할을 포함한다.

(1) 자금조달자(Funder)

직접적인 공공세입은 언제나 사회복지활동을 위해 지불되었기 때문에, 중앙에서 지방정부로의 자금조달자 역할의 이전은 분권화의 한 단면을 보여준다. 사용자 부담(부분적으로 보조금이 지급되지만)을 통하여 비용을 소비자에게 전가함으로써, 분권화는 한 단계 더 진전될 수 있다. 정부와 소비자 지불을 결합시키는 분권화에 대한 또 다른 접근은 세금공제와 보조금과 같은 방법을 통하여 간접적인 공적 지원을 하는 것이다.

---

30) Gilbert, *Capitalism and the Welfare State*, p. 178.
31) Alice Rivlin, *Systematic Thinking for Social Action,* Washington, D.C: The Brookings Institution, 1971, p. 122.

(2) 소유자(Owner)

소유권은 토지, 시설, 장비, 계약, 그리고 기존 활동의 국고에 대한 법률적 또는 이에 준하는 권리를 필요로 한다. 국가가 통제하는 사회에서 중앙정부는 병원, 학교, 서비스기관, 주거, 그리고 국고를 소유할 수 있다. 소유권의 이전은 지방정부 또는 사부문에서의 소유권 기능의 이전이나 이에 대한 주도적 지위를 포함한다. 사부문 내에서는 몇 가지 이유에 의해 동기화된 실재 또는 이윤지향적인 실재와 비이윤적인 실재의 결합에 의한 합작투자의 소유권을 가지는 것이 가능하고 이것이 점차 보편화된다.

(3) 서비스 공급자(Provider)

급여는 소유권과 동의어는 아니지만 관련이 있다. 일반적으로 재화와 서비스는 기업 소유자에 의해 공급된다. 사회복지활동에서는 경영과 독립적인 계약자 장치를 통해 공적 소유권과 사적 공급이 가능하고 이것이 점차 보편화되고 있다; 이윤추구기업과 비영리기업의 다양한 결합형태를 포함하는 다른 사적 실재에 의해 공급되는 사적 소유권 역시 보편화되고 있다.

(4) 규제자(Regulator)

최광의의 개념으로 볼 때 규제의 기능은 순위, 일관성, 그리고 공익활동에 대한 기준을 부과하는 것이다; 사회복지활동과 관련하여 볼 때, 규제는 비용, 서비스의 질, 그리고 접근성에 관한 쟁점에 초점을 맞추어야 할 것이다. 완전히 국가가 통제하는 국가주의 체제에서는 독립적인 사법부가 없고, 국가 그 자체가 소유자, 자금조달자, 그리고 서비스 공급자 역할로 규제를 구체화하기 때문에 본질적으로 독립적인 규정이 없다. 고전적 자본주의 체제에서는 시장이 필수적인 것이고 충분한 자기 조절을 제공하는 것으로 보이기 때문에 외부적 규제는 극단적으로 제한되어 있다; 시장의 이러한 자기조절은 기업조합에 의한 규제라는 집합적 형태를 취할 수도 있지만, 이 규제는 거의 항상 공공이익보다는 기업에 이바지하도록 작동된다. 독립적인 규제 제도(사법부, 행정부, 또는 복합적 형태이든)는 진보적 자본주의, 민주적 사회주의, 그리고 혼합경제의 핵심적인 특징이다. 미국에서 독립적인(또는 혼합된) 규제는 입법부, 집행부, 사법부 권력의 분립과 다층화된 정부에 의해 강화되는데, 이는 권위의 원천과 청구권의 다양한 경로의 경쟁을 통해 규제가 정착되는 제도를 만듦으로써 가능하다. 규제의 이상적인 기능은 공공이익을 증진하고 정부와 자본주의의 과잉팽창을 견제하고 개인, 기업 그리고 국가의 복지를 침해하는 수많은 활동에 대한 합리적 기준을 강화한다. 복지활동의 분권화를 주장하는 사람들은 때때로 공공규제와 사법적 개입의 완화를 생각하는 반면, 더 많은 사회복지활동이 공적 보조금과 보편적 자격의 몇몇 형태가 사적 부문에 의한 수행에 혼합되는 형태로 나아감에 따라 규제기능은 점차 강화되고 합리화될 것이다. 동시에 사회복지 서비스의 공급에 종사하는 중앙집중화된 협동체의 출현은 서비스 실행에 대한 공적 규제를 보다 쉽게 만들 것이다.

(5) 왜 분권화인가?(Why Decentralization?)

일반적으로 분권화된 기관에 의한 사회서비스 전달을 지지하는 몇 가지 이유 가운데 가장 자주 인용되는 것은 급여의 효과성, 다양성 그리고 책임성이 더 크다는 것이다. 효과성의 문제는 사회서비스 프로그램이 중앙집권화를 통해서 가장 잘 관리될 것인가 아니면 분권화된 단위를 통해서 가장 잘 관리될 것인가가 부분적으로는 활동유형과 서비스의 특정한 성격에 달려 있다는 것이다. 효과성은 뉴욕에 있는 쥐를

통제하는 중앙집중화된 프로그램과 독약을 통제하는 분권화된 정보서
비스를 조직하자는 제안에 대한 모이니한(Moynihan)의 평가에 의해
다채롭게 나타났다. 모이니한은 다음과 같은 사실에 주목한다. 즉 "외
곽지대에 사는 설치류 동물은 가능하면 거리를 가로질러 다른 지역으
로 가고 싶어하지 않는 확실히 지역친화적인 모습이다. 설치류 동물의
자기통제에 관한 근본적인 쟁점에서 보편적인 의견은, 개별적인 휴머
노이드(humanoids)가 자신과 직접적으로 부딪치게 되는 환경을 어떻게
유지하고자 하는가라는 것이다." 그가 제안한 해결책은 "가엾게도 쓰
레기통에 뚜껑을 만들자는 문제로 귀착되고", 이 해결책은 이웃 수준
에서 가장 손쉽게 다룰 수 있는 것이다. 반대로 독약 통제 정보서비스
는 도시 주변에서 쉽게 발견될 수 없는 전문적 수준과 자원을 필요로
한다. 이 서비스는 인간이 섭취하는 해로운 물질의 화학적 특성에 대
한 정보를 제공하기 위해 만들어진다. 이러한 서비스 형태는 중앙집권
화된 전달제도에 지나치게 잘 맞는 것으로 보인다. 예를 들어 정확한
정보를 재빨리 만들 수 있고 지역 어디에서든지 전화 한 통이면 이용
할 수 있는, 실험실과 컴퓨터 자원을 가진 전국적 기관은 효과적인 체
계를 제공하는 것으로 보인다.[32]

중앙집권화를 선호하는 데에는, 어떤 서비스 형태를 생산하기 위해
필요한 자원의 규모 외에도 기술적 고려가 더 있다. 특히 표준화된 급
여를 생산하고 전달한다면, 거대한 중앙단위에서 발생할 수 있는 규모
의 경제와 같은 중앙집권화를 선호할 수 있다. 그러나 치료, 상담을 다
루고 자문하는 많은 개별 사회서비스는, 치료계획이 클라이언트의 상

---

32) Daniel P. Moynihan, "Comments on 'Restructuring' the Government of
New York City," in *the Neighborhoods, the City and the Region: Working Papers
on Jurisdiction and Structure*, State Study Commission for New York City,
1973, p. 15.

황에 대한 지속적인 피드백이라는 관점에서 다양한 기술의 집중적 형
태를 사용한다. 이들 서비스 유형은 개별적인 경우로 재단되어 표준화
된 형태를 제공하지 않는다.[33]

의사결정권의 분권화로부터 기인할 수도 있는 책임성의 강화는 프
로그램의 효과성이라는 쟁점과 밀접하게 연관된다. 바로 이러한 특성
상, 분권화된 프로그램은 지역 선호에 보다 민감하게 반응하는 경향이
있고 그 결과 지역 기준에 맞추어 노력하고 효과성을 규정하려는 경향
이 있다. 미국의 여론은 주정부가 일반적으로 주민들에게 보다 가까운
존재이고 자신들의 욕구에 보다 민감하며 연방정부보다 인간적이라고
보기 때문에 분권화를 지지하는 것으로 볼 수 있다.[34] 분권화된 행정
의 책임성을 강조하는 사람들은 때때로 이러한 움직임을 대규모의 중
앙단위에 의해 발생하는 관료적 소외에 대한 해결책으로 본다. 최근에
중앙정부의 관료기구에 대한 반감이 증가하였다—이것은 분권화를 지
지하는 매우 다양한 정치적 이데올로기를 가진 사람들과 결합된 반감
이다. 우파인 전통적 '자유시장' 보수주의자와 좌파로 기운 혁명적 노
동조합 사회주의적 자유주의, 양쪽 다 중앙정부의 범위와 권력을 제한
하는 분권화된 조정의 미덕을 찬미한다.

책임성에 대한 관심은 여론이 프로그램의 급여에 대한 인식 가치와
그 수혜자의 가치와 관련하여 분명하게 분리될 때 가장 절실하다. 따
라서 부양아동가족원조(AFDC)와 같은 도덕적으로 논쟁의 여지가 많
은 프로그램에서 어떤 급여가 누구에게 주어져야 하는가에 대한 여론
불일치는, 지역 선호에 대응할 분권화된 행정에 대한 정치적 압력을

33) Neil Gilbert and Harry Specht, *Dimensions of Social Welfare Policy*, Englewood
Cliffs, N.J.: Prentice-Hall, 2nd edition, 1986, p. 96.
34) Martin Anderson, Welfare: *The Political Economy of Welfare Reform*, Palo Alto,
Calif.: Hoover Institution Press, 1981, p. 165.

발생시킨다. 분권화된 사업에 대한 접근은 직접적인 책임성과 지방관할권에 대한 대응의 가능성을 증가시키는 반면에 이 접근은 두 가지 방향으로 나누어진다. 사회복지의 문제에서 지역주의는 지역사회 구성원과 지역관리가 프로그램 수혜자의 사적인 이익과 너무 밀착됨으로써 침해적이고 편협하며, 잠재적으로 강압적일 수 있다.

또한 분권화는 혁신을 자극하는 움직임으로 볼 수 있다. 분권화된 단위에서의 실험은 한 단위의 개혁의 실패로 인하여 겪는 손실을 다른 독립적인 단위의 성공적인 실험으로 균형을 잡을 수 있으므로 위기 완화를 가능하게 한다. 따라서 1970년대 후반 '신연방주의(New Federalism)'의 기치 아래 닉슨 대통령은 "주와 지역을 자유롭게 — 새로운 우선순위에 대한 자유, 충족시키지 못한 욕구의 충족에 대한 자유, 오류를 범하는 과정에서의 자유 등의 목적으로 연방에서 주 수준으로 의사결정권한의 이양을 격려했다. 그러나 또한 연방정부가 하지 않으면 절대로 실현되지 않았을 빛나는 업적을 기록하는 것에서도 자유롭다"[35]고 말했다.

효과성, 책임성, 그리고 혁신은 때때로 분권화에 대한 근거로 언급되는 반면에, 재정적인 어려움이 있는 시기에 의사결정권한의 이양은 정치적 지지자들에게 광범위하게 공식화되지 못하는 잠재적인 기능을 만든다. 즉 지역 책임성의 강화라는 기치 아래, 분권화는 공적지출을 감축하는 방법으로서 정치적으로 어려운 결정을 하도록 만드는 달갑지 않은 업무로 바꾸는 데 기여한다. 예를 들어, 미국의 총괄예산조정법(Omnibus Budget Reconciliation Act)에 의해 승인된 사회서비스총괄교부금(Social Services Block Grant)은 사회서비스에 대한 계획과 수행

---

35) Richard Nixon, "Message to Congress on General Revenue Sharing," *Weekly Compilation of Presidential Documents*, 7, February 8, 1977, p. 170.

에 대해 전례가 없는 권한을 부여함과 동시에 이들 서비스에 대한 연방정부의 지원을 감소시켰다.36)

분권화의 다양한 현재적 잠재적 기능 외에도, 이러한 움직임에 대한 지지는 광의의 맥락에서 본다면 사회복지에 대한 적절한 책임소재에 대한 철학적 논쟁의 일부로 볼 수 있다. 여기서 논쟁은 사회복지가 정부, 자발적 기관, 가족, 그리고 사적 시장에 의해 얼마만큼 재정적으로 조달되고 생산되어야 하는가 하는 그 정도와 관련된다. 1980년대 레이건 행정부는 가족과 자발적 단위를 통한 자조와 사회복지의 생산에 대한 사적 부문의 사용을 강조하면서 이 영역에서 정부의 노력과 책임을 감소시키려 하였다. 이와 유사한 측면에서, 미국 사회정책의 논쟁은 최근에 복지 자격의 범위에 대한 관심에서 이 자격을 위해 수행해야 하는 사회적 의무에 대한 분석으로 변화하였다.37)

9) 민영화와 상품화(Privatization and Commercialization)

이와 관련하여, 분권화를 향한 움직임은 중앙에서 지역정부로 행정 권한을 분산시키는 것뿐만 아니라 공적 단위에서 자발적 또는 사적 단위로 책임을 전환시키는 것도 포함한다. 따라서 사회복지의 민영화는 종종 분권화의 당연한 결과이다. 유사한 맥락에서 사회복지의 상품화 또한 민영화와 분권화에 밀접하게 연관된 것으로 보인다. 그러나 사회

---

36) George E. Peterson et al., *The Reagan Black Grants,* Washington, D.C.: The Urban Institute, 1986, pp. 1-67.

37) 예를 들어, Lawrence Mead, *Beyond Entitlement: The Social Obligations of Citizenship,* New York: Free Press, 1986과 James Q. Wilson, "The Rediscovery of Character: Private Virtue and Public Policy," *The Public Interest,* Fall 1985, pp. 3-16을 보라.

<그림 2-1-2> 분권화, 민영화 그리고 상품화

행정단위	부문		
중앙	민영화		
	공공 ──────────────→ 민간		
분권화 ↓	연방정부	자발적, 비영리 기업체	영리지향적 기업체
	상품화 ──────→		
지방	지방정부 단위	지방기관들과 가족, 친구	지방기관들

복지의 분권화, 민영화, 그리고 상품화는 <그림 2-1-2>에서 보는 것처럼 두 가지 개념의 측면에서 구별될 수 있다: 중앙/지역 행정단위와 공/사 부문이다.

민영화는 소유권, 자금, 규제, 관리, 그리고 급여에 관련된 기능이 공적 영역에서 사라질 때 발생한다. 예를 들어, 초등교육은 대부분의 기능이 지역 공공단위에 의해 수행됨에도 불구하고, 오직 최소한의 규제와 자금 기능(비록 소비자, 세금우대가 없음에도 제도적이고 자선적인)만이 공적 영역에 남아 있으며 작고 널리 알려져 있는 잘 확립된 사립학교가 또한 존재한다. 그 결과 초등교육은 지역에서 본질적으로 소비자 선택이 불가능한 공적 독점과 극소수의 능력있는 사람만이 의미있는 선택을 제공할 수 있는 비싸고 작고 약간의 규제만을 받는 민간영역의 혼합으로 특징지어진다. 공교육의 독점구조는 이전과 선택의 현재 경향과는 거리가 있다; 이제 변화의 시기가 무르익은 것이다. 만약 소비자 선택과 사교육이 공적 보조금의 형태하에서 확대되어야 한다면, 대부분의 선진국가의 경우처럼, 이 영역에서 사적 활동에 대한 공적 규제 또한 증가할 것이다.

민영화는 이윤을 추구하거나 추구하지 않는 단위 모두에 의해 수행될 수 있다. 이 단위들이 사적 부문의 이윤지향적인 것으로 움직일 때, 사회복지활동은 상업정신을 가지게 된다. 그 다음으로 상품화는 민영화의 한 형태이다. 그러나 최대한의 광의의 개념에서 볼 때, 사회복지의 상품화는 좀더 분산되고 상호작용적인 과정이다. 이는 이윤동기화된 공급자의 침투를 의미할 뿐만 아니라 경제시장의 관습과 방법을 사회시장의 모든 부문에 주입하는 것을 포함한다. 전통적으로 사회시장과 결합된 비경쟁적인 서비스 문화는 비용을 초과하는 급여의 충분성, 소비자와 공급자 사이의 계약관계보다는 지위, 그리고 배분의 기본적 모형으로의 교환보다는 이전과 관련된 점을 강조한다. 지난 10년 동안, 사회시장의 상품화는 비경쟁적인 서비스 문화뿐만 아니라 사회복지에 대한 공적 책임의 본질적인 성격을 재구조화하는 중요한 힘으로 나타났다.

제2장
복지다원주의와 사회정책
(Welfare Pluralism and Social Policy)

때때로 '복지혼합경제'라고 언급되기도 하는 복지다원주의(welfare pluralism)는 1970년대 후반 이후 사회정책 담론에서 점차 주도적인 역할을 해오고 있다. 존슨(Johnson, 1987)에 의하면, 1978년에 '자발적 조직의 미래(The Future of Voluntary Organizations)'에 관해 울펜덴(Wolfenden) 보고서가 발행된 이후, 영국에서 이에 대한 관심이 증가되었다고 하는데, 이 보고서는 자발적 영역이 사회복지급여를 제공할 수 있는 네 영역 중 하나의 개념을 발전시키면서, 특히 복지다원주의를 언급하고 있다. 이 보고서는 반드시 국가 후원의 급부비용은 아니더라도 사회복지 급부를 위한 다원주의적인 장치의 일부분으로서, 자발적인 영역의 역할을 확장시키고자 한 것이다. 복지다원주의가 통용되기 시작함에 따라, 사회복지의 혼합경제 계획과 그것을 어떻게 운영할 것인가에 대해 분석하려는 시도가 나타나게 되었다.

1) 구조와 기능(Structure and Function)

복지다원주의의 구조는 욕구가 있는 시민들에게 사회급여를 원조하기 위한 전달방식에 따라 정부, 자발적 영역, 비공식적 영역, 그리고 상업적 영역이라는 네 영역으로 구성되어 있다고 볼 수 있다. 또 다른 수준에서 이러한 네 영역들은 복지국가의 사회시장(social market)의 공공영역 및 민간영역에 내재해 있는 것으로 볼 수 있는데, 이 영역들은 자본주의 사회의 경제시장(economic market)과 분리되기는 하나 일부 중복되기도 한다. 이런 견지에서, 복지다원주의는 네 영역을 통해 욕구를 충족시키기 위한 다양한 방식으로서뿐만 아니라 시장경제 외부에서 기능하는 사회급부의 재정과 전달체계로서 분석된다. 이러한 시각은 마샬(1972)의 견해에서 나온다.

경제 과정과는 대조적으로, 복지권을 개인의 시장가치로 판단할 수 없다는 것은 복지국가의 기본적인 원칙이다. 사실, 복지의 중심적 기능은 시장 바깥에서 재화와 서비스를 구함으로써 시장을 대체하는 것이거나, 혹은 시장이 그 자체에서 만들어내지 못하는 결과를 만들어내기 위해 어떠한 방법으로든 시장의 운영을 통제하고 조정하는 것이다.

<표 2-2-1>은 사회 및 경제시장의 관련 속에서 복지다원주의의 구조를 보여주고 있다. 사회시장과 경제시장의 구분은 급부할당 원칙과 동기에 달려 있다. 복지국가의 사회시장은 인간의 욕구, 의존상태, 이타적인 감정, 사회적 의무감, 자선동기, 그리고 공공보장에 대한 욕망들에 대응하여 우선적으로 재화와 서비스를 할당한다. 이와는 반대로, 자본주의 사회에서 재화와 서비스는 기업의 독창력, 생산성, 소비자 선택, 지불능력, 그리고 이윤을 위한 욕망 등에 기초한 경제시장을 통해

<표 2-2-1> 사회시장에서의 복지다원주의

복지국가의 사회시장				경제시장
공공영역		민간영역		
연방정부와 지방정부가 이전들을 직접 공급. 세금지출을 통한 간접이전. 조정적 이전	가족과 친구들에 의한 비공식적 지원	자발적인 기관들에 의한(비영리) 서비스	영리추구기관들에 의한 서비스	영리추구기업에 의해 생산되는 재화와 서비스

이상적으로 생산되고 분배된다(Gilbert, 1983).

<표 2-2-1>에서 알 수 있듯이, 사회시장은 공적 영역과 민간영역 모두를 포함한다. 공적인 영역은 정부부문을 포함하고 있는데, 이 영역은 연방정부와 주정부, 그리고 지방기관들로 구성되어 있으며, 복지국가에서 분배되는 재화와 서비스의 가장 큰 부분을 차지하고 있다. 공적인 영역을 통해 사회복지이전을 할당하는 데에는 3가지 방법이 있다. 첫째, 정부보조금을 통한 직접적인 지출, 둘째, 삭감 및 면제, 신용대부 보조금 등과 같은 특별세 보조를 통한 간접적인 지출, 셋째, 예를 들면 임대료 통제와 같은 정부의 조절을 통해 이루어지는 이전들이 있다.

민간영역은 상호부조와 사회원조를 제공하는 가족과 친구들의 관계망으로 구성된 비공식적인 영역과 비영리 사회복지기관들로 구성되어 있는 자발적인 영역, 그리고 영리지향적인 회사들로 구성되어 있는 상업적인 영역을 포함하고 있다. 후자는 경제시장의 활동들과 중복되는데, 이것은 사회시장과 경제시장의 사적인 영역 사이의 경계선을 어느 정도 불분명하게 만든다. 사회시장에서 영리지향적인 회사들의 활동들은 사회급부에 필요한 재정보다도 전달에 보다 노력을 기울인다. 그러나 영리지향적인 회사들이 사회이전을 보조하는 경우가 있다; 예를 들

어 주택개발자들이 임대를 위해 많은 주택들을 확보하거나 혹은 저소
득가구에게 낮은 시장가격으로 판매한다. 그러나 이런 경우는 주택개
발을 위해 정부차관에 포함된 조정조치에 응한 것이다. 그러므로 이것
들은 사적인 자선행위라기보다는 정부부문에 의해 촉진된 조정적 이전
(transfer)에 더 가깝다고 하겠다.

어떻게 조정적 이전이 정부와 상업적 영역의 상호작용을 통해 만들
어지는가는 서로 다른 영역의 투과성일 뿐 아니라 다원주의가 사회시
장에서 어떻게 운영되는지에 대한 기능적인 복합성의 일부이다. 상이
한 영역이 존재할 뿐 아니라 각각의 영역이 다양한 사회급부의 재정과
전달에 부분적으로 혹은 전적으로 책임을 행사할 수 있다. 예를 들어,
정부기관은 저소득 어머니들을 위한 주간보호 서비스를 제공하기 위해
자체 직원을 고용하거나 혹은 서비스 구매를 통해 자발적인 기관이나
영리추구기업, 혹은 클라이언트 가족구성원이 제공하는 서비스를 받도
록 지불할 수 있다. 이러한 방식에서 정부, 자발적, 영리지향적, 비공
식적인 영역의 역할들은 다원적으로 혹은 '복지혼합경제'로 다양하게
결합될 수 있다. 이러한 상이한 영역들이 혼합경제에 기여하는 정도는
늘 변화되어 왔다. 이러한 영역들간의 균형이 변화함에 따라 새로운
형태가 복지국가의 특성과 사회시장의 독특성을 변화시키면서 나타나
고 있다.

2) 경향: 분권화 및 공적, 사적 책임성의 균형 변화
   (Trends: Decentralization and the Changing Balance of
   Public Private Responsibility)

미국 사회복지의 발전을 검토해 보면, 20세기 동안 복지다원주의의

4가지 영역들 중 3가지의 광범위한 책임유형이 나타난다. 20세기 전
환점에서부터 1935년까지, 복지이전들은 대체로 지역사회에 기반을
두고 있었다. 이러한 형태하에 지방정부, 자발적인 자선기구들, 친구,
그리고 이웃들이 시장경제를 통해 욕구를 충족시킬 수 없는 사람들에
게 주요한 원조자원들을 제공하였다. 청각장애와 언어장애인들을 위한
하르트포드(Hartford) 보호시설에 원조하였던 1819년까지 거슬러올라
가 보면, 연방정부가 때때로 사적 복지서비스를 후원했지만 사회복지
에서 연방정부가 체계적인 대규모의 노력을 기울인 것은 1930년대 이
후이다. 사회시장을 통한 할당은 1930년대 이전에는 명백하게도 지방
의 일이었는데, 이것은 자발적인 자선단체와 비공식자원이 재정을 처
리하고 복지이전을 전달하는 데 주로 의존하였다(Leiby, 1978).

　1930년대 중반 뉴딜정책하에서, 연방정부는 사회복지 급부에 대해
주요한 책임을 인식하고 공공기관을 통해 재정을 마련하고 전달을 주
로 담당하였다. 이것이 복지국가에 대한 북미 형태의 시작이었다. 사회
복지에 대한 연방정부와 주정부의 직접적인 지출은 1929년 GNP의
4%에서 1940년도에는 9%, 1976년에는 19.5%까지 증가하였으며, 그
후 약 18.5%로 다소 떨어져 안정세를 이루고 있다. 1935년과 1970년
대 사이에 나타난 복지국가의 구조는 연방 정부와 주정부, 그리고 정
부의 지방단위를 통해 복지이전을 전달하고 재정을 담당하는 공적영역
과, 자발적인 비영리기관들과 가족, 친척 등의 비공식적인 관계망을 통
해 이전(transfer)이 전달되는 사적인 영역으로 구성되어 있다. 이러한
정부, 자발적, 비공식적 영역들은 독자적인 영역 속에서 운영되면서 간
헐적으로만 서로 결합되는 반면, 영리추구기업들은 대체로 사회시장의
주된 활동에서 제외되었다.

　그 당시 대부분의 유럽 복지국가들과 비교해 볼 때, 미국은 정부부

문의 역할이 유럽보다 덜 활발하였으며, 자발적인 비영리기관들은 유럽보다 적극적으로 활동하였다. 1970년대 초반까지 전체적으로 미국에서의 일반적인 유형은 정부가 직접적으로 재정을 담당하고 공적으로 사회복지 급부를 전달하며, 자발적인 비영리기관들과 비공식적인 관계망들의 사적인 활동이 보조하는 복지다원주의 체계를 포함하고 있다.

1970년대 초반 이후, 사회급부의 전달에 대한 책임이 점차 사적 영역의 기관들로 이전되면서 공적인 영역과 사적인 영역의 활동들 간에 그 균형이 두드러지게 변화하게 되었다. 사회복지의 이러한 '민영화' 경향은 정부기관들이 사적인 단체에서 생산되고 전달되는 복지서비스를 계약할 수 있다는 내용의 서비스 구매협정을 허용하는, 1974년의 사회보장 개정법 Title XX로 더욱 박차를 가하게 되었는데, 사적인 단체들의 기부금은 사회복지 서비스비용에 대해 주정부가 요구하는 지방출연금으로 자격을 얻게 되었다(Gilbert, 1983).

1980년까지 서비스의 구매가 다원화됨에 따라, 연방정부 기관들은 사적인 비영리 사회복지서비스와 지역사회개발조직으로부터 받은 재정적 원조의 50% 이상을 제공하였다(Salamon and Abramson, 1982). 광범위하게 기록된 민영화운동은 비영리복지기관들과의 정부 계약하에 제공되는 급여의 범위를 확장시켰을 뿐 아니라 영리추구단체들이 복지서비스를 생산하고 전달하는 기회를 만들었다(Johnson, 1995; Kamerman and Kahn, 1989; Gilbert and Terrell, 1988). 실제로, 1990년대 중반까지 요양보호, 가사원조, 주간보호, 아동복지, 건강보호, 그리고 주택 등의 분야에서 서비스제공자들 사이에는 독점기관들이 압도적이었다(Gilbert and Tang, 1995).

<그림 2-2-1>에서 나타나는 바와 같이, 복지혼합경제의 민영화를 향한 움직임은 분권화를 향한 움직임과 관련되어 있다. 공공영역에서,

<그림 2-2-1> 복지다원주의의 경향: 민영화와 분권화

민영화

영역 내	공공영역	⟶	민간영역
중 앙 ↓ 지 방	연방정부에 의한 이전들의 직접적인 급부에서 주정부와 지방정부로, 그리고 세금지출을 통해 간접적인 이전으로.		자발적인 영리·비영리 기업들에서 공동체에 기반을 둔 기관들과 풀뿌리 단위들(영리, 비영리, 가족 및 친구들)

이러한 발전은 중앙정부에서 지방단위로 권위가 옮겨감을 반영한다. 미국에서의 이러한 움직임은 닉슨의 말대로(1971: 170) "새로운 우선권을 부여할 자유, 충족되지 않은 욕구를 충족시킬 자유, 실수할 자유, 그러나 그렇게 하지 않으면 결코 실현되지 않을지도 모를 위대한 성공을 거둘 자유를 주정부와 지방정부에게 줄 것"을 추구한 신연방주의(Nixion administration's New Federalism)하에서 1970년대 초기에 처음으로 시작되었다. 이처럼 권위가 중앙정부에서 지방단위로 옮겨가게 된 것은 사회복지재정을 담당하는 연방정부의 방법이 바뀌면서 가능했는데, 이에는 총괄교부금(Block Grants) 대체방법이 포함되어 있다. 총괄교부금이란 지역의 욕구에 대응하는 정책을 수립할 재량권을 주정부에게 광범위하게 부여하는 것으로, 이는 지방정부의 의사결정에 한계를 부여했던 연방정부의 지침을 수립한 범주별 보조금을 대체한 것이다.

분권화를 향한 움직임은 1980년대 레이건 행정부하에서 더욱 발전하였으며, 1996년도의 개인책임 및 근로기회조정법(Personal Responsibility and Work Opportunity Reconciliation Act)의 통과에서도 알 수 있는 것처럼 1990년대 후반 클린턴 행정부까지 이 경향은 계속되었다. 개인의 책임 및 근로기회조정법하에서 AFDC 프로그램을 위한 범주별 보조금은 빈곤가족을 위한 일시부조 프로그램인 TANF를 위한 총괄교부금 할당으로 대체되었다.

분권화를 위한 또 다른 접근으로는 세금지출, 주택교환권, 신용대부 보조금(credit subsidies) 등의 사용 증가를 포함하고 있다(Gilbert and Gilbert, 1989). 비록 이러한 급여의 분배가 연방정부에 의해 관리된다고는 하나, 현금급여가 실제로 어떻게 소비되는지에 관한 결정의 위치는 개별 수혜자들의 손에 있음으로 인하여 매우 분권화되어 있다. 이런 견지에서 볼 때, 현금/증서(voucher) 급여를 제공하는 사회복지정책들은 분권화의 시장모델을 대표하는데, 이것은 앨리스 리블린(Alice Rivlin, 1971)이 설명하는 것처럼, (무엇이 소비되는지 결정하는 직권에 초점을 두는) '가장 극단적인 분권화의 형태'이다. 분권화의 형태는 사회복지 전달의 민영화와 밀접하게 연관되어 있는데, 이것은 현금, 세금지출, 증서(voucher), 그리고 신용대부 보조금 등을 가지고 있는 개별 수혜자들이 사적인 영역에서 자신들이 필요한 상품과 서비스를 자유롭게 구매하는 것과 같다.

보다 일반적으로 최근, 복지다원주의하에서 분권화와 민영화를 향한 움직임은 러시아와 동유럽에서 중앙통제경제가 붕괴되고, 산업복지국가가 직면하고 있는 막대한 재정압박으로 보다 촉진되었다는 것이 통설인데, 이것은 사회복지 보장을 위한 중앙정부의 역량을 믿는 대중의 신념을 줄이게 되었다(그리고 이것은 공적 영역에 자본주의 수용의 비축을 증가시켰다).

사적인 영역에서, 분권화를 향한 움직임은 부분적으로 시민사회의 활성화에 관심이 증가되면서 진행되고 있다(Krauthammer, 1995; Berger and Neuhaus, 1996; Osborne and Kaposvari, 1997). 공동체에 기반을 둔 기관들 및 풀뿌리 조직들은 개인과 국가 사이에서 시민사회의 완충지대를 제공하는 중재기관으로 보인다. 그러한 구조적 장치들의 가치에 대한 생각은 새로운 것이 아니다. 거의 한 세기 전에 프랑스 사회학자인 에밀 뒤르껭(Emile Durkheim, 1933[1893])은 "인간이 상호적인 삶을 살 수 있는 유일한 환경인 국가 속에서, 인간은 불가피하게 접촉(contact)을 잃고, 분리되며 사회는 해체되었다. 개인들의 행동영역에서 그들을 강하게 끌기 위해 그리고 사회생활의 일반적인 급류 속으로 그들을 끌고 가기 위해 개인들에게 가까이 있는 충분한 일련의 2차집단들을 국가와 개인들 사이에 끼워넣을 수 있을 수 있을 때만 한 국민(a nation)은 유지될 수 있다"고 언급하였다.

오늘날, 진보주의자와 보수주의자, 양측 모두 시민사회의 미덕을 치켜세우고 있다. 상원의원 단 코츠(Dan Coats, 1996: 25)는 "시민사회가 강할 때, 시민사회는 그것의 따뜻함으로 공동체를 고취하고, 사람들이 좋은 시민이 되도록 훈련하고, 그리고 세대간의 가치를 전수한다. 시민사회가 약할 때는 어떤 정책이나 정치도 그 대체물을 제공할 수 없다"고 주장한다. 비슷한 성격으로, 푸트만(Putman, 1993: 35)은 "시민 규범과 관계망에 대한 간접적인 효과에 초점을 맞추는 것은 우리들의 집합적 불만들에 대한 설명으로서 정부의 공식적인 제도들의 독점적인 면에 대한 많은 요구의 조정이다"라고 주장한다. 이처럼 지역관계망의 중재구조 강화에 대한 관심은 사적인 영역을 통해 사회복지 급부를 전달하기 위해 풀뿌리 및 공동체에 기반을 둔 기관들과 계약하고자 하는 노력들을 고무시켰다.

3) 복지다원주의의 쟁점(Issues of Welfare Pluralism)

복지국가에 대한 이론적 관점에서 볼 때, 다원주의적 접근은 기술적인 중립모델을 시사한다. '복지혼합(welfare mix)'이라는 담론은 사회복지의 재정과 서비스 전달이 공적, 사적 영역, 둘 다를 통해 이루어지며, 공적/사적 노력의 결합이 가장 능률적이고 효율적인 발견이라는 인식을 하고 있다. 여기에 보편적 현상이 나타난다. 보수주의자들은 사적인 노력들의 장점을 대변할 수 있으며, 진보주의자들은 공적인 특성의 미덕을 강조할 수 있는데, 결국에는 항상 혼합된 부분들이 나타난다.

그러나 비스트와 토플링(Kvist & Torfling, 1996)이 지적하는 것처럼, 복지혼합/복지다원주의의 학문적, 정치적 확신은 국가가 사회문제를 적절하게 해결할 수 없다는 점이다. 때때로 국가는 사회문제에 기여하거나 사회문제를 증대시키는 것으로 보여지기까지 한다. 따라서 혼합주의자들은 '국가의 실패'를 복지혼합의 필요성에 대한 이유로 논의하기도 한다. 이러한 생각에는 다원주의 모델, 그 자체에 반대하는 경우보다는 복지다원주의에서의 민영화와 분권화 경향에 대해 더 많은 비판이 있다. 다원주의자들은 국가에 대한 기본적인 역할을 여전히 인정한다(그리고 국가주의 모형을 선호하는 사람들은 오직 국가만이 사회문제를 적절하게 해결할 수 있다고 주장한다).

복지다원주의에서 민영화와 분권화의 경향은 수많은 쟁점들을 일으킨 몇 가지 가정들에 의해 지지되고 있다. 이러한 가정들은 다음과 같다. 첫째, 민영화는 사회복지 서비스의 생산과 전달에 가장 효율적인 접근법을 제시한다는 것이다. 둘째, 정부의 지역단위 기관들은 중앙정부보다 시민들의 사회복지 욕구에 더 잘 부응할 수 있다는 점이다. 왜냐하면, 지방정부는 광범위한 연방정부의 관료제가 파생시키는 방해물을 피하고 사람들에게 보다 가까운 조직이기 때문이다. 셋째, 풀뿌리 조직 및 지역기반조직(Community-Based-Organizations: CBOs)은 덜 관료적이고 서비스를 받는 사람들과 보다 밀접하게 존재하며, 시민사회의 중재구조를 강화시키기 때문에 지역의 공공기관들보다 훨씬 더 효과적이라는 점이다.

첫 번째 가정에 대해 살펴보면, 민영화의 효율성에 대한 경우는 경쟁의 이점과 경쟁시장이 자극한 변화 유인책 및 외부 비용억제에 대한 공공관료제의 실패, 양자에 기반을 두고 있다. 이러한 가정에 의문을 제기하는 사람들은 시장은유(market metaphor)가 공공기금에 의한 보조서비스를 포함하는 사회복지 거래에는 적용되지 않는다고 주장한다. 사적인 공급자들로부터 서비스를 구매하는 데 공공기금을 이용할 때, 시장규칙은 작동되지 않는데, 왜냐하면 서비스의 제3자 구매는 소비자 선택에 대응하는 경쟁력이 적용되지 않기 때문이다. 전체 거래는 공적으로 보조되는 사적 서비스를 받는 개인 소비자에 의해서도, 그 서비스를 직접 수령하지 않는 구매자(공공기관)에 의해서도 간파되지 않는다. 더구나 사회복지 서비스 인구는 정보를 잘 모르고 있는 소비자, 즉 아동, 노인, 그리고 빈곤자들과 같은 취약계층으로, 얻는 것에 대해 지불 가능한 소비자들에게 부과된 시장규율이 이들에게는 적용되지 않으므로, 서비스의 제3자 구매는 전달되는 서비스의 질을 보장하는 데 어려움을 가질 수 있다. 질을 보장하는 문제는 민영화가 가지고 있는 또 다른 문제를 야기시킨다; 즉 구매되는 서비스 단가를 결정하기 위한 복잡한 측정의 요구와, 그리고 나서 전달되는 서비스의 품질을 모니터하는 값비싼 절차로 인해 계약의 거래비용이 상당히 높다는 것이다.

"사적인 기관들이 공적인 기관들보다 사회복지급여를 전달하는 데 보다 효율적이고 효과적인 수단인가"라는 쟁점은 여전히 남아 있다. 만일 사적 기관들이 보다 효율적이라면, 자발적인 기관들과 영리추구 기관들 간에 차이점이 있을 것이다. 이러한 만만치 않은 질문에 대해 사회복지 서비스의 품질과 효과성을 동일시하기 어렵다는 점과 기관의 크기, 지리적인 위치 등과 같은 개입 요인들로 인한 혼란 때문에 이에 관한 연구들은 결론을 내리지 못하고 있다(Kanter and Summers, 1987). 예를 들어, 주간보호에 관한 한 연구결과는 영리추구기관이 종교적이며 독립적인 후원하에 있는 비영리기관보다 시간당 비용이 더 낮음을 밝혀내고 있다. 그러나 영리추구기관들은 직원 일인당 아동수의 비율이 더 높으며, 학위를 가지고 있는 교사들의 비율이 보다 낮고, 그리고 직원 이직률이 더 높으며, 신체적, 인지적인 시험기회가 더 적은 것으로 나타났다(Kisker, et al., 1991).

두 번째 가정에 대해 살펴보면, 지방정부가 중앙정부보다 지역에서 파생되는 문제에 대해 더 많이 알고 있으며, 또한 지역구성원들의 특별한 욕구에 보다 잘 대응한다는 것은 사실이다. 또한 작은 단위가 보다 쉽게 지역구성원들의 욕구에 대해 경험할 수 있으며, 설사 실패한다 하더라도 모든 것을 잃지는 않는다. 그러나 지방정부가 얻을 수 있는 것에는 한계가 있으며, 중앙정부를 통해 얻을 수 있는 이점 또한 존재한다. 지역주의는 편협하고 억압적일 수 있다. 소규모의 지역단위 정부는 응집력이 있는 다수와 밀착되기 쉬워 나머지의 이익을 경시할 수도 있다. 예를 들어, 1960년대 후반 경 '주정부 권리(states rights)'에 관한 주장들은 남쪽의 백인들의 권력과 특권을 보호하는 데만 이용되었다. 또한 중앙정부는 그들의 기술과 관리역량을 증대하여 지방정부보다 더 많은 자원을 모을 수 있다. 그리고 주 정부와 지방단위는 그들의 특성상, 국가적인 문제의 영역에는 거의 영향력을 미칠 수 없다.

세 번째 가정은 정책적으로 재정이 마련된 사회복지 급부를 전달하기 위해 풀뿌리 지역기반조직과 계약하는 장점에 관한 것이다. 이들 조직은 지역의 욕구를 충족시키고 공동체 속의 사람들을 책임지는 데 효과적인 것으로 여겨진다. 더구나 사회복지 서비스 전달에 있어서 정부의 역할이 줄어들고 지역조직으로 책임이 옮겨감에 따라 이러한 "중재기구는 시민사회의 중심부에서 그들의 합법적 입지를 요구하면서 어쨌든 활성화될 여지를 가지게 된다"고 크라우트헤머(Krauthammer, 1995)는 주장하고 있다. 그러나 이러한 특성은 민영화와 분권화를 향한 움직임을 지지하는 사람들이 제공하는 것보다 정밀한 검토를 해야한다.

지역기반조직이 사회복지 서비스를 공공관료제보다 더 효과적으로 전달하는지는 실증적으로 의문이다. 왜냐하면 지역기반조직이 서비스를 받는 사람들에게 보다 가까이 있기 때문에 보다 덜 관료적이며, 지역의 영향에 보다 대응적이라는 사실은 서비스가 아마도 보다 개인적이며 침투적이라는 것을 시사할지는 모르나 그것이 반드시 서비스 전달면에서 보다 큰 효과성을 보장하지는 않는다. 맥코넬(McConnell, 1966)은 지역주의가 가진 문제의 일부에 대해 다음과 같이 고전적인 진술을 제시하고 있다.

> 비개인성(impersonality)은 그것이 가진 큰 단위의 특성으로 개인적 자유를 보장한다. 비개인성은 공식적 행동의 독단을 피하고, 규정된 절차의 추종으로부터, 확립된 규칙에 대한 순응으로부터, 그리고 어떤 개인에 대해 찬성이건 반대이건 간에 그 편견으로부터의 해방 등을 의미한다. 비개인성, 프라이버시와 프라이버시가 주는 자유는 무시될 수도 있으며, 인간적 따뜻함과 공동체는 선호된 소규모 공동체의 개인 특성과 관련되는 개별적 사건에 관심을 가진다. 그럼에도 불구하고, 관련되어 있는 가치들은 상이하며, 고려해야 할 정도로 상당히 대립적이다.

공공영역에서 지역기반조직으로 서비스 전달을 이동시키는 또 다른 결과가 있는데, 이것은 아주 분명하지는 않다. 공공관료주의는 미국에서 노조운동의 마지막 본거지로 표현된다. 1970년부터 1991년까지 미국의 노조가입률은 28%에서 16%로 감소하였다. 민간부문에서 노조가입률이 점차 하락하는 동안 정부 고용에서의 노조가입률은 증가하였다. 1970년 정부 근로자들이 노조가입자의 10%를 차지하였으며, 1991년 경에는 노조에 가입한 노동자 중 40%로 나타났다. 그 이유들 중 하나는 물론 정부에서 조직화된 노동력이 주로 서비스 부문이라는 점이다; 산업생산부문과는 달리, 이러한 서비스 직종들을 낮은 비용으로 수행하기 위하여 해외로부터 들여올 수는 없었다. 그 대신에 이 직종들은 지역사회조직들과 계약하고 있는데, 이 조직들은 비교적 작고, 조직화된 노동과 별 관계를 갖지 않는 취약한 비영리적 단위이다. 지역기반조직의 낮은 비용과 유연성은 바람직할 수 있다. 그러나 복지다원주의를 분석함에 있어서, 특히 사회복지서비스에서 조직화된 노동자의 미래에 대한 관계에서 거래관계는 명백하게 이루어져야 한다.

마지막으로, 보다 일반적인 수준에서 복지혼합경제에서 사회복지서비스 급부의 전달에 대해 공적, 사적 그리고 중앙 및 지방의 책임간에 균형이 변화하고 있다는 것이 1990년대에 부상하고 있는 복지다원주의의 특성이 사회보호의 새로운 패러다임을 의미하는가에 대해서 근본적인 문제를 제기하는 바이다(Gilbert, 1998).

⊠ 참고문헌

Coats, D.(1996) "Can Congress revive civil society?" *Policy Review* No. 75 (January/February), p. 25.

Durkheim, E.(1933) *The Division of Labor in Society*, trans. George Simpson. New York: Free Press(English trans. of *De La Division du Travail Social*, first published in 1893).

Gilbert, N.(1983) *Capitalism and the Welfare State: Dilemmas of Social Benevolence*, New Haven: Yale University Press.

_____(1998) "Remodeling Social Welfare," *Society* 35:5(July/August), pp. 8-13

Gilbert, N. and Tang, K. L.(1995) "The Unites States," in N. Johnson (ed.) *Private Markets in Health and Welfare*, Oxford: Berg Publishers.

Gilbert, N. and Terrell, P.(1998) *Dimensions of Social Welfare Policy 4th ed*, Boston: Allyn and Bacon.

Gilbert, N. and Gilbert, B.(1989) *The Enabling State*, New York: Oxford University Press.

Johnson, N.(ed.)(1995) *Private Markets in Health and Welfare*, Oxford: Berg Publishers.

_____(1987) *The Welfare State in Transition: The Theory and Practice of Welfare Pluralisms*, Amherst: University Massachusetts Press.

Kamerman, S. and Kahn, A.(eds.)(1989) *Privatization and the Welfare State*. Princeton: Princeton University Press.

Kantor, R. and Summers, D.(1987) "Doing well while doing good: Dilemmas of performance measurement in non-profit organizations and the need for multiple-cThonstituency approach," in Powell, W.(ed.) *Non-profit Sector: A Research Handbook*, New Haven: Yale University Press.

Kisker, E. et al.(1991) *A Profile of Child Care Settings: Early Education and Care in 1990 —Executive Summary*, Washington, D. C: U. S. Department of Education.

Krauthammer, C.(1995) "A social conservative credo," *The Public Interest*, 121(Fall), pp. 15-22

Kvist, J. and Torfing, J.(1996) "Changing welfare state models," Center for Welfare State Research Working paper 5.

Leiby, J.(1978) *A History of Social Welfare and Social Work in the United States*, New York: Columbia University Press.

Marshall, T. H.(1972) "Value problems of welfare capitalism," *Journal of Social Policy* 1(1), pp. 19-20.

McConnell, G.(1966) *Private Power and American Democracy*, New York: Alfred Knopf.

Nixon, R.(1971) "Message to Congress on general revenue sharing," in *Weekly Compilation of Presidential Documents*, 7(Feb. 8), p. 170.

Rivlin, A.(1971) *Systematic Thinking for Social Action*, Washington: D. C.: Brookings Institution.

Putman, R.(1993) "The prosperous community: social capital and public life," *The American Prospect*, 13(Spring).

Salamon, L. and Abramson, A.(1982) "The nonprofit sector," in J. Palmer and I. Sawhill(eds.), *The Regan Experiment*, Washington D. C.: Urban Institute.

제**3**부
복지 개혁의 방향과 내용

제1장
서비스에서 사회통제로: 미국의 전문적
사회복지 실천에 대한 복지개혁의 함의
(From service to social control: Implications of welfare reform for professional practice in the United States)

공공복지 수혜자들에게서 나타난 인구학적 구성의 변화와 폭발적 증가에 대응한 ADC 프로그램은 최근 30년간에 걸친 4개의 주요한 개혁, 즉 1962년의 '서비스' 개정법, 1967년 노동유인 프로그램(Work Incentive program: WIN), 1988년의 가족지원법(Family Support Act), 1996년의 빈곤가족에 대한 일시부조 프로그램(Temporary Assistance to Needy Families: TANF)을 실시해 왔다. 이러한 개혁들은 빈곤가족에 대한 공적부조의 목적과 영역에서뿐만 아니라 공적 사회복지 서비스 분야에서 전문적인 사회복지 실천의 특성에도 깊은 영향을 미쳐왔다. 최근 35년간에 걸친 주요 복지 개혁들에 대한 분석은 소득유지와 사회복지서비스에 대한 중앙정부의 권한이 어떻게 감소하고, 지방의 책임과 민간의 서비스 전달이 어떻게 증가했는지, 그리고 서비스 기능에 대한 강조가 사회복귀를 위한 개별 사회사업이나 상담에서 근로 지향적인 훈련, 구직활동, 그리고 지방의 고용으로 어떻게 변화되었는지 보여준다. 공적부조의 급부는 개인욕구에 기초한 연방정부의 권한에서 유인 및 제재로 포장된 예산과 수혜기간이 제한적인 급여형태로, 복지 클라이언트들을 점차 근로 관련 활동에 강제적으로 참여하도록 하는 형태로 변하고 있다. 복지(welfare)에서 노동연계복지(workfare)로의 이동은 사회복지사들의 전문적 역할을 공적 사

회복지서비스 분야에서 전문적 참여를 장려하는 데 바람직하지 않은 사회통제
기능을 꾸준히 확대하는 것으로 고취시켜 오고 있다.

미국에서 부양아동가족을 위한 공공복지는 1935년 사회보장법 Title
Ⅳ에서 시작되었다. 처음에 이 프로그램은 부양아동부조(Aid to Depen-
dent Children: ADC)라 불렀으며, 1961년에 부양아동가족부조(Aid to
Families with Dependent Children: AFDC)로 이름이 바뀌었다. 물론
1935년 사회보장법에서 이 집단만 보장되었던 것은 아니었다. 처음에
는 세 부류의 사회적 약자들이 공적부조에 적합한 것으로 인정되었다.
이 부류에는 빈곤가족 부양아동들 외에 빈곤노인과 시각장애인이 포함
되었다. 1950년에는 영구장애를 가진 사람을 포함하여 네 부류로 범
주화되었다. 공적부조가 이러한 복지수혜자들의 부가적인 범주들을 포
함하지만, 이 연구 분석의 초점은 가장 범위가 넓고 보편적인 프로그
램인 ADC의 발전과정에 두고자 한다.

ADC는 처음에 보조받을 자격조건을 갖춘 빈곤한 미망인과 그들의
자녀를 원조하기 위해 고안되었다. 1935년, 뉴딜 정책의 입안자들은
미망인들이 유족보험에 적합한 조건이 되고 새로 만들어진 사회보장체
계에 흡수됨에 따라 ADC 프로그램이 약화될 것으로 예상하였다. 물
론 이 예상이 잘못되었다는 것은 역사가 입증하고 있다. 1960년대에
시작된 이혼과 10대 혼외출생의 엄청난 증가는 복지 수혜자들의 구성
을 바꾸어 놓았으며, 공적부조 등록자를 증가시켰다. 1940년과 1960
년 사이에는 미혼여성들의 자녀출생률이 낮았으며, 전체 출생률의
3.8%에서 5.2%로 상승하면서 비교적 안정된 비율을 보여주었다(U.S.
Bureau of the Census, 1981). 그 기간 동안 매년 100만~300만의 수
혜자들이 복지급여를 받았다(Department of Health Education and

Welfare, 1974). 그러나 1960년과 1990년 사이 미혼여성들의 자녀출생률은 거의 5배, 즉 전체 출생률의 5.3%에서 27%까지 증가하였다(U.S. Bureau of the Census, 1992). 1989년, 미혼여성들의 전체 출생률 중 1/3이 십대 미혼모로 나타났다. 미혼여성들의 자녀출생률과 이혼율이 상승함에 따라, 부양아동가족의 복지 수혜자수는 상당히 증가해서 1994년에는 1,420만 명에 달했으며, 1996년에는 그 수가 1,280만 명으로 다소 떨어졌고, 1997년에는 1,070만 명으로 좀더 떨어져 1994년에서 1997년까지 24%가 감소하였다(Department of Health Human Services, 1996; Welfare to Work, 1997). 이 ADC 프로그램의 역사를 통해 볼 때, 수혜자들의 대략 2/3가 아동이었음을 알 수 있다.

공공복지 수혜자들의 급격한 증가와 인구학적 성질의 변화에 대응하여, 이 프로그램은 최근 30년에 걸쳐 4가지 주요한 개혁을 경험하게 되었는데, 그 개혁들은 1962년의 '서비스' 개정법, 1967년 노동유인 프로그램, 1988년의 가족지원법, 그리고 1996년의 빈곤가족에 대한 일시부조 프로그램을 포함하고 있다. 이러한 개혁들은 다음에서 자세하게 살펴보는 바와 같이, 빈곤가족에 대한 공적부조의 목적과 영역뿐만 아니라 공공 사회복지서비스 분야에서 전문적인 사회복지 실천의 특성에도 깊은 영향을 미쳐왔다.

1) 1962년의 서비스 개정법('Service' amendments of 1962)

1962년의 사회보장 개정법은 종종 '서비스' 개정법으로 언급된다. 왜냐하면, 이 개정은 AFDC 프로그램 공공 복지 수혜자들에게 전달되는 재정원조를 돕기 위해 사회복지서비스에 연방정부의 기금을 상당히 제공했기 때문이다. 이 서비스의 목적은 빈곤자들을 사회에 복귀시킬 것으로 가정되는 집중적인 개별 사회사업을 통해, 그들이 경제적으로 독립하도록 행동을 변화시킴으로써 빈곤을 감소시키는 것이다. 여기에 담긴 함축적인 의미는 빈곤이 주로 개별 사회사업 과정을 통해 경감될 수 있는 개인적인 결함이라는 것이다. 그러나 1950년에는 복지 수혜자들에 대한 다른 견해들이 만연했는데, 이 시기에는 복지 수혜자들이 치료를 하거나 변화되어야 하는 사람이 아니라 원조를 필요로 하는 사람, 즉 '실업, 장애, 혹은 가장의 사망 등과 같은 외적 환경의 희생자' 로 간주되었다(McEntire and Haworth, 1967). 1962년의 개정법 또한 가사보조(homemaker) 및 양육가정보호(foster-home care)와 같은 다른 서비스의 형태들을 제공했음에도 불구하고, 본질적인 특징은 개별 사회사업을 제공하는 것이었다. 이것은 법에 규정되어 있지는 않았지만, 데르딕(Derthick, 1975)이 지적하는 것처럼 가족서비스국(Bureau of Family Services)의 복지전문가들은 '서비스'가 무엇을 의미하는지 상대적으로 잘 알고 있었다. 그것은 기본적으로 훈련받은 사회복지사가 행하는 개별 사회사업을 의미하는 것이었다.

여기에는 급여의 정확한 성격을 구체화하기 어렵게 만드는 개별 사회사업의 모호한 특성이 있다. 이러한 모호성은 회의적인 인식을 생기게 하는데, 예를 들자면 개별 사회사업은 사회복지사가 클라이언트를 위해, 클라이언트와 함께 혹은 클라이언트에 대해 무엇인가를 한다는 인식이다. 만일 사회복지사가 자녀의 학교생활 향상에 대해 AFDC 수혜모와 함께 논의한다면, '교육과 연관이 있는 서비스'를 중점적으로 검토할 것이다. 이 논의가 부재중인 아버지(absent father)와 가족의 화해 가능성으로 바뀔 때, '가족의 유지와 가족기능의 개선'을 중점적으로 검토한다(President's Commission on Income Maintenance 1970). 이와 유사한 맥락에서 홀랜더와 홀링스워스(Handler & Hollingsworth, 1971)는 공적부조 서비스를 '상대적으로 드물면서 유쾌한 잡담' 정도로 특징지었다.

전문적 개별 사회사업은 적어도 위의 논평보다는 더 숙련되고 유능한 사업이라는 것이 분명하다. 개별 사회사업이 최선의 전문성을 발휘해 경제적 박탈문제를 해결할 수 있느냐 하는 것은 별개의 문제이다. 1962년의 서비스 개정안은 높은 수준의 전문적 개별 사회사업서비스를 공급하기 위한 것이었으나, 공적부조 부서에서 이러한 직업수행에 적합한 훈련된 사회복지사들의 부족과 잦은 이직이라는 어려움으로 그 결과는 상당히 제한적이었다(Steiner, 1971). 1964년 뉴욕 시 공적부조 기관의 이직에 관한 연구를 살펴보면, 사회복지사들의 30%가 임명된 지 9개월이 안되어 사직했음을 알 수 있다(Podell, 1967). 그리고 1966년 전국 공적부조기관에서 이직률은 그 시기에 연방정부, 주정부, 그리고 지방 수준에서 시민서비스 지위에 있는 전문가들의 이직률의 거의 2배인 22.8%로 나타났다(Kermish and Kushin, 1969). 엄청난 이직률, 많은 담당건수, (개별 사회사업의 관계를 확립하고자 노력하는) 적합성 자격기준에 대한 요구들, 그리고 어디에나 존재하는 공적부조의 관료적 규정들은 전문적 개별 사회사업 서비스의 방침에 대한 결정을 어렵게 만들었다. 어쨌든, 개별 사회사업의 힘과 이익이 무엇이든 간에, 1962년의 개정에서 실천되었던 개별 사회사업은 1962년과 1966년 사이에 거의 100만 명의 공적부조 등록자가 더 발생함으로써 빈곤에 대한 치료책은 되지 못했다.

2) 1967년 WIN 프로그램(1967 WIN Program)

개별 사회사업의 모호한 특성을 가지고서는 경제적 의존을 줄이지 못함으로써, 이러한 서비스들은 의회의 가장 첫 번째 불만이 되었는데, 이 불만들은 1967년 사회보장법 개정에 표현되었다. 1967년의 개정에 앞서, 서비스에 대한 연방정부의 보조금은 개별 사회사업가들의 봉급을 지불하는 데 주로 쓰였다(Rein, 1975). 반대로, 1967년도의 개정에 포함되어 있는 규정들은 "문자 그대로, 거의 어떤 서비스도 연방정부 차원에서 상환될 수 있는 특정 서비스를 포괄적으로 열거하는 항목으로 만들어졌다"(Derthick, 1975). 동시에, 개별 사회사업은 경시되고, 보다 구체적이고 형태가 분명한 서비스의 전달에 더 많은 강조를 두게 되었다. 더식크(Derthick, 1975)의 연구에 의하면, '소프트(soft)'한 서비스와 '하드(hard)'한 서비스 간에 구별이 되기 시작했다. 개별 사회사업가의 충고와 상담은 '소프트(soft)'하며, 이것은 '하드(hard)'한 주간보호센터나 마약치료센터, 직업훈련보다는 가치가 덜한 것으로 인식되었다. 그리고 '하드(hard)'한 서비스가 보다 광범위하게 적용되기에 이르렀다. 그녀는 또한 "변화된 개념과 사회적 상황이 개별 사회사업가의 틀에 박힌 일상보다는 광범한 범위의 활동에 보조금을 사용하는 것에 대한 근거를 제공하였다"고 주장한다.

1967년, 개별 사회사업의 임상적 측면은 덜 강조될 뿐 아니라 개별 사회사업서비스의 전달은 공적부조 프로그램의 소득유지 기능에서 행정적으로 분리되었다. 1977년 지방차원에서 이러한 행정적 분리는 사회보장행정하에 소득유지 프로그램을 두고, 인간개발서비스국(Office of Human Development Services: OHDS)하에 사회서비스 및 인간개발 프로그램을 결합함으로써 연방정부 수준에서 강화되었다. 사회서비스행정에서 소득유지를 분리하는 것은 클라이언트 예산에 대한 개별 사회사업가의 자유재량권에서 나오는 강제적인 잠재적 요인이 개별 사회사업가와 클라이언트 간의 관계를 더 이상 변질시키지 않을 것이므로 서비스가 개선될 것이라는 가정에 근거하여 결정되었다. 클라이언트들은 필요한 만큼의 서비스를 자유롭게 받아들이거나 거절할 것이며, 보조금을 관리하는 임무에서 자유로워진 개별 사회사업가들은 자발적인 서비스사업에 보다 많은 시간을 투자할 수 있게 될 것이다. 이것은 그럴듯한 이론이긴 하나 비판적인 검토를 요한다. 개별 사회사업가의 강제적인 힘과 그 힘이 클라이언트와의 관계에 미치는 영향력이나, 개별 사회사업가의 일상적인 방문이 종결되었을 때 서비스를 찾을 수 있는 클라이언트의 자발성 가운데 그 어느 것에도 실증적인 증거가 있는 것은 아니다. 핸들러와 홀리네이트(Handler & Hollinate, 1969)가 제안하는 것처럼, 강제에 대한 논의는 과장되었다는 것이 상당히 가능성있는 이야기이며, 보다 중요한 사실은 일상적인 가정방문이 없는 가운데 복지클라이언트들은 익명의 공무원으로부터 도움을 구하는 것을 꺼려하게 될 것이라는 점이다. 그들이 설명하는 것처럼, '복지클라이언트들이 주도권을 갖도록 요구하는 것은 대부분의 클라이언트들이 선호하는 것으로 보이는 가치있는 서비스의 감축효과를 가져올 수 있다'. 이러한 쟁점에 대한 연구결과들은 서비스와 소득유지 프로그램이 결합되었을 때, AFDC 수혜자들이 서비스에 대해 더 높은 요구를 하고 더 큰 만족을 표현했다고 밝히고 있다(Piliavin and Gross, 1977).

사회서비스 급부에서 재정원조의 분리와 함께 서비스 전달에 대한 책임성은, 공공기관과 민간부문의 사회복지서비스 공급자들 사이에서 서비스 구매가 증가됨으로써 분산되게 되었다. 1962년의 개정법하에서는, 주정부의 공적부조기관들은 자발적인 기관들로부터 직접적으로 서비스를 구매하기 위해 연방정부의 기금사용을 금지하였다. 그러나 민간기관들과 '정식으로 계약'할 수 있는 다른 공공기관들에게 보조금을 주어 이러한 서비스를 간접적으로 구매하는 것도 가능하였다. 민간

재원으로부터 서비스를 구매하는 기회는 1967년 사회보장 개정법이
일련의 광범위한 프로그램을 구매하는 것에 대한 권위를 부여했을 때
상당히 확대되었다.

마지막으로, 1967년의 사회보장 개정법은 노동유인(Work Incentive:
WIN) 프로그램을 확립하였는데, 이 프로그램은 고용훈련, 주간보호,
그리고 일자리를 구하는 복지 수혜자들에게 재정적인 유인책을 주는
서비스를 제공하였다. WIN의 주요 목적은 전통적인 개별 사회사업에
서 보다 실천적이고 구체적인 근로지향적인 급부로 AFDC 서비스를
바꾸는 것이었다. 1967년 개정법이 AFDC 어머니들에게 직업훈련을
받을 것을 요구하지는 않았지만, 이 프로그램은 진정으로 일하기를 원
하는 사람에게는 일자리가 주어진다는 것과, 일에 대한 기술 부족과
일에 대한 적대적 태도는 훈련과 유인책, 그리고 원조 서비스를 통해
바뀔 수 있다는 2가지 가정에 근거를 두고 복지서비스(welfare service)
에서 노동연계복지(workfare)로 강조점을 상당히 이동시킨 것이다
(Gilbert, 1995).

WIN의 결과는 크게 고무적인 것은 아니었다. 리바이탄과 타가르트
(Levitan & Taggart, 1971)는 1970년 3월까지 WIN에 등록된 167,000
명 중 1/3 이상이 프로그램에서 중도탈락했고, 단지 25,000명만이 일
자리를 얻었다는 사실을 밝혀냈다. 일자리를 얻게 된 사람들은 지원자
층에서 선발되었는데, 그들은 일자리에 가장 잘 준비된 사람들로, 그들
중 상당수는 사회적 원조가 없더라도 조만간 일자리를 찾았을 사람들
이었다. 이 연구는 프로그램이 '너무나도 진부하게 실행된다'는 측면
에서, 'WIN의 확대가 바람직한지 의문스러우며, 심지어 이와 같은 움
직임을 위한 이론적 논의들은 의심스럽기까지 하다'고 밝히고 있다.
WIN의 경험에 대한 또 다른 분석은 그 프로그램의 단점들이 끝까지

지속되었다고 주장한다. 1982년 뉴욕 주에서 WIN 프로그램에 등록했던 AFDC 클라이언트 중 단지 3%만이 일자리를 구했으며, 5%는 그들 자신의 노력으로 일자리를 구한 것으로 나타났다. 1982년의 리바이탄과 타가르트(Levitan & Taggart)의 연구결과에서 결국 서비스를 받은 사람들은 일반적으로 고용되기가 가장 쉬운 사람들, 즉 사회서비스의 도움 없이도 일자리를 가장 잘 구할 수 있는 사람들이었음을 알 수 있다(Sunger, 1984). 1988년, 가족지원을 위한 모델을 형성했던 노동연계 프로그램에 관한 그 이후의 발견들은 다소 고무적인 것이긴 하나, 참여자들 중 실질적인 비율(40%에서 80%까지)은 6개월 이후에서 15개월까지 고용되지 않은 채로 남아 있었다(Gueron, 1987).

3) 1988년의 가족지원법(Family Support Act of 1988)

1988년 WIN은 여러 가지 측면에서 WIN 프로그램과는 다른 가족지원법의 노동연계 급부로 대체되었다. WIN 프로그램과 가장 중요한 차이점은, 아마도 복지 수혜모들의 참여를 강제적으로 지시한다는 것이다. 가족지원법하에서, 연방정부 규정은 3세 이상의 자녀가 있는 AFDC 수혜자들에게 각 주에서 실시하는 직업기회 및 기본기술(Jobs Opportunities and Basic Skills: JOBS) 프로그램에 참여하고 직업을 구하도록 요구하는 것이었다; 주정부는 그들의 재량권으로 한 살짜리 아동이 있는 어머니를 예외 경우로 적용하도록 나이를 더 높일 수도, 낮출 수도 있다. 이 법은 복지를 얼마나 오래 받을 수 있는가에 관한 시간제한이 없다. 그러나 직업훈련과 구직노력을 하지 않는 사람들은 AFDC 보조금이 감축되거나 받지 못할 수도 있다. 이렇게 강제적인 참여로 바뀐 이유는 18세 이하의 아동이 있는 기혼여성들의 노동 참

여비율이 1950년의 24%에서 1970년의 41%, 1990년의 67%까지 꾸
준히 증가하고 있는 것과 관련이 있다(U.S. Bureau of the Census,
1992). 중산층의 주부 취업률이 전례없이 높자, 대다수의 여론은 실업
상태에 있는 여성가장의 가족들을 위한 공적 원조라는 AFDC의 본래
임무에 대한 호응이 감소되었다. 직업훈련 프로그램에 참여할 것을 요
구하는 것 외에 가족지원법은 가족이 취업하여 수입이 증가하면 공적
부조 보조금을 받는 자격에 더 이상 적합하지 않음에도 불구하고, 이
후 12개월 동안은 아동보호 및 의료부조 서비스를 제공함으로써 임금
고용에 진입하고자 하는 동기를 제공하였다.

   이 법은 직업훈련과 구직활동에 대한 요구 및 유인책 이상으로 사회
통제를 엄하게 하고, 복지에 대한 사회적 의무와 권리의 균형을 맞추
는 것에 목적을 둔 다른 규정들을 부과하였다. 3세 이하의 아동이 있
는 10대 어머니들은 고등학교 교육을 마치거나 혹은 고등학교와 동등
한 졸업증을 획득할 것을 요구받는다. AFDC를 신청한 독신 어머니들
은 아동부양에 함께 책임을 져야 하는 아버지를 찾는 데 협조해야 하
고, 미혼의 10대 어머니들은 부모나 다른 성인 친척들과 함께 살거나
양육가정(foster home) 또는 다른 성인이 관리하는 생활공간에서 거주
해야 한다. 1988년의 가족지원법에 의해 부과된 근로연계복지 프로그
램에서의 강제적인 참여, 교육적인 요구, 사회통제, 그리고 부성
(paternity) 확립에 대한 요구는 대체로 복지 권한을 수반하는 시민의
의무와 사회의무를 강조하는 사회보호철학이 변화하고 있음을 반영한
다(Mead, 1986; Gilbert, 1995). 그러나 1990년 중반에 이르면, 복지
개혁은 사회적 의무와 복지권한의 균형에 대한 관심이 사실상 복지권
한을 폐지하는 쪽으로 나아가게 된다.

4) 1996년 빈곤가족 일시부조 프로그램
(Temporary assistance to needy families program of 1996)

1996년 개인책임 및 노동기회조정법(Work Opportunity Reconcilia-tion Act)의 통과로, AFDC 프로그램은 빈곤가족에 대한 일시부조(Temporary Assistance to Needy Families: TANF) 프로그램으로 대체되었다. TANF하에서 주정부는 자녀가 있는 빈곤가족에게 소득을 지원하기 위해 일정 수준의 연방기금을 받게 된다. 연방정부가 모든 주정부에 할당하는 전체 금액은 임시기금 20억 달러를 포함하여 일년에 153억 달러로서, 이는 1994년 AFDC에 사용된 금액에 근거한 것이다. AFDC 담당건수가 최근 몇 년에 걸쳐 대부분의 주정부에서 감소하였기 때문에, 연방정부의 총괄교부금 할당은 복지 담당건수의 현재 비용을 충당하기에 적당할 것이다(Guyer, Mann, and Super, 1996). 그러나 연방정부 보조금은 변화하고 있는 욕구의 수준과는 관련이 없다. 경기침체 동안 복지 담당건수가 증가하고 주정부는 총괄교부금을 다 써버린다면, 그리고 만일 주정부가 재정적인 자원과 보충기금을 제공하고자 하는 정치적 의지가 없다면, 공적부조 신청자들은 원조를 받을 수 없을 것이다. 따라서 AFDC하의 제한없는 기금을 대신하여 TANF 총괄교부금으로 대체함으로써, 이러한 개혁은 사회보장법에 의해 61년 전에 부여받았던 공적부조에 대한 국민의 권리를 효과적으로 제거하였다. 비록 이 권리가 얼마 안되는 것이라고 할지라도, 재정적인 어려움에 처해 있는 가족에게는 최소한의 물질적 원조를 보장한다는 점에서 중요한 것이었다.

빈곤가족 공적부조에 대한 연방차원의 기금에 한도액을 부과함으로써, 복지에 대한 연방정부의 권한 부여를 폐지하는 것 외에, TANF는

공적부조의 기본적인 특성에 몇 가지 전면적인 변화를 가져왔는데, 그
중 가장 중요한 것은 주정부에 책임을 이전한 것이다. 연방정부의 총
괄교부금은 주정부가 합리적으로 계산한 방식에 따라 사용하는 것인
데, 이 방식은 해당법의 일반적인 목적을 증진시킨다. 따라서 주정부
는 현금부조, 비상원조, 아동보호, 직업훈련, 교육, 그리고 직업보조금
등을 공급하기 위한 연방기금의 할당에 대해 상당한 재량권을 가지게
된다. 주정부는 복지 수혜자들에게 동기를 주기 위하여 유인책과 제재
를 고안하는 데 광범위한 재량권을 가진다; 예를 들어, 캘리포니아에
서 급여는 학교 출석과 관련이 있으며, 미시건에서는 요구받은 아동양
육비를 주지 않는 아버지들은 운전면허증과 기타 다른 전문직종 자격
증을 잃게 된다. 또한 TANF하에서 주정부는 빈곤가족의 특정 부류에
(새로 이사온 거주자와 같은) 대한 원조를 제한하고, 복지급여를 받는 동
안 자녀를 가지는 어머니들에게 부가급여를 중지함으로써 주정부의
원조방식에 대한 '가족한계(family caps)'를 부과하여 주정부가 선택하
는 만큼이나 많은 서비스 전달을 구조화하는 데 권한을 가지게 된다.
1967년 복지개혁과 함께 시작된 서비스 전달의 민영화를 향한 움직임
은 TANF하에서 더욱 활발하게 추진되었다. 많은 주정부가 직업훈련
과정들을 민영화하기 시작했으며, 일부 주정부는 전체 소득유지 프로
그램을 관리하기 위하여 록히드 마틴(Lockheed Martin)과 일렉트로닉
데이터 시스템(Electronic Data Systems)과 같은 주요 회사들과 계약가
능성을 탐색하기 시작하였다. 소득유지 기능을 위한 행정책임을 완전
히 민영화하려는 주정부의 시도는 클린턴 행정부에 의해 한동안 방해
받았다. 그러나 여전히 주정부들은 조직을 민영화하기 위하여 사회복
지 프로그램의 주요 부문에 대한 계약을 허용하였다(Gilbert and
Terrell, 근간).

그러나 TANF가 주정부에게 그들의 계획에 따라 복지 프로그램들을 조직화하고 기금을 할당하며, 주정부의 계획에 따라 결과를 사정하도록 실질적인 권한을 부여하였음에도 불구하고 이 프로그램은 다수의 엄격한 연방정부 규칙으로 짜여진 채 남아 있다. 실제로, TANF는 대부분 '지원받을 가치가 없는(undeserving)' 빈곤자들(그들 자신의 집에서 살고 있는 10대 어머니들, 아버지를 찾는 데 비협조적인 어머니들, 마약범죄자로 유죄선고를 받은 자들과 같은)의 여러 부류들에 대한 원조를 금지하면서, 주정부에 대해 '개인적 책임(personal responsibility)'이라는 훨씬 중요한 규정을 강요하고 있다. 또한 연방정부의 규정은 주정부가 고용에 대한 엄격한 시간표를 지키도록 의무화하고 혼외임신과 미성년자 강간에 대한 교육 및 훈련 프로그램에 대해 더 많은 관심을 가질 것을 요구한다. 연방정부의 지시에 의하면, TANF하에서 원조를 받은 2년 후에 복지 수혜자들은 계속 급여를 받기 위해서 취업과 관련된 일종의 활동을 필요로 한다. 그러나 스몰렌스키, 이븐하우스 및 릴리(Smolensky, Evenhouse & Reilly, 1997) 등이 지적하는 것처럼, 이러한 2년이라는 시간제한은 노동 조건이 어떻게 만족되어야 하는지에 대해서 정확하게 규정하고 있지 않다. 예를 들어, 자영업이나 가족구성원을 위해 일하는 것, 자원봉사자, 혹은 비임금노동 등이 직업으로 포함되는지는 분명하지 않다.

연방정부의 규정 중 가장 엄격한 것은 연방정부의 원조가 60개월로 한정된다는 것이다. 60개월의 제한은 취업이 되지 않은 수혜자에 대한 최초 2년간의 원조가 지나면, 주정부가 수혜자들에게 그들의 생애에서 총 5년 이상의 현금부조 제공을 금지하는 것을 의미한다. 이러한 규정 하에서도, 가족의 궁핍으로 인한 경우에는 주정부가 5년간의 시간제한으로부터 TANF 수혜자의 20%까지 면제시킬 수 있다. 주정부의 정책 입안자들에게 제기되는 결정적인 문제 중 하나는 5년간의 제한으로부터 면제되는 자격이 주어질 수 있는 '가족궁핍(family hardship)'이 무엇인가에 대해 그 특성과 엄격함을 규정해야 하는 것이다. 이미 에이즈(AIDS/HIV) 희생자, 기타 만성질병, 매 맞는 아내, 그리고 친지 양육보호를 제공하고 있는 조부모 등과 같은 빈곤집단을 위한 대변인들은 그들의 고객을 보호하기 위해 움직이고 있다(Swarms, 1997). 그러나 5년간의 제한으로부터 면제되는 대상을 20%까지 허용함에도 불구하고, 이러한 규정의 강화는 많은 가족들에게 심각한 어려움을 초래하게 될 것이다. 복지 기간의 길이에 관한 분석은, 복지수혜 등록을 한 사람들의 37%(일회 등록자 분석)에서 49%(다중 등록자 분석)에 해당하는 이들이 5년 또는 그 이상 등록자로 남아 있을 것이라고 밝히고 있다(U.S. House of Representatives, 1994). TANF의 취업요구 단계, 시간제한이 적용되기까지의 5년간의 기간, 실행 초기 기간 동안 충분한 규모의 총괄교부금 등을 포함하고 있는 1996년 개혁의 완전한 함의가 완전히 알려지는 데는 어느 정도 걸릴 것이다. 향후 5년에서 8년 동안 가장 능력있는 수혜자들은 노동시장에 진입하고, 가장 큰 사회, 경제적 결핍을 가진 가족에 대한 담당건수가 서서히 줄어들면서 복지개혁-장기적인 복지 수혜자들을 복지로부터 취업을 하도록 만드는-에 대한 기본적인 도전이 나타날 것이다.

5) 전문적 실천에 대한 함의
(Implications for Professional Practice)

최근 35년간에 걸친 복지개혁의 주요 4단계 과정에서, 소득유지와 사회복지서비스에 대한 중앙정부의 권한은 감소되었으며, 지방정부의

<표 3-1-1> 복지개혁과 사회통제

개혁	법적 강조	클라이언트에 대한 요구사항	전문적 역할
1962년 '서비스' 개정	사회복귀 서비스 개별사회사업/상담	서비스 수용	임상적/치료적 서비스
1967년 근로유인 (WIN) 프로그램	'하드(Hard)' 서비스 직업훈련/유인책	직업훈련에 자발적으로 참여	조정/직업훈련활동에 대한 사례관리
1988년 가족지원 프로그램(FAP)	직업훈련 및 구직 유인책	훈련에 강제적으로 참여	사례관리/훈련참여 모니터링
1996년 빈곤가족 일시부조(TANF)	고용/유인, 제재, 기권 등이 있는 시간제한 적인 급여	강제적인 훈련 및 근로	사례관리/고용, 시간제한의 모니터링. 기권 및 제재를 평가

책임과 민간서비스의 전달은 증가되었다. 또한 서비스 기능은 사회복귀를 위한 개별 사회사업 및 상담활동에서 직업훈련이나 구직활동, 지방고용 등으로 그 강조점이 바뀌었다. <표 3-1-1>에서 보는 바와 같이, 복지(welfare)에서 노동연계복지(workfare)로의 이동은 꾸준히 확장되는 사회통제기능과 더불어 이 분야에서 사회복지사의 전문적 역할을 고취시켜 왔다. 공적부조의 공급형태는 욕구에 기초한 연방정부의 권한에서부터 유인책과 제재를 통해 수혜기간의 제한을 전제로 하는 예산 급여형태로 변화되고 있으며, 이에 복지클라이언트들은 점차적으로 취업관련 활동에 강제적으로 참여하게 되었다. 일반적으로, 이러한 전개양상은 사회복지에 대한 시장 중심적인 접근이 우세하게 떠오르고 있음을 반영한 것인데, 사회복지서비스라는 질적으로 측정하기 어려운 요소들을 과소평가하게 만들지도 모르는, 측정 가능한 결과들과 효율성에 대한 강조로 인해 공공복지기능들을 외부 민간공급자들과 계약하는 상황이 벌어지고 있다(Gilbert and Gilbert, 1989).

공적복지영역에서의 이러한 전개는 사회복지의 미래에 어떤 함의를 가지는가? 1962년 이후, 공공복지에서 사회복지서비스의 특성이 변화

되어 왔다는 것은 분명한 사실이다. 즉 직업훈련 및 고용 활동에 대한
강제와 행동적인 유인에 대한 선호 속에서 치료 및 상담 활동들은 거
의 없어졌다. 스토스(Stoesz, 1997)는 "현재 복지부문에서 500만 명 혹
은 그 숫자의 가족들의 행동을 재조정하기 위해 고안된 일종의 방침,
감독, 제재를 할 수 있는 자격을 가진 정부복지행정기구가 산출한 최
종비용 계산은 어느 누구도 문제삼지 않는다"고 말한다. 스토스는
TANF가 '사회복지사들의 완전고용법(Social Workers' Full Employ-
ment Act)'으로 보이는 것은 시간문제라고 생각한다. 비록 TANF가
사회복지 전문직에서 추가적인 고용기회를 창출할 것이지만 전문 사회
복지사들은 클라이언트에 대한 방침, 감독, 제재자격 같은 부분이 과중
되는 위치로 자연히 옮겨갈 것이다.

　실제로, 스펙트와 커트니(Specht & Courtney, 1994)는 TANF의 도
래에 앞서 전문 사회복지사들이 공공 사회서비스 분야를 떠나 민간 사
회복지 실천의 장으로 대거 이동하고 있다고 주장한다. TANF는 공공
복지 분야에서 공공 사회복지서비스의 전통적 윤리를 손상시키는 사회
적 통제와 민영화로의 이행을 가속화시킬 것으로 보인다.

⊠ 참고문헌

Department of Health, Education and Welfare(1974) *Social Security Bulletin*, Washington, D.C., Government Printing Office.

Department of Health and Human Services(1996) *Indicators of Welfare Dependence and Well-Being: Interim Report to Congress*, Washington, D.C., Department of Health and Human Services.

Derthick, M.(1975) *Uncontrollable Spending for Social Service Grants*, Washington, D.C., Brookings Institution.

Gilbert, N. and Terrell, P.(forthcoming) *Dimensions of Social Welfare Policy*, Boston, Allyn and Bacon.

Gilbert, N.(1995) *Welfare Justice: Restoring Social Equity*, New Haven, Yale University Press.

Gilbert, N. and Gilbert, B.(1989) *The Enabling State: Modern Welfare Capitalism in America*, New York, Oxford University Press.

Gueron, J.(1987) Reforming Welfare with work, *Public Welfare*, Fall, 45:4 pp. 13-25.

Guyer J., Mann, C. and Super, D.(1996) *The Timeline for Implementing the New Welfare Reform Law*, Washington, D.C., Center on Budget and Policy Priorities.

Handler, J. and Hollingsworth, J.(1971) *The Deserving Poor: A Study of Welfare Administration*, Chicago, Markham Publishing.

Handler, J. and Hollingsworth, E. J.(1969) "The administration of social services and the structure of dependency: The views of AFDC recipients," *Social Service Review*, 43:4, p. 412.

Kermish, I. and Kushin, F.(1969) "Why high turnover? Social work staff losses in a country welfare department," *Public Welfare*, April, 18. p. 138.

Levitan, S. and Taggart, R., Ⅲ(1971) *Social Experimentation and Man-power Policy: The Rhetoric and the Reality*, Baltimore, Johns Hopkins

University Press.

McEntire, D. and Haworth, J.(1967) "Two functions of public welfare: Income maintenance and social service," *Social Work*, 12:1, pp. 24-25.

Mead, L.(1986) *Beyond Entitlement: The Social Obligations of Citizenship*, New York: Free Press.

Piliavin, I. and Gross, A.(1997) "The effects of separation of services and income maintenance on AFDC recipients," *Social Service Review*, 51, sept., pp. 389-406.

President's Commission on Income Maintenance(1970) *Background Papers*, Washington, D.C., Government Printing Office.

Rein, M.(1975) "Social services as a work strategy," *Social Service Review*, 49, December, p. 519.

Steiner, G.(1971) *The State of Welfare*, Washington, D.C., Brookings Institution.

Sunger, M. B.(1984) "Generating employment for AFDC mothers," *Social Service Review* 58:1, p. 32.

Smolensky, E., Evenhouse, E. and Reilly, S.(1997) *Welfare Reform: A Primer in 12 Questions*, San Francisco, Public Policy Institution of California.

Specht, H. and Courtney, M.(1994) *Unfaithful Angels: How Social Work Abandoned Its Mission*, New York: Free Press.

Stoesz, D.(1997) "Welfare Behaviorism," *Society*, 34:3, pp. 68-77.

Swarms, R.(1997) "Welfare family advocates, once allies become rivals," *The New York Times*, March 27, p. Al.

U.S. Bureau of the Census(1981) *Statistical Abstract of the United States*: 1981, Washington, D.C., Government Printing Office.

_____(1992) *Statistical Abstract of the United states*, Washington. D.C., Government Printing Office.

U.S. House of Representatives(1994) *Overview of Entitlement Programs*:

1994 Green Book, Washington, D.C., Government Printing Office.

Welfare to Work(1997) 'Data File', 6:16(August 25th).

제2장
복지개혁, 그 함의와 대안
(Welfare Reform: Implications and Alternatives)

1) 들어가는 말(Introductions)

세부적인 것들이 확정되지 않았음에도 불구하고, 부양아동가족부조 (Aid to Families with Dependent Children: AFDC) 프로그램의 개혁에 대한 의회안의 청사진은 1995년 예산조정법안(대통령에 의해 거부된)에 포함되어 있었다. 그것은 AFDC의 본질적인 특성을 개조하게 되는 변화에 대한 청사진이다. 만일 의회가 그 방침을 가지고 있다면, AFDC 프로그램을 위한 기금은 제한이 없는 범주의 보조금에서 회계년도 1996년에서 2002년까지 163억으로 동결될 총괄교부금(Block Grant)으로 전환될 것이다. 이 개혁안은 수혜자들에게 그들의 생애 5년 동안 원조를 받은 가정은 더 이상 현금부조를 받을 수 없도록 제한하며, 급여를 받는 동안 2년 안에 일을 하도록 요구한다. 개혁안은 혼외출생의 감소를 위해 총괄교부금의 증가와 관련된 재정적인 동기를 부여하고, 자격에 있어 5년간의 제한을 두게 함으로써 주정부가 그들의 AFDC 사례건수의 15%를 줄이도록 하는 것과 같은 부가적인 뉘앙스를 담고 있다.[1]

그러나 기본적으로, "우리가 알고 있는 것과 같은 복지를 끝내는"

것이라는 빌 클린턴의 선거 약속을 정확하게는 아니더라도, 계획한 그
대로 달성하게 되는 AFDC의 근본적인 변화는 수혜기간 제한이라는
자격강화에 의한 총괄교부금과 노동할 것을 요구하는 조치이다.

AFDC가 이전의 내용과 다를 것이라는 것은 분명하나, 이러한 급진
적인 개혁이 어떤 결과를 가져올지는 불확실하다. 따라서 이 글에서
연구분석할 내용은 총괄교부금에 의해 촉진될 주정부 차원에서의 실험
이 가진 문제와 전망, 그리고 총괄교부금하에서의 공공 복지서비스의
미래, 근로 요구가 가지고 있는 태생적인 한계들이다.

그리고 의회안이 제기한 문제와 쟁점들을 극복할 복지 개혁에 대한
대안적 접근들을 모색하고자 한다.

2) 총괄교부금: 자격 종결/ 실험 증진
(Block Grants: Ending Entitlement/Promoting Experiment)

AFDC에 대한 연방정부의 기금을 제한이 없는 자격기준에서 총괄교
부금으로 바꾸는 계획은 공적부조에 대한 권리를 제한시키고, 주정부
기관에 이 프로그램들에 대한 기본적인 책임을 위임함으로써 복지에
대한 연방정부의 지출을 감소시킨다. 총괄교부금 협정하에서, 주정부
는 재정적으로는 압박에 시달리나 행정적으로는 그들의 선호에 따라
AFDC 프로그램을 재설계함으로써 이 프로그램을 실험하는 것에 재량
권을 가지게 될 것이다.

---

1) Social Legislation Info. Serv., "Budget Reconciliation Act Social Programs," *Wash. Social Legislation Bulletin*, Nov. 27, 1995, at 85, 86. On August 22, 1996, 이 심포지엄 후에, 클린턴 대통령은 1996년도의 개인책임 및 근로기회 조정법에 서명했다, Pub. L. No. 104-193, 110 Stat. 2105(1996). 다른 급부 중에서, 개인책임 및 근로조정법은 AFDC 프로그램에 61세 노인을 없앴다. *Ibid.*

주정부는 총괄교부금을 예상하고, 그들의 AFDC 프로그램들을 실험
해 보기 시작했다. 현재 AFDC를 관리하는 분류정책에 대해 연방정부
의 간접배제를 보장하므로, 2/3 이상의 주들이 이미 복지 수혜자들의
행동변화를 위해 설계한 1개 이상의 실험조치들을 채택하였다.[2] 자급
자족(self-sufficiency)을 장려하는 이러한 실험적 조치들은 수혜자들이
고등학교와 동등한 졸업장을 따도록 노력해야 하며, 미취학 아동이 있
는 수혜자들에게 벌을 가하고, 그리고 수혜자로 등록되어 있는 동안
자녀를 더 가지는 어머니에게는 급여를 증가시키지 않는 등 필요에 따
라 혜택을 주는 정책을 포함한다.[3] 일부 주정부는 AFDC 수혜모들이
자녀의 아버지가 아닌 남성과 결혼을 하더라도 그녀의 자녀에게 제공
할 공적부조 보조금의 몫을 그대로 가질 수 있도록 허용하는 조치들을
시작했다.[4] – 이것은 AFDC 어머니들이 결혼하도록 만드는 동기를 부
여하지만, 그들 자녀들의 아버지에게는 그렇지 않다.

인간행동을 변화시키기 위한 유인책을 사용함으로써, 이러한 다양한
실험적 조치들은 AFDC의 공공비용을 줄이고, 노동참여를 증가시킬
것으로 기대된다. 그러나 이러한 종류의 사회공학은 계획된 대로 정확
하게 운영되지는 않는다. 실제로 기대하지 않은 결과를 예상한다는 것
은 아마도, 사회정책에서 주요 변화들에 대한 과거 경험으로부터 나오
는 가장 신뢰할 만한 교훈이다. 총괄교부금이 AFDC에 대해 실험을
할 수 있도록 주에 재량권을 줌에 따라, 비용과 AFDC 사례건수를 줄

---

2) Douglas J. Besharov & Karen N. Gardiner, "Paternalism and Welfare
   Reform," *Pub. Interest*, Winter 1996, at 70, 82.
3) James J. Florio, "New Jersey's Different Approach," *Pub. Welfale*, Spring
   1992, at 7, 7; Robert Greenstein, "Cutting Benefits vs Changing Behavior,"
   Pub. Interest, Winter 1996, at 22, 22-23; Lawrence M. Mead, "How Should
   Congress Respond," *Pub. Interest*, Winter 1996, at 14, 14.
4) Florio, *supra* note 4, at 7.

이기 위해 설계된 유인(incentive)지향적인 정책들이 의도하지 않은 성
과들을 가져올 가능성이 있다. 유인지향적인 정책으로부터 나올 수 있
는 의도하지 않은 결과에는 4가지 유형이 있는데, 다음과 같다.[5]

첫째, 복지 수혜자들이 행해야 할 것(직업훈련 참여나 적극적으로 직업
을 구하는 행위, 그리고 공공 근로 프로젝트에 참여하는 등)을 하지 않아 처
벌하는 조치들은 계획된 비용을 넘어설 만큼 관리비용이 많이 들 수
있다. 이러한 비용들은 수혜자들이 수락할 때까지의 과정을 보장하고,
항소절차들을 관리하기 위해 쓰인다. 즉 그 항소과정은 판결이 신체적
질병이나 심리적 장애, 중독행위, 장애, 가족 위기 등으로 프로그램의
요구에 승낙할 수 없다고 주장하는 복지 수혜자들에 대하여 진단을 필
요로 할 때 특히 많은 비용이 들 수 있다. 예를 들어, 급여가 거부된
청구자가 주정부 기관의 재검토를 요구할 수 있는 장애보험 프로그램
의 다단계 항소체계에서의 경험을 생각해 보자; 만일 다시 거부된다면,
그 청구자는 행정법 판사(ALJ) 앞에서 발언의 기회를 가질 수 있다;
그리고 그 판사에 의해서도 기각된다면 그 청구자는 항소위원회가 검
토하는 마지막 수단으로서의 기회를 가질 수 있다. 1993년, 주 기관
차원에서 746,425건의 항소가 있었으며, 이러한 사례 중 346,423건은
두 번째 단계인 ALJ까지 절차를 밟았으며, 68,253건은 마지막의 항소
위원회까지 갔다.[6]

둘째, 훈련 및 주간보호서비스 급부와 같이 적극적인 행동을 장려하
고 가능케 하는 조치들은 처음에 프로그램 비용을 증가시킬 뿐 아니라
장기간에 걸쳐 고비용을 초래할 수 있다. 왜냐하면 이러한 조치들은

5) Neil Gilbert, *Welfare Justice: Restoring Social Equity* 79-81, 1995.
6) Staff of H. R. Comm., On Ways and Means, 103D Cong., 2D Sess.,
Overview of Entitlement Programs: The 1994 Green Book 56, 57(Comm. Print
1994).

'크림현상(creaming)'[7]이라는 잘 알려진 문제에 취약하기 때문으로, 부
가적 급여는 이러한 유인책이 없더라도 일자리를 얻을 수 있는 이미
고도로 동기화가 된 사람들에게 전달된다. 이러한 것이 복지개혁에 있
어서의 초기 경험이었다. AFDC 수혜자 중, 그들 자신의 노력으로 수
혜대상에서 벗어나는 일부의 사람들이 항상 있다. 예를 들어, 사 르비
탄(Sar Levitan)과 로버트 타가트(Robert Taggart)의 노동유인 프로그램
(Work Incentive Program: WIP)에 대한 평가는 1970년 경 일자리를
찾는 이 프로그램의 등록자 25,000명 중 대부분이 일할 준비가 가장
잘된 후보자임을 보여주었는데, 이러한 사람들은 부가적인 이 프로그
램의 급여 없이도 조만간 고용될 사람들이었다.[8]

  셋째, 복지급여 접근을 제한하는 조치들은 AFDC의 즉각적인 비용
은 줄일 수 있다 하더라도 결국 다른 프로그램 영역에서 이러한 비용
들이 다시 쓰이게 된다. 복지 수혜모들이 학교에서 계속 유급하거나
주어진 기간 내에 일자리를 찾지 못해서 또는 다른 이유 등으로 급여
를 거부당함으로써 공적부조의 비용이 줄어들었다고 하더라도 줄어든
공적부조의 그 비용은 결국 무주택자 보호소, 아동보호 서비스, 그리
고 식품권(food stamp)을 위한 공적지출을 증가시키게 된다. 이러한
사실은 이미 나타나고 있다. 캘리포니아가 1991년도에 AFDC에 관한
주정부 지출을 108억 달러 정도 줄인 후, 주 거주자 식권을 위한 연
방정부의 지출이 40억 달러 정도 상승했다고 주정부 예산분석가는 계

---

7) 크림현상: 정책은 그것을 필요로 하는 사람을 대상으로 해야 함에도 불구하고
  이미 자격을 갖추고 있는 준비된 사람들에게만 혜택이 부여되고 준비되어 있
  지 않은 사람들은 혜택을 받지 못하여 원래 목적과 취지와는 어긋나는 경우를
  말한다(역자주).
8) Sar A. Levitan & Robert Taggart Ⅲ, *Social Experimentation and Manpower
  Policy: The Rhetoric and The Reality*, 52(1971).

산해냈다.[9] AFDC에서부터 다른 프로그램들로 공적인 부담을 이전시
키는 과정에서, 급여의 최초의 감퇴는 원조와 재적응이라는 장기적인
비용을 상승시키면서 궁핍한 사람들의 문제를 한층 악화시키는 것일
지도 모른다.

마지막으로, 재취업을 위한 다양한 프로그램들을 통한 보상조치들은
실질적으로 도덕적 해이(moral hazard)를 가져올 위험이 있다. 캐롤린
위버(Carolyn Weaver)가 지적하는 것처럼, 문제는 이러한 조치들이 아
직까지 일을 하고 있는 사람을 위한 동기창출은 전적으로 무시하며 단
지 재취업 근로자를 위한 프로그램만 취급함으로써 "노동유인 쟁점의
절반만을 다룬다"는 것이다.[10] 이 문제는 하나의 성공적인 모델 사례
로서 널리 알려진 AFDC '노동연계복지(workfare)' 졸업생에 의해 명
백하게 밝혀졌다. 이 졸업생은 복지 수혜자들에게 노동연계복지 급여
로 제공하는 직업훈련을 받기 위하여 다니던 일자리를 떠났다는 것이
밝혀졌다.[11] 이러한 일화적인 증거 이상으로, 워싱턴의 복지클라이언
트들에게 재정적인 유인책과 증가된 사회복지 서비스를 제공하는 5년
간 시범 프로그램인 가족독립 프로젝트(Family Independence Project)
는 복지 수혜자의 수입에는 거의 영향을 미치지 못했으나 복지 수혜는
증가시켰다는 것을 듀엔 라이(Duane Leigh)가 밝혀냈다.[12] 유사하게

---

9) Douglas J. Besharov, "The Welfare Balloon: Squeeze Hard on One Side and
   the Other Side Will Just Expand," *Wash. Post*, June 11, 1995, at C4.
10) Carolyn L. Weaver, "Reassessing Federal Disability Insurance," *Pub. Interest*,
    Winter 1992, at 108, 120.
11) Mickey Kaus, "The Work Ethic State," *New Republic*, Jul. 7, 1986, at 22,
    28.
12) Duane E. Leigh, "Can a Voluntary Workfare Program Change the Behavior
    of Welfare Recipients?," New Evidence from Washington States's Family
    Independece Program(FIP), 14 *J. POL'Y Anatysis and MGMT.*, 567, 567
    (1995).

도, 로버트 모피트(Robert Moffitt)의 미시적 모의실험 모델로부터의
평가는 어떤 조건하에서는 고용 및 훈련 프로그램에서 나오는 급여가
복지명부의 등록률에 긍정적인 효과가 있음을 밝히고 있다.13)

총괄교부금 제도의 도입하에서 증가될 수 있는 사회적 실험의 전망
을 평가하는 데 있어, 많은 유인지향적인 정책들의 성공은 일자리의
유용성에 의존한다는 것을 간과해서는 안된다. 노동에 대한 강한 욕구
는 그 자체로서 근로자들이 훈련이나 재훈련을 받을 동기가 된다.14)
고실업의 시기에, 유인지향적인 조치들은 몇몇 소수의 근로자들을 노
동시장으로 강요할 수 있다. 그러나 취업을 위한 행동유인책에서 나오
는 사회압력들이 제한된 고용기회와 충돌함에 따라 수많은 복지 수혜
자들은 좌절감 증가의 경험을 동시에 가질 것이다. 따라서, 유인지향적
인 정책들은 그 정책이 장려하도록 설계된 사람들의 사기를 떨어뜨림
으로써 끝을 맺을 수 있다.

유인지향적인 정책의 실험 외에, 총괄교부금제도 또한 주정부에 적
격성 기준을 규정하고 급여수준을 정함에 있어서 더 큰 융통성을 허용
할 것이다. 동시에, 총괄교부금제도하에서 제안된 연방정부 원조의 전
반적 감축은 주정부에 재정적 압력을 가할 것이다. 일부 비판가들은
주정부가 직접비용을 삭감하기 위해 급여를 중단하는 것뿐만 아니라
이웃의 주들로부터 복지혜택을 받기 위해 이주하는 것까지 못하게 함
에 따라, 이러한 것이 최악의 결과를 초래하지 않을까 우려하고 있
다.15) 만일 뉴욕 주지사인 파타키(Pataki)의 최근 제안들이 어떤 시사

13) Robert A. Moffitt, "The Effect of Employment and Training Programs on
    Entry and Exit from the Welfare Caseload," 15 *J. POL'Y Analysis & MGMT.*,
    32. 39-48(1996). 이 결과는 또한 등록률에 대해서 약간의 부정적 결과도 보
    여주는데, 이는 노동프로그램 참여에 대한 부담 때문이다. *Ibid.*
14) Walter W. Heller, "Employment and Manpower," in *Men Without Work* 68,
    92(Stanley Lebergott ed., 1964)

점이 있다면, 그 진행은 이미 연방정부의 개혁을 예시하기 시작한 것
일 것이다. 뉴욕 주지사의 제안은 뉴욕의 AFDC 보조금을 26% 정도
감소시키는 계획을 포함하고 있는데, 이 계획은 뉴욕의 급여를 뉴저지
의 수준으로 만드는 것이다.16)

   총괄교부금제도는 재정압박을 증가시킬 것이며, AFDC 비용을 줄이
고 자급자족을 증진시키기 위해 설계한 조치의 실험에 행정권한을 증
가시킬 것이다. 총괄교부금제도는 심지어 최악의 경우까지 진행될 수
도 있다. 복지 수혜자들은 새로운 협정하에서 근로동기가 부여될 것인
가? 그들은 더 큰 박탈의 고통을 당할 것인가? 복지비용은 줄어들 것
인가? 총괄교부금으로의 이전은 유인지향적인 정책의 예기치 않은 결
과에 대해 많은 관심을 불러일으켰으며, 보조금 수준에서의 사회공학
이나 주택 할인이 클라이언트 행동에 어느 정도 영향을 미쳤는가 그리
고 우리가 알고 있는 대로 얼마나 더 나은 수준으로 복지를 변화시키
는가 하는 정도에 관심을 가져왔다. 그러나 총괄교부금제도에 공적 사
회복지서비스의 미래와 관련이 있는(복지비용과 클라이언트의 행동만큼
명백하지 않아도) 또 다른 함의가 있다.

3) 총괄교부금제도하에서의 공공 사회복지서비스의 미래
   (The Future of Public Social Services Under Block Grants)

   1970년대 초반 이후, 민간기관이 전달하는 서비스를 위해 공공기금
이 이용되는 제3자 서비스 구매가 상당히 성장해왔다.17) 이러한 서비

---

15) *Fear of Attracting Poor Could Push to Slash Aid*, Vol. 4, No. 11, 4 *Welfare to
   Work*, Pub. No. 11, 84, 84-85(MII Publications, 1995).
16) James Dao, "Pataki to Propose Sharply Reducing Welfare Benefits," *N. Y.
   TIMES*, Dec. 3, 1995, at 1, 47.

스계약은 복지를 위한 총괄교부금제도하에서 증가할 것이 분명하며, 그 증가는 지역사회에 기반을 둔 기관들 사이에서 계약되는 것 같다.

최근에, 필자는 캘리포니아의 복지부 관리자들 6명이 모이는 자리에 참석한 적이 있는데, 다음과 같은 질문을 받았다: 만일 복지 프로그램에 대한 총괄교부금을 만들기 위한 의회안들이 이행되어서 그 주정부가 지역 차원에서 총괄교부금제도를 통과시킨다면, 당신은 어떻게 할 것인가? 가설적으로, 독창력을 막는 연방 규정으로부터 자유로우며 새로운 시도에 자유롭고 지역이 필요로 할 때 기금이 할당된다면, 복지관리자 모두가 만장일치로 그 제도의 도입에 동의했을 것이며, 지역사회에 기반을 둔 민간부문에서의 기관들과 함께 서비스에 대하여 점차적으로 계약을 하게 될 것이다.

지역에 기반을 둔 민간조직들과 계약하는 것에 대한 최근의 열성은 1960년대 중반, 지역사회운동 이후 보이지 않았던 지역사회에 기반을 둔 기관들의 열성적 참여 수준을 의미한다. 이것은 우파의 자유시장 이데올로기와 좌파의 시민참여 및 세력형성의 목적이라는 두 가지의 가정들이 적절하게 수렴되면서 시작되었다: 첫째, 민영화는 사회복지 서비스의 생산과 전달에 가장 효율적인 접근방법을 제시하고 있다.[18] 둘째, 지역기반조직들은 공적 관료제보다 더 효과적이고 대응적인데, 왜냐하면 개인과 국가 사이를 중재하면서 서비스받는 사람들과 더 가

---

17) Sheila B. Kamerman & Alfred J. Kahn, "Child Care and Privatization under Reagan," *Privatization and The Welfale State*, 235, 244-45(Sheila B. Kamerman et al. eds., 1989); Neil Gilbert, *Capitalism and The Welfale State*, 7-10 (1983).

18) Neil Gilbert & Barbara Gilbert, *The Enabling State*, 34(1989); Ken Judge & Martin Knapp, "Efficiency in the production of Welfare: The Public and the private Sectors Compared," *The Future of Welfare*, 131, 131-32(Rudolf Klein et al. eds., 1985).

깝게 위치하기 때문이다.[19]

첫 번째 가정에서 볼 때, 민영화의 효율성은 추정되는 경쟁의 이점과 시장 외부에서 비용 및 경쟁이라는 제한을 가지는 공공관료제의 실패(이익집단과의 거래에 대한 정부의 대응하에서), 이 양자와 밀접하게 연관이 있다. 이러한 가정에 의문을 제기하는 사람들은 서비스의 제3자 구매가 소비자 선택에 대응한 경쟁력을 손상시키기 때문에 시장 메타포(market metaphor)가 사회복지서비스 영역에는 그대로 적용되지 않는다고 주장하고 있다.[20] 전체적인 상호거래는 그 서비스에 대해 지불하지 않는 개인 소비자에 의해서도, 그 서비스를 직접 수령하지 않는 구매자(공공기관)에 의해서도 간파되지 않는다. 더구나 사회복지서비스 소비 인구, 즉 아동, 노인, 그리고 빈곤자들은 취약하며, 정보가 별로 없는 소비자들이다. 얻는 것에 대해 지불 가능한 소비자들, 즉 정보를 잘 알고 있는 소비자들에 의해 부과된 시장규율의 부재 속에서, 서비스의 제3자 구매는 전달되는 서비스의 품질을 보장하는 데 어려움을 가질 수 있다. 이것이 헨리 핸스맨(Henry Hansmann)이 설명하는 '계약실패이론'이다.[21]

제3자 계약에 대한 경쟁입찰은 경쟁과 소비자의 선택이 없는 데서 유래하는 계약실패 문제를 해결하기 위한 방법으로 이용되어 왔다. 그러나 경쟁입찰 기제가 몇몇 서비스 분야에서는 비용을 감소하지도 서비스의 질을 향상시키지도 않는다고 평가된다.[22] '대리쇼핑(proxy

---

20) Susan Rose-Ackerman, *Social Servces and the Market*, 86 COLUM. L. REV. 1405, 1405-06, 1412(1983).

21) Henry Hansmann, "Economic Theories of Nonprofit Organization," *The Nonprofit Sector*, 27, 29-32(Walter W. Powell ed., 1987).

shopping)'은 공공기관을 대신해서 대리쇼핑하는 자, 즉 지불하는 소비
자들을 유인할 수 있는 서비스 공급자들과 계약함으로써 시장경쟁의
원리를 서비스 구매에 도입할 수 있도록 추천되는 또 하나의 방법이
다.[23] 여전히 경쟁시장을 형성하기 위해서는 충분한 공급자들이 있어
야 하는데, 이러한 경쟁시장 형성은 종종 지역사회기반 기관들과 거래
할 경우에는 해당되지 않는다. 비록 경쟁이 서비스 구매에 도입된다고
할지라도, 계약의 거래비용이 상당히 높다는 문제는 여전히 남아 있다;
이러한 비용에는 구매되는 서비스의 단가를 결정하기 위한 복잡한 측
정의 요구와 전달되는 서비스의 품질을 모니터하기 위한 값비싼 절차
들을 포함하기 때문이다.[24]

이러한 비판에 대해, 민간기관으로부터 구매하는 서비스의 거래비용
을 지역기반 조직들과 계약함으로써 줄일 수 있다는 지적이 있다. 그
근거는 지역기반 조직들이 지역의 소비자-구매자에 책임이 있으며, 이
들에게 대응적일 것이라는 점이다. 소비자들은 그들의 관리체계에 직
접적으로 영향을 끼침으로써 이러한 기관들에게 영향을 미칠 수 있다.
본질적으로 이러한 기관들은 그들 자신의 지역사회에 서비스하는 지역
적 집단들이다. 따라서 소비자들은 그들이 받는 서비스에 대해 지불하
지 않는다고 하더라도, 이러한 서비스의 품질에 강력한 영향력을 미칠
수 있는 위치에 있는 것이다. 이러한 상황에서 볼 때, 지역의 조직체들

22) Mark Schlesinger et al., "Competitive Bidding and States' Purchase of
Services: The Case of Mental Health Care in Massachusetts," *J. POL'Y
Analysis & MGMT*., Winter 1986, at 245, 251-55.

23) Rose-Ackerman, *supra* note 19, at 1412-15.

24) Rosabeth M. Kanter & David V. Summers, "Doing Well White Doing
Good: Dilemmas of Performance Measurement in Nonprofit Organizations
and the Need for a Multiple-Constituency Approach," *The Nonprofit Sector*,
supra note 20, at 154, 155-58.

에 대해 영향력을 행사할 수 있는 힘을 가지고 있는 소비자들이 서비스 품질에 대한 모니터링을 하기 때문에 계약 거래비용은 감소될 수 있는 것이다.

그렇다면 계약한다는 것은 보다 효율적이고 효과적인 서비스를 전달하기 위한 하나의 방법일 뿐 아니라 사회복지서비스의 민주화를 증진시키기 위한 기제도 된다. 지역기반 조직들은 개인과 국가 사이에 시민사회의 완충지대를 제공하는 지역적이고, 사적이며, 서비스받는 사람들에게 대응적인 중재기관이다. 지역기반 조직들과 계약하는 경우는 사회복지서비스의 전달에 있어서 정부의 역할을 최소화함으로써 이러한 "중재기구는 시민사회의 중심부에서 그들의 합법적 입지를 요구하면서 일단 활성화될 여지를 가지게 될 것"이라는 견해로 지지된다.25) 따라서 지역기반 조직들과 사회복지서비스의 전달을 공적으로 계약하는 것은 보다 효율적이고 효과적인 서비스를 생산하고, 민주주의를 증진시키며 시민사회를 부활시킬 것이라고 주장할 수 있다. 그러나 지역기반 조직들과의 계약 경향에 대해 다소 회의적인 다른 견해가 있다.

지역기반 조직들이 사회복지서비스를 공공관료조직보다 더 효과적으로 전달하는지는 실증적으로 의문이다. 비록 지역기반 조직들이 덜 관료적이고, 서비스받는 사람들과 보다 긴밀한 곳에 위치하며, 지역의 영향에 보다 대응적이라고 할지라도, 그러한 특성들이 서비스 전달에 더 큰 효과성을 보장하지는 않는다.26) 좀더 강조하자면, 시민사회, 대

---

25) Charles Krauthammer, "A Social Conservative Credo," *Pub. Interest*, Fall 1995, at 15, 16.
26) Peter Blau가 오래 전에 진술한 것처럼, 관료제와 민주주의는 서로 다른 목적을 위해 효과적으로 실행하고 의사결정하는 사회조직의 상이한 방식이다. Peter M. Blau, *Bureaucracy in Modern Society*, 105-108(1956)을 보라.

응성, 그리고 시민 권한부여 등에 관한 추상적인 언급은 AFDC 수혜
자 중 가장 높은 비율이 지역사회에서의 사회문제 중심부에 놓여 있다
는 가혹한 사실을 무시하는 것이 된다. 프레드 월친(Fred Wulczyn)은
뉴욕에서 가장 빈곤한 일부 지역에서 태어난 8명의 아동 중 한 명은
유아 때 양육보호(foster care)에 있다고 보고하고 있다. 그는 이 지역사
회에서 양육보호소개소의 누적률을 거의 20% 정도로 추산하고 있
다.27) 높은 수준의 아동학대, 가족해체, 그리고 범죄로 만연한 이 지역
사회들은 역기능적이지 않다면 적어도 지역기관들의 업무에 건설적인
참여를 조직하기는 극도로 어렵다.

효과성과 지역적 대응성은 접어두고라도, 지역기반 조직들이 공공관
료제보다 낮은 비용으로 사회복지서비스를 전달한다는 것은 분명한 사
실이다. 이 기관들은 미국에서 노조운동의 마지막 거점으로 대표되는
공공관료제에서보다 근로자들에게 보수를 적게 지급하기 때문에 서비
스를 적은 비용으로 전달한다. 1970년부터 1991년까지 미국에서의 노
조가입률은 노동자들의 28%에서 16%로 떨어졌으며, 같은 기간 동안
정부 고용에서 노조원들은 모든 노조원 중 대략 10%에서 40%로 증
가하였다.28) 물론 이러한 이유는 정부에서 조직화된 노동력이 주로 서
비스 부문이라는 점이다; 산업생산부문과는 달리, 이러한 직종들은 낮
은 비용으로 수행되기 위하여 해외로부터 들여올 수는 없었다. 그 대
신에 이 직종들은 지역사회조직들과 계약하고 있는데, 이 조직들은 비
교적 작고 조직화된 노동과는 별 관계를 갖지 않는 취약한 비영리적

---

27) Fred Wulczyn, "Status at Birth and Infant Placements in New York City,"
   Child Welfare Research Review, 146, 149-50(Richard Barth et al. eds., 1994).
28) Bureau of The Census, U.S. Dept. of Commerce, *Statistical Abstract of the
   U.S.*, 411-12(1981); Bureau of The Census, U.S. Dept. of Commerce,
   Statistical Abstract of the U.S., 422(1992).

단위들이다.

모순적이게도, 지리적 기반을 가진 중재기관들의 지지를 통해 시민 사회를 부활시키기 위한 노력들은 조직화된 노동자들의 기능적 기반을 가진 지역사회-이것 역시 강력한 중재기관을 구성하고 있는데-의 비용으로 증진되고 있는 중이다. 에밀 뒤르껭(Emile Durkheim)이 그의 고전적 분석에서, "개인들의 행동영역에서 그들을 강하게 끌기 위해 개인들에게 가까이 있는 충분한 일련의 2차집단들을 국가와 개인들 사이에 끼워넣을 수 있을 때만 한 국민(a nation)은 유지될 수 있다"[29] 고 지적하고 있다. 지역적인 구분에 근거를 두고 있는 조직(마을, 행정 구역)들이 덜 중요하게 됨에 따라 뒤르껭은 사회연대성을 재창출하고 빈틈을 채우기 위해 나타난 것으로 직업집단들을 생각하였다.

지역사회기관의 기능적 역할과 위치에 대한 시민사회에서의 철학적 논의들은 총괄교부금 제도하에서 서비스의 전달을 축소하기 위해 점차 주정부의 복지부에 가해지는 재정압박을 감소시키지는 못할 것이다. 모든 결과들을 비교·검토한다면, 공공 사회복지서비스에서 지역사회에 기반을 둔 전달체계로의 이동은 바람직한 것이다. 그러나 먼저, 상호거래가 분명하게 이루어져야 하며, 특히 공공 사회복지서비스의 향후 역할과 조직화된 노동자에 대한 함의들이 분명해야 한다.

4) 근로요구와 수혜기간의 제한이 잘 이행되지 않는 이유
   (Why Work Requirements and Time Limits won't Work)

정치적 스펙트럼의 양 측면의 정책 입안자들은 비록 복지개혁의 세

---

29) Emile Durkheim, *The Division of Labor in Society*, 28(George Simpson trans., 1933).

부사항까지 완전히 동의하지 않는다고 할지라도, 노동(work)이 복지를
대체해야 하며, 공적부조로의 의존은 폐지되어야 한다는 견해에 동조
한다. 이런 정서는 공화당의 제안에서뿐만 아니라 복지 수혜자들이 보
조 2년 후에는 일을 하도록 해야 한다는 빌 클린턴의 선거운동 성명서
에서도 분명하게 표현된다.30) 개혁을 요청하는 민주진보정책위원회의
핵심에서도 온건한 메아리는 들리고 있다.

> 복지개혁을 가능케 하는 전략은 미국의 기본적인 가치, 특히 상호간의 책임
> 성을 지지해야 한다… 사회적 책임에는 두 가지 길이 있다. 정부는 자조를 위
> 해 노력하는 사람들에 한해서만 도움을 줄 수 있다. 능력개발국가(enabling
> state)는 수혜자가 일을 하고자 하는 의지와 자급자족을 위해 노력한다는 조건
> 하에서 사회적 지지를 해야 한다.31)

복지개혁에 대한 현 제안에서, 총괄교부금을 받는 주정부는 주요한
2가지 조건, 즉 수혜자들은 보조 2년 후 일을 하도록 해야 하며, 5년
이상은 현금원조를 받지 못하도록 하는 조건을 충족시키기만 하면, 주
정부의 프로그램을 재설계하기 위해 거의 완벽한 권한을 부여받는다.
첫 2년 후에도 취업이 보장되지 않는 복지 수혜자들에게는 어떤 일이
일어나는가? 2년 후에도 일자리를 구하지 못한 수혜자들은 주정부가
운영하는 공공근로 프로그램에 참여할 것을 요구받는다. 이것은 다음
3가지의 강제적인 문제들을 무시하는 곤란한 임시변통책이다.

첫째, 2년 후에도 실업상태인 수혜자들은 공공근로사업을 위한 고용

30) Douglas J. Besharov, "A Monster of His Own Creation," *Wash. Post*, Nov.
2, 1995, at A31.
31) Will Marshall & Elaine C. Kamarck, "Replacing Welfare with Work,"
Mandate for Change, 217, 233(Will Marshall et al. eds., 1993).

조차 별로 준비가 되어 있지 않은 집단, 즉 기술도 거의 없고 동기화
도 거의 되어 있지 않은 집단을 포함할 것이다. 예를 들어, 전형적인
AFDC 수혜를 받는 10대 어머니의 읽기능력은 6학년 이하에서 8학년
까지의 범위로 추산된다.[32] 중독 및 물질남용에 관한 콜롬비아 대학연
구소의 연구결과(1994)에 의하면, 18세에서 24세까지의 연령 중
AFDC 수혜모의 37%가 알코올 및 마약을 남용하거나 중독되어 있는
것으로 나타났다.[33] 이러한 결과들은 자기보고에 근거한 것으로, 빈번
한 이용과 간헐적인 이용을 다 포함하기 때문에 대략적인 근사치일 뿐
이다.

둘째, 부적절한 교육과 물질남용이 쟁점이 아니라고 할지라도, 공공
근로사업에 이러한 AFDC 수혜모들을 고용시키기 위한 사회적, 경제
적 비용은 엄청난 것이다. 의회예산국은 이들을 위한 관리와 주간보호
에 대한 지출이 참여자 일인당 6,300달러에 이른다고 추산하고 있
다.[34] AFDC 보조금 총액은 평균 약 5,000달러로, 기본적인 어떤 보조
금 증가 없이 강제적인 근로 프로그램에서의 참여자들은 각 복지 수혜
자들에 드는 비용보다 2배 이상이 든다. 재정적인 문제는 별도로 치더
라도, 이 프로그램이 불요불급한 일로 생각하는 냉소주의와 사기저하
는 이미 존재하던 공공관료제의 불안정한 기준들을 분명히 침해할 것
이다.

---

32) Lloyd Pryor, "The Single Welfare Mother and Deficiency in Reading," *15 Youth POL'Y* 38, 41(Winter 1994); Besharov & Gardiner, *supra* note 2, at 77.
33) *Substance Abuse and Women on Welfare*, 1, 2(Columbia University's Center on Addiction and Substance Abuse ed., 1994).
34) Douglas Besharov, "Escaping the Dole; For Young Unwed Mother, Welfare Reform Alone Can't Make Work Pay," *Wash. Post*, Dec. 12, 1993, at C3, C4.

마지막으로, 훈련 프로그램이나 공공근로사업에 참여하기를 거부하
거나 직장에서 요령을 부리는 AFDC 수혜자들에 대해 어떻게 할 것인
가에 관한 문제가 여전히 남아 있다. 유인 지향적인 정책들도 다양한
단계의 실험을 하면서, 부적응행동에 대한 대응조치로 AFDC 보조금
을 일부 감소하는 것에서부터 전체 금액의 지불 중지까지 다양하다.
어떤 경우에는 그 보조금들을 5년 후에는 삭제하기도 한다.

AFDC 보조금의 감축과 궁극적으로는 중지의 결과까지 초래하는,
일할 것을 요구하고 수혜기간을 제한하는 AFDC 정책들은 이러한 가
족들 내의 아동들, 즉 이 프로그램이 원래 개발된 이유인[처음에는 이
프로그램을 요보호아동들에 대한 원조(ADC)라고 불렀다] 아동들에게 어떤
일이 일어날 것인지에 대해 파악하지 못하고 있다. 특히, 5년간의 시
간제한은 일단 급여가 중단된다면 아동의 운명에 대해서는 침묵하게
되는 결과를 초래하는 것이다. 만일 이 계획안이 입법화된다면, 이러한
조치들이 1990년대 중반의 복지에 대해서 갖는 의미는 1960년대 중
반에 있었던 탈시설화(deinstitutionalization)와 정신병의 관계와 같게
될 것이다. 이 결정으로 유예된 비용은 오늘날 우리 사회에 여전히 재
앙으로 남을 것이다.

관심의 초점이 아동들을 보호하는 것에서 AFDC 부모들의 취업요구
로 전환함에 따라, 정책 입안자들은 이 영역에서 사회공학의 한계점에
직면하게 된다. 이것은 새로운 이야기가 아니다. 초기 '노동연계복지
(workfare)'로의 개혁에 대한 비용 및 결과를 분석하면서 길버트 스테
이너(Gilbert Steiner)는 다음과 같이 진술하였다.

불행하게도, 복지문제에 대한 '해결책'으로서의 주간보호와 직업훈련의 유
감스러운 과정과 한계점들을 1970년 복지행정 전문가들이 직면하지 못했다….

그러나 몇 년 후 직업훈련과 주간보호는 복지 의존자들의 숫자에 거의 영향을 미치지 못하며, 공공구제의 비용삭감에도 영향을 미치지 못하는 것으로 밝혀졌다. 그리고 나서 일부 새로운 해결책이 제시되었으나 보다 현실적인 접근은 복지에 대한 보다 많은 욕구를 받아들이고, 주간보호와 '노동연계복지'에 대해 기적적인 치료책으로서 계속 환상을 가지는 것을 거부하는 것이었다.[35]

현재 제시되고 있는 새로운 해결책들은 노동연계복지(workfare)에 관한 급진적인 변화들을 포함하고 있는데, 이것은 그들의 요구에 보다 가혹하나 스테이너가 지적하는 것처럼, 클라이언트의 수나 AFDC의 비용에는 거의 영향을 미치지 않았던 초기의 계획안(scheme) 이상으로 성공할 것 같지 않다.

5) 복지개혁: 아동 중심의 대안
(Welfare Reform: A Child-Centered Alternative)

AFDC를 바꾸기 위한 의회안은 복지라는 것이 우리가 알고 있는 것처럼, 사회안전망으로서의 역할을 한다는 사실을 간과하고 있다. AFDC는 수많은 가족들에게 빈곤의 덫으로서가 아니라 힘든 시기의 일시적인 원조로 작용한다. 연간 통계자료에 기반을 두고 있는 연구는 모든 AFDC의 수혜자들 중 약 48%가 수혜기간이 2년 이하라고 밝히고 있다.[36] 심지어 월간 통계자료에 근거한 분석에서는 더 높은 비율의 단기이용자들이 있었는데, 이러한 것은 최초 복지 수혜자의 70%가 2년이나 2년 이하의 기간 동안 AFDC를 이용한다는 것을 말한다.[37]

---

35) Gilbert Y. Steiner, *The State of Welfare*, 74(1971).
36) Staff of H. R. Comm. On Ways and Means, 103D Cong., 2D Sess., *supra* note 6, at 440. 단기사례에 대한 성공수치는 이 사례들 중 1/3이 미래 어느 때에 또다시 AFDC에 등록되므로 다소 오도될 수도 있다. *Ibid.*

그러나 분석의 기준을 최근 10년 이상 복지급여를 받았던 사람들의 등록기간에서, 어느 한 시점을 중심으로 등록된 복지 수혜자들로 그 초점을 이동할 때 그 형태는 달라진다. 연간 및 월간 자료에 바탕을 둔 연구결과에 의하면, 어느 한 시점에서는 복지 수혜자의 약 50%가 8년이나 8년 이상 급여를 받은 것으로 나타났다.[38] 따라서, 10년에 걸쳐 AFDC 인구를 살펴볼 때, 어느 한 시점에서 AFDC 등록자들의 수혜기간이 장기간 이용자들로 주로 구성되어 있는 반면, 전형적인 수혜자는 단기간의 이용자가 될 것이다.

성공적인 단기간 사례의 본질적인 부분을 무시하는 개혁조치들은 여전히 프로그램 비용을 증가시킬 것이다. 즉 AFDC와 관련하여 2년 이후에는 취업하도록 하기 위해 다양한 유인책을 제공한다는 것은 이전에는 이러한 혜택을 받지 못하고 방치되어 있던 AFDC 수혜자의 모든 가족들을 위한 공적부조의 비용을 상승시킨다. 복지개혁을 위한 현 제안과 관련된 본질적인 문제는 능력과 동기라는 점에서 수혜자간의 차이를 구별하지 못하는 것이다. 가장 능력있고 동기화되어 있는 사람들은 너무 관대하게 다루고, 능력과 동기화가 가장 안되어 있는 사람들에겐 너무도 가혹하게 처우한다는 것이다.

전통적인 유인 및 공공근로 프로그램의 실시로 인한 급여의 비용증가 없이 보다 적절하게 복지를 행할 수는 없는가? 아동들을 곤란에 빠뜨리는 급여기간의 제한과 재정적인 제재를 부가하지 않고 적절하게 복지서비스가 행해질 수 있는가? 복지개혁을 위한 대안적인 접근은 AFDC 가족들간의 차이를 구별하고, 아동들의 복지를 보장하기 위한 필요성으로 실시되어야 할 것이다.[39] 그러나 이것은 간단한 문제가 아니다.

---

37) *Ibid.* at 441-42.
38) *Ibid.*

가족들은 서로 다른 이유로 AFDC 프로그램에 들어오며, 다양한 기간 동안 등록된다. AFDC의 약 60%가 가족의 수입감소나 결혼하여 자녀가 있는 부부가 이혼이나 별거를 하기 때문에 등록된다.[40] 이러한 사례들은 미혼여성이 아이를 가졌을 때 받기 시작하는 AFDC 등록자 수의 30%와는 다르게 처리될 필요가 있다.

이유는 간단하다. 어느 기간 동안 결혼하거나 직업을 가졌던 복지신청자들은 적어도 AFDC에 등록되기 전 18개월은 사회적 관례를 지키는 자립적인 시민들이었다. 그들은 자족할 수 있을 정도로 능력이 있고 동기가 있다고 가정하는 것이 합리적이다. 따라서 결혼관계가 깨졌거나 가족수입이 감소하여 어쩔 수 없이 AFDC 프로그램에 들어온 신청자들은 그들의 생활을 재건할 수 있도록 2년 동안 AFDC 급여를 받고 자립할 수 있도록 해야 한다. 2년 이하의 기간 동안 복지급여를 받으며 자립하는 사람들은 수혜자 전체의 48%에서 70%까지로 높은 비율을 차지하고 있다.[41] 2년 후에도 AFDC에 남아 있는 사람들은 '관리해야 할 의존자'로 칭할 수 있는 부류로서 제3자 개입의 첫 단계에 등록될 것이다.[42]

혼외출생으로 AFDC 프로그램에 들어오는 여성들은 또 다른 문제를 안고 있다. 먼저 그들은 다른 집단의 사람들보다 나이가 어리며, 장기간의 수혜자가 될 확률이 높다. 장기간의 수혜자들을 추산해 보면, 26세 이하로 AFDC에 등록되어 있고, 자녀가 있는 미혼여성의 약 40%

<hr/>

39) 복지개혁에 대한 아동 중심의 이러한 계획은 닐 길버트에 의해 개발된 제안에 의존하고 있다. Gilbert, *supra* note 5, at 169-72를 보라.
40) Staff of H. R. Comm. On Ways and Means, 103D Cong. 2D Sess., *supra* note 7, at 451.
41) *Ibid.* at 441, 442.
42) Gilbert, *supra* note 5, at 169.

이상이 10년이나 그 이상 복지 수혜자로 등록되었음을 알 수 있다.[43] 더구나 그들의 자녀는 과대하게 높은 비율로 아동학대와 방임이라는 보다 큰 위험에 노출되어 있다.[44] 심지어 학대의 위험은 싱글부모가 10대일 경우에 더 높다.[45]

정책 입안자들은 그 어떤 수혜자들 이상으로, 10대 미혼모들을 엄격하게 대하기를 원하는데, 왜냐하면 10대 미혼모들의 복지의존은 매우 많은 비용이 들기 때문이다. AFDC가 이러한 의존 유형에 부정적으로 공헌하고 있다는 것은 의심할 여지가 없지만, 빈곤의 미혼모 문화를 만들어내지는 않았으며, AFDC가 의존유형의 형성을 수혜기간의 제한으로 제거하지는 못할 것이다. 그러나 이 집단은 위험에 처해 있는 아동을 보호하기 위해서 특별한 개입목표가 설정되어야 한다.

AFDC의 수혜를 받는 10대 어머니들을 위해 제안된 가정건강방문 (home-health visiting)과 같은 특별한 개입의 선택적 강조와 강제성은 정부 프로그램들은 보편적이고 자발적이어야 한다는 견해, 즉 서비스는 보편적이어야 하고 따라서 일부 집단을 다른 집단보다 가치가 적거나 능력이 부족하다고 낙인을 찍는 방식으로 차별을 해서는 안되며, 어떤 종류의 통제도 외부로부터 받지 않도록 자발적이어야 한다는, 보편적인 진보적 견해와 반대된다. AFDC의 10대 어머니 가구 중에서 위험에 처한 아동들이 불균형적으로 많다는 사실에도 불구하고, 혹자는 왜 모든 가족을 위해 특별한 개입서비스를 제공하지 않는가라고 질

---

43) Staff of H. R. Comm. On Ways and Means, 103D Cong., 2D Sess., *supra* note 7, at 451.
44) Lorraine V. Klerman, "The Relationship Between Adolescent Parenthood and Inadequate Parenting," 15 *Children & Youth Services Rev.*, 309, 317(1993).
45) Kristin C. Collins & Mariam R. Chacko, "Adolescent Parenthood: Role of the Pediatrician," *op. cit.*, 295, 298(1993).

문할 수 있다. 10대 AFDC 가족 이외 일부 다른 가족 아동들을 위한 사회적 개입은 보편적인 정책으로부터 혜택을 받을 것이 확실하다. 그러나 가정건강방문을 소수의 가구에만 공권을 발동하고 일반적인 인구층에게는 덜 간섭하도록 그 목표를 두는, 어느 정도 가족생활을 간섭하는 감시와 사회적 통제의 형태로 보는 견해도 있다. 더구나 아동들에 대한 위험이 10대 AFDC 가족에게서 불균형적으로 높게 나타난다는 점에서 그 개입 표적은 보다 효율적인 자원배치라는 점을 고려해야한다.

6) 어떤 AFDC 개혁이 아동의 안녕을 보장할 것인가? (What AFDC Reforms Should Insure Children's Well-being?)

강요된 노동과 '취업하게 만드는(make-work)' 안을 강조하는 대신에, 아동 중심적인 대안은 사회적 슈퍼비전의 두 단계로 구분될 것이다. 첫 번째 단계는 어머니들에 대한 실제적인 원조를 제공하고 그들의 자녀들을 보호하는 것을 목적으로 하는 서비스 전략을 포함하는 것이다. 이러한 노력은 아동보호 실천 프로그램에 대한 주의 깊은 슈퍼비전뿐만 아니라 젊은 어머니들에게 원조를 제공하는, 주 1회 단위나 2주 단위의 가정건강방문을 중심으로 이루어진다. 이러한 정기적인 강력한 점검은 어린 아동들에 대한 학대 및 방임, 그리고 질 높은 기관보호의 부족에 대비하여 국가가 제공할 수 있는 최선의 보호형태가 될 것이다. 정기적인 가정건강방문에 의한 것보다 더 많은 보호가 필요한 매우 위험한 사례의 경우, AFDC 급여를 식사제공과 현금보조금의 형태로 대체함으로써 그룹홈은 결혼하지 않은 10대 어머니들과 그들의 자녀들에게 유용할 것이다. 가정건강방문과 함께 AFDC 어머니들을 원조하기 위한 노력들은 학교 중퇴자들이 고등학교를 마치도록 조장하고, 가정관리에 있어서의 원조, 재취업을 위한 체계적인 계획을 개발하는 것 등을 포함하고 있다.

3년 후에도 여전히 AFDC 원조를 받는 사람들은 더 큰 사회적 통제를 받게 되며, 일시적인 의존자로서보다는 '국가의 보호를 받는 자'로서의 수혜자 지위를 반영하는 두 번째 단계로 접어들게 된다. 아동들의 복지를 모니터하기 위한 가정방문은 계속될 것이며, 그리고 공적 보조금의 수준은 같은 상태로 유지될 것이다. 그러나 이 단계 동안, 사례관리자는 각 가족들의 재정관련 사항에 대해 더욱 엄격한 규칙을 적용하도록 과제가 주어지며, 이 재정사항에는 사례관리자의 집세, 시설, 주당 배당되는 식품권 등도 부과된다. 또한 AFDC 보조금을 감축하는 외부자원들에 대한 모니터링이 증가될 것이다.

사례관리자들과 가정건강 방문자들을 통해 사회통제를 강화하는 것은 비록 간단한 훈련이라고 하더라도 AFDC의 비용을 분명히 증가시킬 것이며, 복지 수혜자들은 수많은 가정방문 일거리들을 만들어낼 것이다. 이러한 접근방법이 장기적인 의존성에서 벗어나게 하지는 못할 것이다. 그러나 장기간의 공적 의존이 더 상위의 공적 감시에 수반된다는 점에 주목하면서, 가정건강방문은 취약한 아동들의 보호를 위해 사회가 비교적 비싸지 않게 지불하는 방법이다. 수혜자들의 생활에 공권력의 역할을 증대시킨다는 것은 다른 방법을 통하여 취업할 수도 있는 일부 수혜자들에게 복지를 덜 매력적이도록 할 것이다. 또한 좀더 면밀한 모니터링은 보고되지 않은 수혜자의 수입의 양을 제한할 것인데, 이 수입은 AFDC 보조금을 보충하는 데 대개 유용한 것이 된다.[46]

---

46) Christopher Jencks & Kathryn Edin, "The Real Welfare Problem," *Am. Prospect*, Spring 1990, at 31, 32-33.

이것은 신중한 목표이다. 공적부조에 대해 더 많은 요구를 하는 사람들은 "의존 가족들에 대해 지칠 줄 모르고 원조하는" 것에 반대하는 스테이너(Steiner)의 조언에 유의해야 할 것이다.47) 비록 AFDC가 빈곤한 미혼부모 문화를 지탱하는 데 일익을 담당한다고 할지라도, 복지는 이러한 건강하지 못한 행동유형을 만들어내지는 않았으며, 복지개혁보다 더 큰 힘이 빈곤한 미혼부모 문화를 제거하도록 요구될 것이다.

복지 수혜를 줄이기 위한 진지한 노력들은 AFDC를 조정하는 것 이상으로 잘 이루어져야 한다. 취업종용 및 제한적인 수혜기간, 그리고 과도기적인 급여들은 민간부문에서의 고용을 대체하지는 못하는데, 이러한 민간부문의 고용은 복지, 식품권, 그리고 의료부조(medicaid) 등을 모두 받는 수혜자들보다 실질적으로 더 나은 상태로 만든다. 최선이자 가장 공정한 유인책은 많은 복지 수혜자들이 하고 있는 저임금노동과 관련된 급여들을 증가시키는 것이다. 이와 함께 근로소득세공제(Earned Income Tax Credit: EITC)와 같은 세금에 기반을 둔 사회이전(social transfer)의 확대를 통한 발전이 있었다. 많은 정책분석가들은 이러한 간접적인 사회이전을 증가시키고 또 다른 종류의 세금에 기반을 둔 원조를 부가하여 노동하는 가족들이 빈곤선을 극복할 수 있도록 해야 한다고 주장한다.48) 노동하는 가족들도 또한 마찬가지로 의료보호와 같은 보장이 필요한데, 이것은 복지 수혜자들이 의료부조(medicaid)를 통해 받고 있는 것이다. 마지막으로, AFDC 인구 중 자녀의 아버지로서 자녀지원을 위한 재정적 여건이 다소 제한되어 있다고 하더라도, 부재하는(absent) 아버지들은 그들의 자녀들을 위해 재정원조 제

---

47) Steiner, *supra* not 35, at 31-74.
48) David T. Ellwood, "Poor support: Poverty," *The American Family* 237-38 (1988)을 보라; Christopher Jencks, *Rethinking Social Policy*, 233-34(1992).

공에 책임을 져야 한다는 것에는 광범위한 합의가 있다.

　이러한 모든 것에도 불구하고, 의존은 사라지지 않을 것이다. 개인적 결함에 기인하든 그들의 통제 바깥에 있는 요인 때문이든 간에 보호를 필요로 하는 사람들은 항상 우리와 함께 있을 것이다. 의존을 경감시키는 데 목표를 둔 사회개혁은 부모들의 불행이나 그들의 개인적 약점 때문에 아동들을 비난해서는 안된다.

제4부
사회복지의 민영화와 전문화

제1장
사회보장과 퇴직소득의 점진적 민영화
(social security and the incremental privatization of retirement income)

이 연구는 퇴직소득의 '점진적 민영화' 과정―고용주가 제공하는 연금(기업과 정부)과 개인퇴직계정(IRA)[1]에서 나오는 퇴직소득에 비하여 사회보장에서의 퇴직소득 비율이 서서히 감소하는 과정을 검토하는 것이다. 이 연구는 1970년대 중반 이래 소득분포의 최하위 40%에 있는 노인은 사회보장 이외의 다른 연금에서 나오는 퇴직소득이 가장 적게 증가했다는 사실을 드러낸다. 반면 최상위 범위에 속하는 노인들은 사적 재원(private sources)으로부터 얻는 소득의 꾸준한 증가를 보여주었다. 이러한 경향은 최상위 5분위에 속하는 사람들에 대한 최하위 5분위에 속하는 사람들의 퇴직소득 비율에서 불평등의 증가를 수반한다.

사회보장개혁은 1970년 이래 산업복지국가의 필수적인 관심사가 되었다. 이는 사회보장제도의 재정건전성 확보에 대한 높은 압박에서 나오는데, 재정건전성 확보에 대한 압박은 퇴직자 비율의 증가, 수명의 연장, 연금 수준의 상승으로 대부분 발생하였고 낮은 경제성장률에 의

---

1) *Individual Retirement Accounts*, 개인을 위한 퇴직계정으로서 노후보장과 함께 세금혜택을 받을 수 있는 장기투자(역자주).

해 강화되었다. 이러한 요소들은 사회보장지출의 급격한 증가를 촉진
하였다; 미국에서 OASDHI[2])에 대한 공적지출은 1970년 국내총생산
(GDP)의 3.7%에서 1993년 6.9%로 올랐고, 2050년까지 GDP의 10~
13%로 상승할 것으로 예측되었다(Steuerle and Bakija, 1994). 실제로,
1995년과 2000년대 중반 사이(2050년) 산업국가들의 GDP 대비 노령
연금지출은 덴마크(6.8~11.5%), 독일(11.1~17.5%), 노르웨이(5.2~
11.5%), 스페인(10~19%), 일본(6.6~16%), 네덜란드(6~11.4%)로 거
의 두 배가 될 것으로 예측되었다(Roseveare, Leibfritz, Fore, & Wurzel,
1996). 대부분의 OECD 국가에서 65세 이상의 인구비율(이들은 전인구
의 20~25%에 달하고, 노인의 약 절반이 75세가 넘을 것이다)이 1986년과
2040년 사이에 두 배로 증가함에 따라 지출의 상승은 중요한 인구학
적 변화의 조짐을 반영하는 것이다(OECD, 1988a).

　이러한 압박에 대응하여 다양한 개혁이 제안되고 실행되었다. 이들
개혁은 가장 보편적 모형인 부과방식(pay-as-you-go model)에 기반하
는 공적제도를 활성화시키기 위한 방안에서부터 퇴직소득의 완전한 민
영화에 이르기까지 일련의 연속선상에 놓인 것으로 볼 수도 있다. 이
연속선상의 한쪽 끝에는, 현행 사회보장제도의 재정건전성을 회복하려
는 노력으로 퇴직연령의 연장, 급여의 재조정, 급여에 대한 세금부과,
부양가족의 범위 변경, 기여금의 증가와 같은 방법을 통하여 급여를
감소시키거나 세입을 증가시키려는 방안의 개혁을 포함한다. 그 연속
선상의 다른 끝에 서 있는 개혁은 퇴직소득제도 전반에 대한 재정원으
로서 민간제도를 다양한 수준으로 활용하려는 정부정책에 의해 추진되
고 있다. 의도적인 민영화를 위한 가장 포괄적인 방법은 칠레에서 찾

---

2) Old Ages, Survivors Disability Health Insurance(역자주).

아볼 수 있는데, 1981년에 도입된 이 정책은 국가와 고용주가 부양하던 공적연금제도를 사적부문으로 투자되고 관리되는 강제적인 개인계좌라는 새로운 제도로 대치하였다(Tracy & Pampel). 칠레의 경험은 비상한 주목을 받았다. 세계은행(World Bank, 1994)과 CATO 연구소[3] (Borden, 1995)와 같은 단체는 프로그램 실시 초기 연도의 양호한 수익률을 강조하면서 칠레 민영화 모델을 장려하였다. 그러나 최근 연금기금의 수익률은, 처음 15년 동안 평균 12%에서 1994~1997년에는 겨우 2.5~4.7%으로 감소하였고, 1998년 칠레 주식시장은 달러가치로 25%의 손해를 보았으며, 연금기금은 평균 5% 떨어졌다(Kraus, 1998).

또한 영국에서는 다소 좁은 범위의 민영화방안이 도입되었는데, 이는 기본적으로 정액의 기초연금(basic flat-rate public pension)과 의무적인 소득비례연금(earning-related pension)으로 구성된 이층의 사회보장제도(two-tiered system of Social Security)이다. 1975년 영국 사회보장연금법은 연금급여의 소득비례부분을 민간재원과 계약하도록 장려하였다(Glennerster, 1985; Daykin, 1995). 영국 연금의 소득비례부문은 확대되고 있으며 2030년까지 사회보장비용의 3분의 1에 달할 것으로 예상된다(Turner & Watanabe, 1995). 일본도 사회보장의 소득비례부문에 대해 민간과 계약하는 것을 허용하고 있다(Turner & Watanabe, 1995).

1) 의도되지 않은 민영화(Unguided Privatization)

연속선상의 어떤 지점에서 공적제도를 고치려고 의도하는 합법적

---

3) 역자주: 이 기관은 독립적인 연구개발조직으로서 Allen Cato의 이름을 따서 만든 기관이며 보수적 성향을 가지고 있다고 흔히 말한다.

개혁과 민영화를 증진시키려고 계획하는 사람들 사이의 경계는 흐릿해
지기 시작한다. 그 결과, 퇴직소득을 보장하기 위하여 공적제도 전반에
서 민간제도와 협력하려는, 그러나 명백히 의도되지는 않은 정책으로
관리되지 않은 민영화를 향한 움직임이 증가하고 있다. 개혁은 단순히
공·사 연금을 양자택일하는 현행 구조 내에서 전반적 계획 없이 사적
부문의 상대적 역할을 증가시키는 방법으로 진행된다. '의도되지 않은
점진적 민영화(unguided incremental privatization)'라고 명명될 수도
있는 이 과정은, 사회보장급여를 축소하는 정책과 민간 고용주와 관련
되는(employer-related) 대안을 지지하는 정책이 결합된 연속선상의 중
간지점 근처에서 나타나기 시작했다. 민영화의 점진적 과정은, 고용주
가 지급하는 연금(민간과 정부) 및 개인퇴직계정(IRAs)에서 나오는 퇴직
소득의 합산액과 비교하여 사회보장에서 나오는 퇴직소득의 비율이 조
금씩 꾸준히 감소하는 것과 관련이 있다. 정부기관에 종사하는 피고용
인을 위한 고용주관련 연금(employer-related pensions)은 정부기관에서
부분적으로 재정이 조달되기 때문에 비록 문자 그대로 완전한 '민영'
은 아니지만, 그 내용의 다양성에서 본다면, 보편적 사회보장 프로그램
하에서 세대간 이전이 공식적으로 강제되는 공적연금제도보다는 사적
부문에서 고용주와 피고용인 간 협상에 의해 운영되는 사적 교환과 더
유사하다. 점진적 민영화 과정은, 사회보장과 고용주가 제공하는 급여
사이의 비율관계를 명시하고 조정하는 전국적인 정책 없이 관리되지
않은 채로 발생하였다. 이 과정은 1980년대 이래 미국에서 주도된 개
혁의 좋은 예가 되었다.

    미국은 고용주관련 연금과 개인퇴직계정(IRAs)의 가입을 장려하는
정책과 고용주관련 연금에 대한 조정기준을 마련하는 정책을 채택하였
다. 그러나 이러한 연방정책의 대부분은 사회보장과 고용주관련 연금

에서 나오는 퇴직소득 사이의 비율을 구체화하지도 못했고, 이 연금들의 재원을 제도 전반적인 틀 내에서 서로 연결시켜 조정하지도 못했다[한 가지 예외는 최근에 사회보장과 공무원퇴직제도(Civil Service Retirement System)에서 급여를 조정한 노력이다]. 그 결과 퇴직소득 구성에서 의도되지 않은 점진적 민영화가 나타나게 되었다(이는 사회보장급여를 감소시키고 고용주관련 제도와 개인퇴직계정의 가입을 장려한 시도의 결합에 의해 활성화되었다).

급여 감소는 1977년 사회보장법 개정으로 시작되었는데, 또 다른 급여감소를 초래한 1983년 개정은 신랄한 공격을 받았다. 개혁조처들은 연금제도의 지불능력을 회복시키기 위한 몇 가지 방법을 도입하자는 것이었다. 이들 방법에는 다음과 같은 것들이 포함된다. 즉 65세에서 67세로 퇴직연령을 상향하는 것, 1983년에 생활비조정(cost-of-living adjustment)을 6개월 지연하는 것, 고용주-피고용인의 기여비율을 상승시키고 과세 가능한 근로소득 범위를 확대하는 것, 퇴직자의 조정된 총소득과 사회보장급여의 반을 더하여 독신일 경우 25,000달러, 기혼일 경우 32,000달러를 초과할 때 이들의 사회보장급여에 대해 소득세를 부과하는 것 등이다(Gilbert & Gilbert, 1989; OECD, 1988b). 공적연금으로 인한 수익률은 1983년 개정으로 감소되었으나, 1981년의 경제세회복법(Economic Tax Recovery Act)은 모든 임금소득자의 기여금 면세에 대한 자격을 확대함으로써 개인퇴직계정(IRAs)의 가입자수를 급격히 증가시켰다. 그리고 몇 년 후, IRAs 가입자격이 있는 임금소득자의 범위가 1986년 과세개혁법에 의해 일시 제한되었다가 가입자를 확대하기 위한 더 많은 유인책이 1997년에 다시 도입되었다.

사실상 기업연금제도는 개인퇴직계정(IRA)을 도입하기 오래 전부터, 심지어 1935년 사회보장법이 통과되기 10년 전부터 장기근속의 충직한 피고용인에게 급여를 제공함으로써 노동자의 충성심을 높이려던 고용주에 의해 도입되었다. 스타인(Stein, 1980)에 따르면, 아메리칸 익스프레스 회사(American Express Company)는 1875년에 최초의 기업연금계획을 세운 것으로 기록되어 있다. 기업연금제도는 1940년대 이전까지 몇몇 산업체에서만 유행했는데, 주로 철도, 금융, 공익사업 등이었다. 이 제도는 대부분 가치있는 기술을 연마한 피고용인이 회사에 남도록 격려하는 유인책으로 만들어졌다. 2차 세계대전 이후 고용주가 보증하는 기업연금은 확산되기 시작했는데, 기업연금제도의 수는 1946년 7,311개에서 1985년 805,405개로 증가하였다(OECD, 1993).

기업연금은 1970년대 중반까지 퇴직소득 보장을 위한 중요한 사회제도였다. 1974년 피고용인 퇴직소득보장법(Employee Retirement Income Security: ERISA) 입안은 고용주가 보증하는 연금의 건전한 운용(현대 연금 입법사에서 중요한 기준이 되는)을 보장하기 위하여 포괄적인 규제를 부과하였다. 비록 고용주는 피고용인에게 제공하는 개인연금과 세금우대를 어떻게 구성할 것인가에 대한 광범위한 재량권을 가지고 있지만, 이런 기업연금제도는 가입, 자격기준(vesting), 저임금노동자에 대한 비차별, 그리고 다른 기준들을 고려하여 내국세 규정(internal revenue code)과 퇴직소득보장법(ERISA)의 최저기준을 충족시켜야 했다.

퇴직소득보장법(ERISA)은 고용주보증연금(employer-sponsored pension)의 두 가지 유형으로 확정급여제도(defined benefit plans)와 확정기여제도(defined contribution plans)를 규정하고 세금도 우대하였다. 확정급여제도는 퇴직시의 연금급여 수준을 명시한 반면, 확정기여제도의 급여는 기여금 수준, 시장업적, 투자수익에 따라 다르다. 1993년 전체 시민 중에서 노동자(118백만)의 44%(51백만)가 고용에 근거한 퇴직제

도에 가입하였다. 이 가입자들 대다수는 확정기여제도보다는 확정급여
제도를 선호하였다. 그러나 고용주가 보증하는 연금제도는 확정급여제
도에서 확정기여제도로 현저하게 전환되었다. 1993년에 중간 규모와
대규모 사업장의 전일제(full-time) 피고용인의 56%가 확정급여제도에
가입한 반면 49%는 확정기여제도에 가입하였고, 어떤 이들은 두 연금
에 모두 가입하였다(EBRI, 1995: Table 3.9).

　고용주가 보증하는 기업연금 외에 자영자를 위한 개인연금제도
(Keogh)가 1962년 자영자퇴직소득세법(Self Individual Tax Retirement
Act)에 의해 도입되었는데, 이는 어디에도 소속되지 않은 소규모 자영
업자, 농민, 전문직의 퇴직연금을 위한 것이다. 개인연금제도의 기여금
에 대한 세금공제는 사업장 가입자보다 낮게 출발했지만, 1984년 세
금공평과 재정책임법(Tax Equity and Fiscal Responsibility Act)으로 같
은 수준이 되었다. 그러나 개인연금 제도의 가입자수는 상대적으로 낮아
서 1987년까지 자영업 노동자의 5.6%만이 이 제도에 가입했다(OECD,
1993).

2) 퇴직소득: 사회보장과 사적 급여의 균형 변화
　　(Retirement Income: The Shifting Balance of Social Secu-
　　rity and Privatization)

　미국에서 의도되지 않은 채 증가하는 퇴직소득의 민영화는 어떤 영
향을 미치고 있는가? 이 쟁점을 언급하기 위해 우리는 사회보장급여를
고용주가 제공하는 연금 및 개인퇴직계정(IRAs)이, 1976년에서 1992
년까지 노인들의 퇴직급여 구성에 미친 영향을 검토한다. 이 분석의
모든 평가는 1977년에서 1993년까지의 월별인구조사 3월 자료에서

<표 4-1-1> 노인가구의 총소득 비율(%); 1976-1992

	1976	1978	1980	1982	1984	1986	1988	1990	1992
퇴직 급여	53.3	52.9	54.3	53.5	52.6	53.6	55.3	55.0	59.2
사회 보장	40.2	39.7	40.1	39.9	38.4	38.3	37.9	36.4	39.7
연 금	13.1	13.2	14.2	13.6	14.2	15.3	17.4	18.5	19.5
근로 소득	24.0	24.2	20.4	18.8	16.7	18.0	18.3	19.1	18.3
자산 소득	18.3	19.0	21.8	25.0	28.0	25.7	24.1	23.4	19.8
공적부조	2.0	1.7	1.5	1.1	1.1	0.9	0.8	0.8	0.9
다른 공적 소득	1.9	1.6	1.5	1.2	1.1	1.2	1.0	1.1	1.3
다른 사적 소득	0.6	0.6	0.6	0.4	0.6	0.5	0.5	0.6	0.5
합 계(%)	100	100	100	100	100	100	100	100	100
연평균 소득[1]	7,008	7,320	7,101	7,750	8,309	8,526	8,605	8,872	8,369

주 1) 연간달러총액은 1976년 달러 불변가치로 측정된 것임.
* 수치는 반올림으로 인해 합해서 100이 안될 수도 있음.
출처: 미국 상무성 통계청, 월별인구조사 매년 3월 자료에서 저자가 계산한 것임.

가져온 노인가구(aged units)의 표본에 근거한 것이다. 노인가구는 결혼해서 함께 사는 부부인 경우 적어도 한 사람이 65세 이상, 결혼하지 않은 사람은 65세 이상으로 정의되고, 이들은 노인인구를 대표하는 것으로 사용되곤 한다. 노인가구의 표본크기는 조사되는 각 해마다 13,000개에서 15,000개에 이른다.

<표 4-1-1>에서 보듯이 노인들의 평균소득은 1976년에서 1992년까지 약간의 예외는 있지만, 실제가치로 볼 때 계속 증가하였다. 이 기간에 걸쳐 노인인구의 빈곤율은 15%에서 12.9%로 하락하였다. 노인들이 개인퇴직계정과 고용주관련 재원에서 받는 소득의 비율은 1976년 13.1%에서 1992년 19.5%로 꾸준히 증가한 반면, 사회보장급여에서 나오는 소득비율은 같은 기간 동안 40%로 거의 일정했다(OASDI의 퇴직, 유족, 장애급여와 철도퇴직 프로그램은 사회보장급여의 계산에 포함된다. 철도퇴직급여는 연방정부가 관리하는 OASDI를 대체하는 프로그램이기 때문이다). 한편 근로소득에 대한 급여의 비율은 현저히 줄어들었다

(24.0%에서 18.3%로). 자산에서 나오는 소득의 비율은 매년 변동하는데 18.3%에서 28.0%까지 이른다. 공적부조를 포함한 다른 급여소득 항목은 총소득에서 아주 일정한 비율로 유지되었다. 이들 수치는 전반적으로 퇴직소득의 실제가치 증가를 반영하고, 사회보장의 퇴직소득 비율(주로 근로소득의 감소를 상쇄하는)보다 고용주관련 연금의 비율이 더 증가한 것을 반영하는데, 이는 위의 분석에서 밝혀진 대로 주요 경향이 민영화로 흐른다는 점을 보여주는 것이다.

그러나 이 수치는 다른 소득수준에 있는 노인들의 자료를 분석할 때 약간의 차이가 난다. 1976년에서 1992년까지 노인가구의 총소득 비율에서 사회보장급여가 차지하는 비율은 전체 노인소득의 최하위 20%에 있는 가장 빈곤한 노인집단의 경우 76%에서 81%로 증가하였다. 이와 동시에, 사회보장 이외의 다른 재원에서 이 집단이 받은 퇴직급여 비율은 총소득의 1.6%에서 2.6%로 미미한 증가를 보여준 반면 공적부조에서 나오는 소득은 유의미하게 줄어들었다(16.9%에서 11.3%). 따라서 최하위소득 5분위에 있는 노인에게는 1970년대 이래 퇴직소득의 민영화현상이 거의 없었다. 그 대신 이 집단에서 나타난 소득구성의 중요한 변화는 사회보장급여율의 증가와 공적부조의 역할 감소를 반영한다.

소득분포에서 두 번째 하위 20%의 노인들이 받는 사회보장급여는 1976년 이래 노인가구 총소득의 약 78%를 계속 차지하였다. 반면 고용주관련 연금에서 나오는 소득은 같은 기간 동안 총소득의 2.8%에서 7.5%로 일관되게 증가했다. 고용주관련 재원과 개인퇴직계정에서 나오는 퇴직급여 비율의 증가는 이 소득 5분위에서 발생하는 공적부조 비율의 감소를 상쇄하였다. 비록 개인퇴직급여의 절대적 비율은 여전히 총소득의 10%보다 작지만, 이 재원에서 나오는 퇴직소득 증가율은

<표 4-1-2> 중간 및 중상위 20% 노인단위의 사회보장과 연금급여의 달러총액[1]; 1976-1992

	1976	1978	1980	1982	1984	1986	1988	1990	1992
중간 20%									
사회 보장	3,128	3,200	3,142	3,384	3,524	3,634	3,615	3,552	3,611
연　금	385	486	503	500	713	735	893	927	927
합　계	3,513	3,686	3,645	3,884	4,237	4,369	4,508	4,479	4,538
상위 중간 20%									
사회 보장	3,717	3,865	3,723	4,055	4,094	4,172	4,145	4,057	4,326
연　금	1,238	1,304	1,307	1,343	1,605	1,828	2,167	2,088	2,119
합　계	4,955	5,169	5,030	5,368	5,699	6,000	6,312	6,145	6,445

주 1) 연간달러 총액은 1976년 달러 불변가치로 측정된 것임.
출처: 미국 상무성 통계청, 월별인구조사 매년 3월 자료에서 저자가 계산한 것임.

주목할 만하다. 이 자료는 두 번째 하위소득 5분위에서 민영화 움직임
이 인식될 수 있다는 것을 보여준다. 그러나 이것은 총소득에서 사회
보장의 상대적 기여 감소와·상관없이 사적 재원의 상대적 역할이 증가
한 결과이다.

중간 및 중상위 소득집단의 노인가구 역시 같은 기간 동안 그들의
퇴직소득 구성에서 유사한 변화를 경험했다. 즉 총소득에서 사회보장
급여가 차지하는 비율은 5~10%씩 감소한 반면 고용주관련 재원 퇴
직급여는 두 집단 모두에서 7~8%까지 올랐다. 이 두 5분위 소득에서
사회보장비율이 감소하고 사적제도에서 나오는 소득이 증가하는 것은
민영화가 확실히 진행되고 있다는 사실을 보여준다.

1976년에서 1986년까지 이들 소득 5분위에서 사회보장급여의 실제
달러가치는 증가했고, 동시에 이 급여는 총임금 비율로 볼 때 감소했
다는 점을 주목하는 것이 중요하다(<표 4-1-2> 참조). 따라서 1986년
에 이르기까지 민영화를 향한 움직임은 공적연금급여 가치를 전혀 감
소시키지 않고 발생하였다. 그러나 사회보장급여의 화폐가치는 1988
년과 1990년에 이들 두 소득 5분위에서 약간 하락했다. 사회보장급여

<표 4-1-3> 최상위 20%에 있는 노인단위의 총소득 비율(%); 1976-1992

	1976	1978	1980	1982	1984	1986	1988	1990	1992
퇴직 급여	35.1	34.5	37.1	36.4	35.1	36.3	38.8	39.3	42.5
사회 보장	19.2	18.9	19.9	20.0	19.4	19.2	19.0	18.1	20.2
연 금	16.0	15.6	17.2	16.5	15.7	17.1	19.8	21.2	22.3
근로 소득	38.2	38.1	31.4	28.5	25.3	27.8	27.6	28.4	28.6
자산 소득	24.8	25.6	30.1	34.1	38.4	34.5	32.5	30.9	27.3
공적부조	0.1	0.1	0.0	0.0	0.0	0.0	0.0	0.0	0.0
다른 공적 소득	1.1	1.0	1.1	0.6	0.5	0.8	0.8	0.8	1.1
다른 사적 소득	0.6	0.7	0.5	0.4	0.7	0.6	0.4	0.6	0.5
합 계(%)	100	100	100	100	100	100	100	100	100
연평균 소득[1]	17,798	18,643	18,009	19,848	21,297	21,997	21,787	22,981	21,424

주 1) 연간달러총액은 1976년 달러 불변가치로 측정된 것임.
* 수치는 반올림으로 인해 합해서 100이 안될 수도 있음.
출처: 미국 상무성 통계청, 월별인구조사 매년 3월 자료에서 저자가 계산한 것임.

의 가치가 앞으로도 계속 감소한다면, 이 두 소득 5분위에서 민영화 비율은 더욱 커질 것으로 예상된다.

가장 부유한 노인들, 즉 노인가구 상위 20% 소득을 가진 이들에게 개인퇴직계정과 고용주관련 연금 급여는 총소득 비율로 볼 때 크게 증가한 반면 사회보장급여는 20%로 거의 일정하다. 사실, 1992년까지 이 집단의 총소득은 사회보장급여보다는 사회보장 이외의 다른 재원에서 나오는 연금급여가 더 많은 비율을 차지했는데, 이것은 1988년 이래 소득원의 상대적 중요성이 반전된 것이다(<표 4-1-3> 참조). 그러나 다른 임금집단과 비교해서, 노인인구의 가장 부유한 20%는 퇴직소득에 가장 적게 의존했다는 것을 주목해야 한다. 그 대신에 근로소득과 자산에서 나오는 소득이 이 집단의 총소득에서 가장 큰 비율을 차지한다.

<표 4-1-4> 각 소득 5분위의 퇴직소득 금액[1])과 첫 번째 5분위의 퇴직소득의 비율; 1976-1992

	1976	1978	1980	1982	1984	1986	1988	1990	1992
최하위 20%									
퇴직 소득	1,415	1,651	1,939	2,456	2,836	2,983	3,450	3,659	3,895
비율[2])	22.6	22.4	20.1	20.0	20.9	19.4	19.6	17.7	17.3
두 번째 하위 20%									
퇴직 소득	2,533	3,012	3,717	4,699	5,250	5,729	6,367	7,235	7,629
비율[2])	40.5	40.9	38.5	38.4	38.5	37.3	36.3	34.9	33.9
중간 20%									
퇴직 소득	3,513	4,223	5,274	6,583	7,733	8,417	9,372	10,295	11,203
비율[2])	56.2	57.3	54.6	53.7	56.7	54.8	53.4	49.7	49.8
상위 중간 20%									
퇴직 소득	4,955	5,921	7,280	9,149	10,400	11,561	13,125	14,127	15,914
비율[2])	79.2	80.3	75.3	74.7	76.2	75.2	74.7	68.1	70.7
최상위 20%									
퇴직 소득	6,254	7,374	9,664	12,254	13,650	15,365	17,566	20,734	22,495
비율[2])	100.0	100.0	100.0	100.0	100.0	100.0	100.0	100.0	100.0

주 1) 퇴직소득은 사회보장과 사적연금 급여로 구성됨. 매년 달러 불변가치로 측정된 것임.
　 2) 비율=각 소득 5분위의 퇴직소득/최상위 소득 5분위의 퇴직소득.
출처: 미국 상무성 통계청, 월별인구조사 매년 3월 자료에서 저자가 계산한 것임.

3) 민영화와 불평등(Privatization and Inequality)

사적연금급여가 각 5분위에서 서로 다른 비율로 증가하는 것이 퇴직소득 분배에서 나타나는 불평등 정도에 어떻게 영향을 미쳤는가? <표 4-1-4>에서 보듯이 최상위 5분위와 상위 5분위의 퇴직소득 비율은 약간의 예외는 있지만, 1976년에서 1992년까지 지속적으로 감소하였다. 예를 들어 최상위 5분위의 퇴직소득에 대한 최하위 5분위의 퇴직소득의 비율은 1976년 22.6%에서 1992년 17.3%로 감소했다. 비록 네 개의 소득 5분위의 퇴직소득 비율이 17년의 기간에 걸쳐 최상위 5분위에 비해 상대적으로 감소했으나 각각의 비율은 서로 다르다. 가장 유의미하게는 두 번째 5분위에 대한 세 번째 5분위의 비율에서는 아

무 변화가 없었던 반면에, 최하위 20%의 퇴직소득은 다른 모든 소득
집단과 관련지어 볼 때 불평등이 심화되었다.

4) 경향과 함의(Trends and Implications)

이상의 전개를 요약하면, 1976년에서 1992년까지 17년의 기간에
걸쳐, 퇴직급여를 위한 사회보장 의존은 소득분포의 최하위 5분위에
있는 노인단위에서 매우 높게 증가하고 있다(총소득의 76~81%에 이른
다). 소득분포의 두 번째로 낮은 5분위에 있는 이들도 의존이 높고 일
정하다(약 78%). 반면 중간과 상위중간 소득집단의 사회보장급여 의존
은 보다 낮고 줄어든다(총소득의 66~59%, 49~40%). 또한 소득분포
최상위 5분위에 있는 집단의 사회보장 의존은 총소득의 단지 20%로
서 매우 낮으나 일정하다. 같은 기간 동안, 사적 재원에서 얻는 퇴직급
여는 모든 범주의 총소득에서 비율이 증가하였으나, 이 증가는 중간과
상위중간 소득 범주에서 가장 컸다. 이러한 추세는 <표 4-1-5>에 나
타나 있다. 여기에서 우리는 사회보장급여의 삭감이 중간과 상위중간
소득 5분위에서 나타난 반면 사적제도에서 보충되는 급여는 최하위 5
분위를 제외한 모든 소득 5분위에서 뚜렷하다는 것을 알 수 있다. 사
회보장의 삭감과 사적제도의 보충을 둘 다 경험한 중간과 상위중간 5
분위는 점진적인 민영화 과정에 잘 적응한다고 볼 수 있는데, 이는 최
상위 5분위 집단이 사적연금급여가 우세한 지점으로 이미 옮겨간 과
정을 따르는 것이다. 반대로 최하위 소득 5분위는, 어떠한 사회보장급
여의 삭감이나 사적제도의 보충을 경험하지 않은 채, 퇴직소득을 공적
연금에 대부분 그대로 의존하고 있다. 이 자료의 분석은 1976년에서
1992년까지 소득분포 최하위 20%에 있는 노인의 총소득에서 사회보

<표 4-1-5> 소득 5분위의 퇴직소득 민영화는 노인의 소득구성에서
사회보장과 사적 연금의 상대적 역할의 변화에서 기인함

소득 5분위	퇴직소득	상대적 역할의 경향	퇴직소득의 민영화
최하위 20%	사회보장	증 가 함 ↑	의미없을 정도의 민영화
	사적연금	일 정 함 →	공적 지배
두 번째 하위 20%	사회보장	일 정 함 →	최소한의 민영화
	사적연금	증 가 함 ↑	
중간 20%	사회보장	감 소 함 ↓	증가하는 민영화
	사적연금	증 가 함 ↑	
상위 중간 20%	사회보장	감 소 함 ↓	증가하는 민영화
	사적연금	증 가 함 ↑	
최상위 20%	사회보장	일 정 함 →	증가하는 민영화
	사적연금	증 가 함 ↑	사적 지배

장급여가 차지하는 비율이 76%에서 81%로 증가했다는 사실을 보여
준다.

퇴직소득에서 사적연금 급여의 상대적 역할은 대부분 사회보장급여
의 실제 화폐총액을 감소시킴 없이 증가하였다. 따라서 퇴직소득의 민
영화는 모든 5분위에 있는 노인의 소득상태를 향상시키도록 도왔다.
그러나 의도되지 않은 점진적 민영화의 차별적 비율은 노인 사이에,
특히 최저 5분위에 있는 노인들의 퇴직소득에 대한 불평등을 확대시
켰다. 그리고 노인가구는 1983년 개혁, 특히 급여에 대한 적격연령(age
of eligibility)의 상향을 수반하는 사회보장의 퇴직소득에 대한 기여 축
소 등의 총체적 충격을 아직 견디지 못한다. 물론 점진적 민영화를 향
한 추세는 속도와 방향에서 바뀔 수 있다. 예를 들어 개인적으로 자신
의 사회보장 기여금의 일정 비율을 사적 계정에 투자하도록 허용하는
최근의 방안은 이러한 경향을 가속화할 것이고, 이는 현행 정책하에서
퇴직소득의 공·사 혼합이 주는 의미보다 더 큰 구체성을 제공한다. 그
러나 만약 이 추세가 현재의 방향으로 계속된다면, 사회보장제도의 향
후 과정에 대하여 몇 가지의 함의를 끌어낼 수 있을 것이다. 첫째, 중

간과 상위 소득집단이 퇴직소득을 위해 사회보장에 의존하는 정도는 줄어들 것이고, 이 현상은 사회보장 프로그램에 대한 그들의 정치적 지지를 약화시킬 수도 있다(이와 동시에, 고용주관련 연금에 대한 의존 증가는 이 제도에 대한 공적 규제의 필요성을 높일 수 있다). 사회보장에 대한 이해관계의 축소는 향후 급여 삭감에 더 적게 저항할 것이라는 점을 보여준다. 그리고 사회보장급여의 감소는 불평등 격차(inequality gap)를 확대시키면서 저소득집단(사회보장급여에 퇴직소득을 거의 전적으로 의존하는 사람들)에 가장 불리한 충격을 주기 쉽다. 지금까지의 논의를 정책적 관점에서 보면, 저소득 노인들의 취약성에 대해 주시하면서 민영화 흐름을 언급할 필요가 있다는 사실을 시사한다.

⊠ 참고문헌

Andrews, E. S.(1985) *The Changing Profile of Pensions in America.* Washington, D.C.: Employment Benefit Research Institute.

Borden, K.(1995) "Dismantling the Pyramid: The Why and How of Privatizing Social Security," The CATO Project on Social Security Privatization, SSP No.1.

Daykin, C.(1996) "Occupational Pensions in the United Kingdom," in Bodie, Z., Mitchell, O., & Turner, J.(eds.), *Securing Employment-Based Pensions*, Philadelphia: University of Pennsylvania Press.

Employee Benefit Research Institute.(1995). *EBRI Databook on Employee Benefits.* Washington, D.C.: EBRI.

Gilbert, N. & Gilbert, B.(1989) *The Enabling State: Modern Welfare Capitalism in America*, New York, Oxford: Oxford University Press.

Glennerster, H.(1985) *Paying for Welfare*, Oxford: Basil Blackwell.

Kraus, C.(1998) "Social Security, Chilean Style: Pensioners Quiver as Markets Fall," *New York Times*(August 16), p. 4.

Meyers, R. & Diamond, P.(1996) "Social Security Reform in Chile: Two Views," in Diamond, P., Lindeman, D. & Young, H.(eds.), *Social Security: What Role for the Future?* Washington, D.C.: National Academy of Social Insurance.

Organization for Economic Co-Operation and Development.(1993) *Social Policy Studies No.10, Private Pensions in OECD Countries: the United States*, Paris: OECD.

_____(1998a) *Social Policy Studies No.16, The Future of Social Protection*, Paris: OECD.

_____(1988b) *Social Policy Studies No.5, Reforming Public Pensions*, Paris.

Queisser, M.(1995) "Chile and Beyond. The Second-Generation Pension Reforms in Latin America," *International Social Security Review* 3-4, pp. 23-29.

Roseveare, D., Leibrfitz, W., Fore, D., & Wurzel, E.(1996) "Populations, Pension Systems, and Government Budgets: Simulations for 20 OECD Countries," Organization for Economic Co-Operation and Development, Economics Department, Working paper, no. 168. Paris: OECD.

Stein, B.(1980) *Social Security and Pensions in Transition: Understanding the American Retirement System.* New York, NY: The Free Press.

Steuerle, C. E. & Bakija, J.(1994) *Retooling Social Security for the 21st Century: Right and Wrong Approaches to Reform.* Washington, D.C.: Urban Institute Press.

Tracky, M. B. & Pampel, F.(eds.)(1991) *International Handbook on Old-Age Insurance,* New York: Greenwood Press.

Turner, J. A. & Watanabe, N.(1995) *Private Pension Policies in industrialized Countries: A Comparative Analysis,* Kalamazoo, Michigan: W. E. Upjohn Institute for Employment Research.

U.S. House of Representatives, Committee on Ways and Means.(1994) *Overview of Entitlement Programs-1994 Green book: Background Material and Data on Programs Within the Jurisdiction of the Committee on Ways and Means,* Washington, D.C.: U.S. Government Printing Office.

Vittas, D. & Iglesias, A.(1992) "The Rational and Performance of Personal Pension Plan in Chile," Working paper, Financial Policy and Systems Division of The World Bank.

World Bank(1994) *Averting the Old Age Crisis,* New York: Oxford University Press.

제2장
민영화, 급부, 표적 선정: 미국 사회보장의 경향과 정책 함의
(Privatization, provision, and targeting: Trends and policy implications for social security in the United States)

이 논문은 변화하고 있는 미국 사회보장 구조 속에서 몇 가지 중요한 경향과 이것이 각기 다른 소득집단에 속한 노인에게 미치는 영향을 검토하고 있다. 이 경향은 퇴직소득의 공/사 혼합의 변경, 공적급여 대체율의 감소, 연령에 따른 급여 표적화라는 개혁을 포함한다. 이와 같은 추세에 대한 분석은, ① 사회보장이 가장 곤경에 처한 사람들에게 제공하는 재정지원은 축소될 것이다. ② 사회보장 프로그램에 대한 중간과 상위 소득집단의 이해관계가 줄어들면서 이들의 정치적 지지도 감소할 것이다. ③ 기업연금에 대한 의존 증가는 민영제도에 대한 더 큰 공적 규제의 필요성을 높일 것이다. ④ 계획하지 않은 이층 연금제도(two-tiered system of pensions)가 출현할 것인데, 여기서 첫 번째 층은 저임금 소득자들에게 주요 퇴직소득원을 제공하는 삭감된 형태의 사회보장제도이고, 두 번째 층은 중·상위소득집단을 위한 사적연금으로 구성될 것임을 시사한다.

미국 사회보장제도는 대부분의 산업민주국가와 마찬가지로 인구학적 변동과 연금제도의 성숙으로 인해 막대한 재정적 압박을 받고 있다. OECD 국가의 65세 이상 인구비율은 2040년까지 전체 인구의 평균 22%가 될 것으로 예상된다(그중에서 절반이 75세 이상일 것이다). 이

수치는 1960년 OECD 국가 노인인구 비율의 두 배 이상이다.[1] 미국
에 대한 연구에 따르면, 65세 이상의 인구수가 1960년 인구의 9%에
서 2040년 20%로 상승할 것으로 보인다. 이 경향은 출생률이 1959년
3.58%에서 1993년 약 2.00%로 급격하게 하락한 것과 직접적인 관련
이 있고, 여기에 65세까지의 생존율의 증가가 결합되었다.

미국 인구 가운데 높은 비율의 인구가 65세까지 생존하고 있을 뿐
만 아니라, 이들은 사회보장제도의 초기 시대보다 더 일찍 퇴직하고
더 오래 생존한다. 스티율러(Steuerle)와 베키아(Bakija)가 지적한 것처
럼 1896년에 21세였던 남성의 54%와 여성의 61%만이 65세까지 살
았고 이들의 사회보장급여 이용이 가능했던 첫 해가 1940년이었다.
반대로, 1946년에 21세였던 남성 중 72%와 여성의 84%는 1990년에
65세를 맞이했다.[2] 1940년에 65세까지 생존한 사람들 가운데, 남성은
평균 12.7년을 여성은 14.7년을 더 살 것으로 전망되었다. 1990년까
지 65세에서 평균기대 여명은 남성 15.3년, 여성 19.6년이 증가하였
다. 인구학자들은 65세까지 생존율과 65세에서의 기대여명은 다음 50
년에 걸쳐, 비록 급격하게는 아니더라도, 계속해서 상승할 것으로 예상
한다. 기대여명이 증가하는 같은 기간 동안 평균 퇴직연령은 대략 5년
정도 줄었다(1940년 남자 68.8세 여자 68.1세에서 1991년 남자 63.7세 여
자 63.5세로).

이런 경향은 사회보장비용을 압박하여 연금제도의 절박한 재정 불
균형이 또다시 미국의 심각한 사회적 쟁점으로 부상되도록 만들고 있
다. 10여년 전, 1983년의 사회보장 개정은 그 당시에 나타났던 재정적

---

1) Organization for Economic Co-operation and Development, *The future of social protection*, Paris, 1991.
2) Eugene C. Steuerle and Jon Bakija, *Retooling social security for the 21st century: Right and wrong approaches to reform*, Washington, DC: Urban Institute, 1994.

균형을 해소하기 위한 것이었다. 비록 1983년 개정이 일시적으로 잉
여금을 만들었으나, 최근 예측은 이런 개혁도 머잖은 미래에 상승하는
급여 비용의 재정을 확보하기가 불충분할 것이라고 지적한다. 노령·유
족·장애 연금이사회(Old-Age, Survivors and Disability Board of
Trustee)의 엄정한 예측(조정계획)에 따르면, 급여 지급은 2031년부터
OASDI 세입을 초과하기 시작하는 반면 노령과 유족(OASI) 연금기금
내에 축적된 이용 가능한 보유금과 이자는 2036년까지 바닥날 것이고
(이는 1983년에 예측된 것보다 20년 더 이른 시기이다), 그 전에 연방장애
(DI)연금기금이 1995년에 고갈될 것이다. 노령과 유족(OASI) 및 장애
(DI)연금기금은 공동 운영되기 때문에 바닥날 것으로 예측된 해는
2029년이다.[3] 이런 추세에 비추어, 스티울러와 베키야는 다음과 같은
결론을 내린다. OASDI 재정보전을 위해 정부는 결국 세율을 올리거
나 급여를 삭감하든지 또는 둘 다 불가피할 것이고, 이 문제를 해결하
지 않고 지체할수록 "다가올 것이 틀림없는 변화는 더욱 악화될 것이
다."[4]

따라서 최근 미국 사회보장개혁의 논쟁은 대부분 인구학적 경향과
경제상황 여하에 따라 OASDI 연금기금이 다음 30~40년에 걸쳐 완
전히 고갈될지도 모른다는 현실적인 염려에 의해 진행되었다. 이것은
사실상 급박한 문제이다. 그러나 사회보장의 미래는 단순하게 보험계
정의 균형을 맞춘다고 해결될 문제가 아니다.

정책 입안자들의 관심이 연금급여의 비용 예측에 집중되는 사이에
노인들을 위한 재정지원상의 사회보장급여의 역할에 영향을 미치는 다

---

3) Board of Trustees, Federal Old-Age and Survivors Insurance and Disability
Insurance Trust Fund, 1993 *Annual Report of the Board of Trustees*,
Washington, DC: Government Printing Office, 1992.
4) Steuerle and Bakija, op. cit., p. 53.

른 경향들이 나타나고 있다. 특히, 서로 다른 소득집단에 있는 노인들이 다양한 퇴직소득원을 이용함에 따라 이들의 사회보장 의존 정도는 바뀌고 있다. 이런 경향은 공·사 연금에서 나오는 소득의 혼합과 사회보장급여의 임금대체율이 감소하는 변화에서 분명히 나타난다.

논문의 다음 부분에서 우리는 이러한 경향과 사회보장의 미래, 특히 공적 노령연금제도의 정당성과 정치적 지지에 관한 함의를 분석할 것이다. 우리는 또한 이러한 최근의 추세와, 비용을 감소시키고 제도상의 보험계정 균형을 회복하기 위해서 급여조정에 표적을 맞춘 최근의 개혁안 사이의 잠재적 상호작용을 점검할 것이다.

1) 바뀌고 있는 소득 구성비: 부유한 이들을 위한 민영화
(The Shifting mix: Privatization for the Prosperous)

13,000~15,000개의 노인가구(결혼해서 함께 사는 부부는 적어도 한 사람이 65세 이상이고, 결혼하지 않은 사람은 65세 이상)를 표본으로 사용하고 있는 1976년에서 1992년까지의 미국 월별 인구조사 자료에 따르면, 사회보장 퇴직급여는 다소의 변화가 있음에도 불구하고, 노인가구 총소득의 약 40%를 차지했다. 이같이 전기간에 걸쳐 일정한 비율을 보이는 것과 대조적으로, 사적 재원에서 나오는 퇴직급여는 노인가구 총소득의 13%에서 19.5%로 증가했다(<표 4-2-1> 참조).

그러나 이 수치는, 우리가 이 자료 외의 다른 소득 수준에 있는 노인가구 총소득에 대한 사회보장급여의 기여를 검토할 때 나타나는 보다 뚜렷한 경향은 보여주지 않는다. <표 4-2-2>에서 보듯이 1976년에서 1992년까지, 모든 노인가구의 최하위 20%에 있는 가장 빈곤한 노인집단이 받는 사회보장급여는 노인가구 총소득 비율의 76%에서

<표 4-2-1> 노인가구의 총소득비율; 1976-1992

	1976	1978	1980	1982	1984	1986	1988	1990	1992
퇴직 소득	53.3	52.9	54.3	53.5	52.6	53.6	55.3	55.0	59.2
사회 보장	40.2	39.7	40.1	39.9	38.4	38.3	37.9	36.4	39.7
연금과 배당금	13.1	13.2	14.2	13.6	14.2	15.3	17.4	18.5	19.5
수 입	24.0	24.2	20.4	18.8	16.7	18.0	18.3	19.1	18.3
자산 소득	18.3	19.0	21.8	25.0	28.0	25.7	24.1	23.4	19.8
공적부조	2.0	1.7	1.5	1.1	1.1	0.9	0.8	0.8	0.9
다른 공적 소득	1.9	1.6	1.5	1.2	1.1	1.25	1.0	1.1	1.3
다른 사적 소득	0.6	0.6	0.6	0.4	0.6	0.5	0.5	0.6	0.5
합 계(%)	100	100	100	100	100	100	100	100	100

출처: 미국 상무성 통계청, 월별인구조사 매년 3월 자료에서 저자가 계산한 것임.

<표 4-2-2> 노인소득 5분위별 사회보장이 차지하는 비율; 1976-1992

소득분포 5분위	1976	1978	1980	1982	1984	1986	1988	1990	1992
최하위 20%	76.3	76.9	75.1	78.6	78.2	79.3	81.4	79.5	81.2
중하위 20%	78.1	78.1	79.1	79.4	76.7	79.1	76.2	76.6	77.9
중 위 20%	65.8	64.3	64.8	64.6	62.4	62.8	60.4	59.2	62.9
중상위 20%	49.3	49.0	47.9	47.5	44.8	44.3	39.9	41.8	47.2
최상위 20%	19.2	18.9	19.9	20.0	19.4	19.2	19.0	18.1	20.2

출처: 미국 상무성 통계청, 월별인구조사 3월 자료에서 저자가 계산한 것임.

81%로 실제 증가하였다. 동시에 사적 퇴직급여에서 이 집단이 받은 소득 비율은 <그림 4-2-1>에서 나타난 바와 같이 1.6%에서 2.6%로 미미한 증가를 보여줬다. 소득분포 5분위 중 하위 두 번째 20% 집단이 받는 사회보장급여는 노인가구 총소득의 약 78%를 유지해 왔다. 이 경험은 중간과 중상위 소득집단에 있는 노인가구와 대조적인데, 이들에게 사회보장급여는 총소득에 대한 비율로 볼 때 2~3%씩 감소한 반면, 사적 퇴직급여는 7~8%씩 상승했다.

또한 사적 퇴직급여는 가장 부유한 노인(노인소득의 최상위 20%)의 총소득에 대한 비율로 볼 때 사회보장급여보다 상당히 증가하여, 1992년에 이르면 사적 퇴직급여는 실제로 사회보장급여보다 이 집단의 총

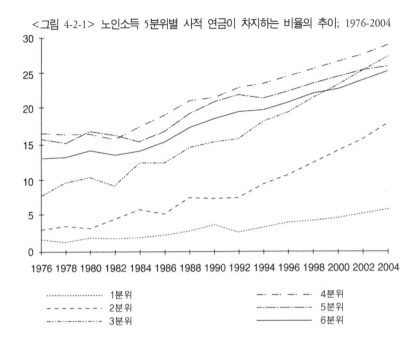

<그림 4-2-1> 노인소득 5분위별 사적 연금이 차지하는 비율의 추이; 1976-2004

소득을 더 많이 차지하는데, 이는 소득원의 상대적 중요성이 역전된
것이다. 그러나 가장 부유한 20% 노인가구는 다른 노인집단과 비교할
때 어떤 연금에도 거의 의존하지 않아서 공·사 퇴직급여로부터 자신의
총소득의 절반도 되지 않는 금액을 받는다.

이상의 전개양상을 요약하면, 1976년에서 1992년까지 17년에 걸쳐,
퇴직 이후 소득의 사회보장 의존율은 매우 높았고(총소득의 81%), 소득
분포의 최하위 20%에 있는 노인에게 이 의존율은 계속 증가하였다.
중하위 소득범주(소득분포의 두 번째 20%)에 있는 노인 역시 이 의존율
은 높았고(총소득의 78%), 그 비율도 일정했다. 중위 및 중상위 소득집
단은 사회보장급여 의존율이 낮고(각각 이들 총소득의 47%와 63%) 계속
감소하고 있다. 그리고 소득분포의 최상위 20%에 있는 집단은 사회보
장 의존율이 매우 낮아서 이들 총소득의 약 20%로 나타났다. 같은 기

간 동안, 사적 소득원에서 받은 퇴직 이후 소득은 총소득에 대한 비율
로 볼 때 모든 집단에서 증가했으나, 그 증가비율은 중위 및 중상위
소득집단에서 가장 컸다.[5]

　이러한 추세는 소득분포의 최하위 40%에 있으면서 사회보장급여에
극도로 의존하는 노인집단과 높은 소득범주에 있으면서 퇴직소득을 사
적연금에 더 많이 의지하고 있는 노인집단 사이의 분리가 나타나는 것
을 보여준다. 향후 10년에 걸쳐 나타날 이런 경향에 대한 예측은, 상
위 소득집단이 더 큰 비율로 퇴직급여를 사적연금에 의존하여 그 격차
가 더욱 가속화될 것임을 시사한다. 지난 17년에 걸친 성장곡선을 기
준으로 보면, 1992년과 2004년 사이 사적연금의 퇴직급여는 전체 노
인단위 총소득의 19.8%에서 25.4%로 증가할 것으로 예측된다.[6] 각
소득집단에 대해 따로 계산할 때, 하위와 상위 소득집단이 사적연금급
여에 의존하는 정도의 격차가 확대됨을 발견한다. 이 예측에 따르면,
수치에서 보여진 대로 사적연금 의존도는 2004년까지 중위 및 중상위
소득집단 총소득의 27~29%를 차지하게 되고, 이는 최하위 20%에
있는 노인의 5.7%와 대조되는 것이다.

2) 급여의 감소: 대체율과 순이전

　(Declining Provision: Replacement rates and net transfers)

　사적연금급여의 규모 증가는 중위 및 중상위 소득집단에 있는 노인

---

5) 민간직업복지제도는 영국과 독일 같은 몇몇 유럽 국가에서 증가하고 있다.
　Kangas는 "스칸디나비아 국가에서 법정급여의 저하는 민간보험의 증가를 조
　장할 것이다"라고 시사한다. Olli Kangas, "The merging of Welfare State
　models," in *Journal of European Social Policy*, Vol .4, No. 2, 1994, pp. 79-94.
6) 이 측정치는 1차 자동회귀모델(autoregressive model)인 AR(1)모델을 이용한
　시계열 분석을 통한 것이다.

가구의 사회보장의존을 감소시킴과 동시에 사회보장급여의 임금대체
정도와 관련하여 볼 때 사회보장급여의 가치는 모든 소득수준에서 줄
어들고 있다.

1980년은 수혜자의 소득에서 사회보장급여가 차지하는 비율이 높았
던 역사적인 해였다. 그 해 사회보장의 임금대체율은 저소득자 68%,
평균소득자 51%, 고소득자 33%였다. 1995년에 이르러 임금대체율은 저
소득자 57%, 평균소득자 42%, 고소득자는 25%로 약 1~6%씩 낮아졌다.
1995년 이후에 저소득자와 평균소득자는 대체율이 아주 조금 낮아지고
(1% 정도 더), 고소득자는 아주 적게 증가할 것으로 기대된다.[7]

사회보장 보조금 또한 감소하고 있다. 총급여액과 총기여금 간의 차
이는 가족 또는 개인이 사회보장으로부터 받는 순이전이다. 양(+)의
순이전은 기여금을 초과하는 연금가치로서 보조금이 되는 반면, 음(−)
의 순이전은 기여금이 급여를 초과한다. 1980년에 65세를 넘기는 퇴
직연령집단(cohort)은 모든 소득범주(저임금, 평균, 고임금 소득자)에서 양
(+)의 순이전을 기대할 수 있었다. 순이전의 규모는 직접적으로 소득
과 관련되어 고임금 소득자는 가장 큰 보조금을 받았다. 예를 들어, 부
부 가운데 한 사람만 수입이 있는 경우, 저임금 소득가구의 평균보조
금은 106,000달러, 평균임금 소득자는 192,000달러였다. 스타율러
(Steuerle)와 베키아(Bakija)는 1980년에서 2030년까지 이런 순이전의
규모가 모든 집단에서 줄어들 것이나, 저임금 소득자보다는 고임금 소

---

7) 이들 수치는 1980년 5,166달러, 1995년 11,425달러인 저소득자의 임금에 기
초한 것이다. 평균소득자의 임금은 1980년 11,479달러, 1995년 25,390달러였
다. 그리고 고소득자의 임금은 1980년 22,900달러, 1995년 78,300달러였다.
US House of Representatives, Committee on Ways and Means, *The green
book: Overview of entitlement programmes*, Washington, DC: Government
Printing Office, 1992.

득자에게서 좀더 급격하게 줄어들 것이라고 예측했다. 그러므로 저임
금의 홀벌이 부부에게 예측된 순이전(86,500달러)은, 2010년에 65세를
넘기는 퇴직연령집단에서 고임금 홀벌이 부부가 받는 순이전(77,700달
러)을 초과할 것이다. 더욱이 2010년에 퇴직하는 연령집단 내에서 평
균임금 및 고임금 소득의 독신남성과 여성 그리고 고소득의 맞벌이 부
부에게는 음(−)의 순이전이 발생할 것이다.[8]

3) 연금수급연령을 개혁의 표적으로 삼기: 노동연수 연장
   (Targeting by age: Extending the Working years)

이 논문의 서두에서 언급한 대로, 사회보장제도가 처한 재정압박은
전세계의 산업화된 국가에서 증가하고 있다. 사회보장제도의 재정기반
을 강화하기 위한 다양한 선택은 노동연수를 연장하여 노인이 사회보
장급여를 받는 기간을 줄이려고 하는 내용의 개혁을 포함한다.

사회급여를 개혁의 표적으로 하는 노력은 보통 자산조사와 결합되
는데, 이는 적격기준(eligibility criteria)을 소득근거로 좁히는 것이다.
이 배분방법은 재정이 가장 적게 지출되는 급여에 초점을 맞춤으로써
비용을 감소시킨다. 사회보장 프로그램에서 연령을 표적으로 하는 개
혁은 적격성(eligibility)을 제한하고 프로그램 비용을 감소시키려는 대
안적 방법이다. 사회보장 개혁에 대한 이러한 접근에는 커다란 이해관
계가 존재한다. 예를 들어, 사회정책의 새로운 방향설정에 대한 욕구를
인식한 경제협력개발기구(Organization for Economic Co-operation and
Development)는, 공적연금비용의 증가가 경제활동인구의 지불능력이
나 지불의지를 약화시킬 수 있는 세금부담을 유발한다는 점을 시사한

---

8) Steuerle and Bakija, op. cit.

다. 따라서 "잠정적 퇴직자에게 좀더 오래 일할 기회를 제공하는 것이 부분적 해결책이 될 수 있다."[9] 하드스(Hardes)와 몰(Mall)은 피고용인이 더 높은 연령까지 계속해서 일할 수 있는 가능성을 증가시킬 고용정책의 조정을 요구한다.[10] 스웨덴 전국사회보장위원회는 퇴직연령을 65세에서 67세로 상향하고 보충연금급여에 대한 자격충족기간을 30년에서 40년으로 연장하는 것을 제안하였다.[11] 이 제안에 따라, 스웨덴 의회는 정규 연금수급연령을 65세에서 66세로 연장하는 법안을 통과시켰다. 그러나 비용절약이 실업급여를 위한 부가적 경비에 의해 상쇄될 것이 밝혀져 수정계획을 보류하였다.[12]

1983년 미국 사회보장법 개정은 정규 연금수급연령을 65세에서 67세로 올리도록 승인했는데, 이는 2002년과 2026년 사이에 점차 단계적으로 도입될 것이다. 지연퇴직공제(the delayed retirement credit)[13]가 1년마다 3%에서 8%까지 증가함에 따라, 퇴직연령의 연장은 더 늦게 퇴직을 하도록 만드는 유인책과 연결된다.[14]

---

9) Organization for Economic Co-operation and Development, *New orientations for social policy,* Paris, 1994, p. 15.

10) Heinz-Dieter Hardes and Judish Mall, "The work prospects of older employees: An international comparison," in *International Social Security Review*, Vol. 46, No. 4, 1993, pp. 3-23.

11) Swedish National Social Insurance Board, *Memorandom: Development in Swedish social insurance,* Stockholm, 1992.

12) 정규 연금수급연령인 65세와 대조적으로 스웨덴 노동자의 현실적인 평균 수급연령은 조기연금 급 여로 약 59세까지 내려갔다. 이 경향에 비추어볼 때, 프로그램 비용을 감소시키는 방법에 대한 스웨덴 정책 입안자들 사이의 생각은 정규 퇴직연령을 연장하는 것에서 연금의 조기 급여를 폐지 하는 것으로 바뀌었다. Lief Haanes-Olson, "Sweden decides against a retirement age increase-for now," in *Social Security Bulletin,* Fall, 1993, p. 196.

13) 지연퇴직공제(the delayed Retirement Credit)는 정해진 퇴직연령보다 더 늦게 퇴직함에 따라 연금수급연령이 상승하는 경우, 급여비율을 높여주는 제도를 말한다(역자주).

14) Dorcas R. Hardy, "Financing of retirement pensions in the United States of

<표 4-2-3>

	경제적 지위		
	저소득	중간소득	고소득
사회보장의존율	높음/증가	중간/감소	낮고 일정함
사적연금에 의한 지원 증가	명목적	실질적	실질적
순이전	감소/양(+)	감소	감소/음(-)
임금 대체율	감소	감소	감소

스티율러(Steuerle)와 베키야(Baijk)는 퇴직연령을 연장하는 것이 사회보장 제1의 개혁이라는 점에 동의한다. 그들은 세금을 늘이거나 급여를 줄여야 한다고 말할 만큼, "사회보장의 기초원리들이, 제도를 개혁하기 위한 '올바른 방법들' 사이에서 고려되어야 하는 몇 가지 선택을 강조한다고 믿는다. 이들 변화 중 가장 중요한 것은 OASI와 의료보호 양쪽에서 퇴직연령을 상향조정하는 것이다"라고 말한다. 그들은 정규 퇴직연령이 훨씬 더 연장되어야 하는데, 2026년에 65세를 넘기는 사람에게는 69세까지로 제안한다.[15]

비록 조기퇴직을 폐지하고 표준 퇴직연령을 연장하는 것이 비용을 감소시키기 위한 그럴 듯한 전략일지라도, 이것은 또한 성(gender), 소수집단의 지위, 그리고 소득에 따라 사회보장급여의 재분배에 대한 함의를 가지고 있다. 예를 들어, 21세의 흑인남성의 남은 평균수명은 46년으로서, 백인남성의 53년과 백인여성의 59년과 비교될 수 있다. 조기퇴직의 선택권 없이, 21세에 일을 시작하고 66세까지 사는 평균적

America," in *International Social Security Review*, Vol. 27, No. 1, 1988, pp. 68-75.
15) Steuerle and Bakija, op. cit., p. 255.

흑인남성은 OASI를 위해 지불한 생애 기여금에 대한 개인적 반환을 기대할 수 없다. 또한 저임금 소득자는 고임금 소득자보다 수명이 짧기 때문에 사망률은 인종에 관계없이 소득에 따라 다르다는 설득력있는 증거가 된다.16) 퇴직연령을 상향하는 것은 사회보장의 보편적 특성을 보호하는 반면 이 제도로 지불되는 사회보장급여의 총액을 감소시킨다. 그러나 이 감소는 저소득과 소수인종집단의 노동자에게 가장 심한 타격을 주기 쉽다.17)

4) 이러한 경향의 함의는 무엇인가?
(What are the Implications of these Trends?)

이러한 경향이 나타내는 함의를 찾기 이전에, 다양한 전개양상에 대한 차별적 영향을 요약해 주는 위의 도표를 통하여 우리가 논의한 경향의 일반적 방향과 가능한 개혁을 제시하는 것이 무엇보다도 유용하다.

물론 이런 경향은 속도와 방향에서 바뀔 수 있다. 그러나 현 추세가 지속될 경우, 사건의 향후 과정에 대하여 적어도 세 가지 함의를 끌어낼 수 있고, 이것이 사회보장 개혁에 제기하는 기본적 쟁점은 주목할 만하다. 사회적 예측의 잠정성은 인정하지만, 다음과 같은 함의들은 분명하고 확실하다.

---

16) Eugene Rogot, Paul Sorlie, and Norman Johnson, "Life expectancy by employment status, income, and education in the national longitudinal mortality study," in *Public Health Reports* 107, 1992, pp. 457-461.

17) 더욱이, 사회보장급여에서 이루어진 많은 비용절감이 다른 프로그램의 부가 비용으로 전환되어 나 타날 가능성이 강한데, 이는 특히 장애보험과 보충보장소득(Supplementary Security Income)에서 그렇다. 예를 들어 네덜란드에서 고용주들은 장애보험을 잉여노동에 대한 조기퇴직계획으로 사용 해 왔다는 충분한 증거가 있다. Organization for Economic Co-operation and Development, *OECD economic survey: Netherlands*, Paris, 1991.

(1) 사회보장은 가장 곤경에 처해 있는 사람들에게 제공하는 경제적
지원을 줄일 것이다.

퇴직연령을 몇 년 연장하고, 피부양자 급여를 감소하며, 보다 많은
소득에 과세를 하는 것과 같은 사소한 조정을 함으로써 사회보장비용
을 조금씩 삭감할 수는 있으나, 보편적 적용, 소득과 관련된 급여구조,
부과방식의 재정과 같은 제도의 기본적 틀은 그대로 유지될 것이다.
그러나 현 추세는, 이런 구조 안에서 임금대체율과 순이전이 감소하고
연금수급연령이 상향됨과 동시에 가난한 노인은 보다 높은 소득집단과
비교해서 사회보장에 점점 더 의존하게 될 것이라는 사실을 보여준다.
비록 중간과 상위 소득범주의 노인가구에서도 사회보장급여가 감소되
지만, 이들 집단에서 감소는 사적연금으로부터 보충되는 급여로 보충
될 것이다(가장 빈곤한 노인에게는 그렇지 못하다).

(2) 사회보장 프로그램에 대한 중위 및 상위 소득집단의 이해관계가
줄어들면서 이들의 사회보장 프로그램에 대한 정치적 지지도 감소
할 것이다.

보편적 급여 도입을 주장하는 이유 가운데 하나는 모든 사람들에게
도움을 주는 프로그램만이 양질(high quality)을 보장하기에 충분할 정
도로 대중적이고 정치적인 지지를 받을 수 있다는 것이다.[18] 그래서

18) 또 다른 지적은 선별적 원리, 특히 자산조사에 근거한 급여의 배분이 수혜자
에게 낙인을 찍는다는 가정에 근거한다. 그러나 자산조사에 대한 부정적인 사
회·정신적 효과가 일반적인 가정보다 본질 적으로 덜 고통스러울 수도 있다:
Neil Gilbert, Harry Specht, and Paul Terrell, *Dimension of social welfare policy*,
Englewood Cliffs, NJ: Prentic Hall, 1993. 몇몇 연구는 자산조사 그 자체가,
보충보장소득(SSI)을 받는 노인들을 포함한 공적부조 수급자의 짜증을 유발하
는 주요 원인이 아니라는 사실을 발견하였다: Joel Handler and Ellen
Hollingsworth, *How obnoxious is the 'obnoxious means test'? The View of AFDC
recipients.* Institute for Research on Poverty Discussion Paper(Medison:
University of Wisconsin, 1969): Richard Pomeroy and Harold Yahr, Studies

이 주장은 가난한 사람들을 위해 설계된 프로그램은 결국에는 조잡하면서 열등한 장치(shoddy, inferior arrangement)가 되어버린다고까지 말한다. 프로그램의 수혜자수가 적고 가난한 사람이 대상이 될수록, 폭넓게 기반한 대중적이고 정치적인 지지를 더 적게 얻을 것이라는 견해는 동어반복적(tautological)인 것이다. 그러나 가난한 사람에게만 도움이 되도록 설계된 프로그램과 보편적으로 적용되는 프로그램 사이에 위치하는 절충적인 프로그램이 다양하게 있을 수 있다. 예를 들어 오스트레일리아에서는 사회보장급여가 자산조사를 바탕으로 제공되지만, 자산기준선이 상대적으로 높아서 대부분의 노인들이 자격을 갖는다.

미국에서 보편주의가 정치적으로 유리한 것은 어느 정도 사실인데, 여기서 노인인구를 위한 사회보장이 광범위한 대중적 지지를 받는 것은 부분적으로 프로그램의 보편적 적용에서 유래하는 것이다. 대중적인 찬성과 정치적 지지가 보편주의를 가져온 것과, 이것이 향후 급여의 흐름에서도 계속 유지될 것인가는 다른 문제이다. 1960년과 1980년 사이의 보편적 급여는 거의 모든 노인이 사회보장급여를 받았을 뿐만 아니라 이들 급여의 임금대체율이 상승하고 있었다는 것을 의미하는데, 이는 양(+)의 순이전율이었다는 것을 뜻한다[이 양(+)의 순이전율은 저소득 집단보다 상위소득 집단에게 더 많은 보조금을 지급하였다]. 그러나 1980년 이후, 임금대체율과 양(+)의 순이전율은 둘 다 하락하기 시작했다. 양(+)의 순이전은 중간과 상위 소득범주에서 가장 급격하게 떨어졌다[그리고 2010년까지 많은 고임금 소득자에 대해서 음(-)의 순이전으로 되돌아갈 것이다]. 사회보장제도의 보험계정 균형을 회복하기 위하

---

in public welfare: Effects of eligibility investigation on welfare clients, New York: Center for the Study of Urban Problems, City University of New York, 1968; Marthr Ozawa, "Impact of SSI on the aged and disabled poor," in *Social Work Research and Abstracts* 14, Fall, 1978, pp. 3-10.

여 모든 종류의 소득을 포함하도록 사회보장세(social security payroll tax)의 적용범위를 확대하고 급여에 대한 개인소득세를 증가시키면서, 자격이 되는 정규연령을 상향하는 계획안이 실행된다면, 이는 고소득 집단이 내는 기여금을 증가시키고 더 나아가 급여의 가치를 감소시킬 것이다. 이와 동시에, 중간과 상위 소득집단의 노인은 사적연금에서 자신들의 퇴직소득을 더욱 많이 끌어올 것이고, 사회보장에서 그들이 누리는 이익은 훨씬 줄어들 것이다.

비용상승과 급여삭감은 사회보장에 대한 정치적 지지를 약화시키기 쉬운데, 특히 기여금에 대한 면세형식으로 일정한 공적 보조금을 받는 사적연금에 가입된 중간과 상위 소득집단에서 그럴 것이다.[19] 그리고 상위 소득집단에게 급여감소는 결국 음(−)의 이전이 되기 때문에 이들이 계속 사회보장의 보편적 특성을 지지할 것인지는 의심스럽다.

(3) 기업연금 의존 증가는 민간제도에 대한 공적 규제의 필요성을 더욱 높일 것이다

장(Jean Frijns)과 카렐(Carel Petersen)은 사적연금 장치의 지급능력과 위기에 영향을 미치는 다양한 요인을 분석하면서, "의무적인 최저기금 기준이 있는 미국에서조차도, 재원을 부담하는 기업주는 여전히 기여금 조달에 상당한 재량권을 가진다"고 말한다. 이 재량권의 결과, 기업연금은 종종 취약한 재정기반을 가지게 된다.[20] 실제로 연금보증협회(Pension Guarantee Corporation)에 따르면, 사적연금의 불충분한

---

19) 1980년대 개인연금에 대한 세금지출은 연방정부의 사회보장을 위한 직접적인 지출보다 급격하게 증가하였다. Neil Gilbert and Barbara Gilbert, *The Enabling State: Modern welfare capitalism in America*, New York: Oxford University Press, 1989.

20) Organization for Economic Co-operation and Development, *Private pensions and public policy*, op. cit., p. 102.

기금공급은 단독 고용주 프로그램의 경우, 1982년의 1억 8,000만 달러에서 1991년의 약 4억 달러로 두 배 이상이 되었다. 또한 복수 고용주 프로그램에서 1억 1,000만 달러의 기금부족으로 인해 1991년 연방정부가 보증한 연금의 기금부족 총액은 약 5억 1,000만 달러가 되었다.[21] 비록 대부분의 기금 부족이 상대적으로 소수의 회사에 집중되지만, 이에 대한 공적 책임은 큰 것이어서 기업연금에 대한 기금규정을 강화하는 개혁은 정당한 것이다.

전반적으로, 이런 다양한 추세는 가까운 미래에 이층 연금제도(two-tiered system of pension)가 나타날 것을 알려준다. 첫 번째 층은 사회보험이 삭감된 형태로 이루어질 것인데, 보편적 급여와 부과방식의 재정(pay-as-you-go financing)은 그대로 유지된다. 이 층은 저임금 소득자의 주요 퇴직소득원이 될 것이다. 두 번째 층은 사적연금제도로 구성될 것인데, 이 사적연금은 급격히 늘어나고 있고 면세와 세금지출의 형태로 인식되는 다른 특혜에 의해 부분적으로 보조금도 받는다. 이 층은 중간과 상위 소득집단에 있는 노인에게 보다 많은 퇴직소득을 제공할 것인데, 이 점이 앞서 제시된 수치에서 보듯이 그들을 사적연금에 더욱 의존하도록 만들고 있다. 비록 두 번째 층이 세금지출을 통해 간접적으로 공적 보조금을 받지만, 실제로 이런 사적연금과 공적제도 사이에는 아무런 조정이나 통합이 없다.

위 시나리오는 사회보장의 미래에 대해 몇 가지 기본적 의문을 제기한다. 저소득 노인들을 위한 사회보호는 다가오는 수십 년 내에 약화될 것인데, 사회보장개혁이 저소득 노인들을 위한 복지수준을 어느 정도까지 보장하는 목표를 세워야 하는가? 사회보장행정은 공·사 연금제

---

21) Pension Benefit Guarantee Corporation, *Annual Report*, 1992 (Washington, DC, 1993).

도를 조정하고 통합하기 위해 노력해야 하는가? 사회보장행정은 민영
회사 프로그램을 규제하는 역할을 해야 하는가? 결국 이러한 질문들의
기저에는 사회보장개혁이 현행 제도의 기본틀인 보편주의(basic uni-
versal framework) 안에서 재정균형을 유지하도록 강조해야 할지, 아니
면 저소득노인의 욕구에 초점을 맞춘 보다 더 근본적인 개혁을 할 때
인지에 대한 포괄적인 쟁점이 자리잡고 있다.

* 참고: 이 글은 ISSA International Research Meeting, "Social Security:
A Time for Redefinition?"(Vienna, 9-11 November 1994)에서
발행된 논문의 수정판이다.

제3장
민영화와 전문화: 미국의 사회복지 서비스 전달에 대한 도전
(Privatization and Professionalization: Challenges to Social Service Delivery in the U.S.A)

1) 들어가는 글(Introduction)

1980년 중반 이래로 산업화영역에서 많은 부문이 민영기업과 시장경제로 열광적인 부활을 경험하게 되었다. 이러한 시장력의 회복은 미국사회의 사회복지제도에 중요한 영향을 미치게 되었다. 오늘날 요양원은 주간보호센터와 유치원처럼 압도적으로 상업적 소유하에 있다. 민영의 비영리 및 영리추구 공급자들은 노인들을 위한 운송, 식사배달 서비스 프로그램 전달을 잠식해 들어가고 있으며, 심지어 일부 교도소들조차 민영회사가 운영하고 있는 실정이다. 사회복지사들은 점차 회사에 고용되거나 사적인 영업에서 독립적으로 전문가로서의 기능을 하고 있다. 이러한 전개들을 총칭해서 '사회복지의 민영화'로 묘사해왔다.

그러나 사회복지의 민영화는 사적인 부문에서의 영리 및 비영리조직들을 통한 사회급부의 전달에 대한 증가 이상의 것을 포함하고 있다. 이것은 다음과 같은 것을 포함하는 아이디어와 활동들의 보다 복합적인 형태를 보여준다. 즉 증서(voucher)[1]와 세금지출을 통하여 사적

---

[1] 증서(voucher)는 제한된 서비스 선택의 폭을 완화시키려는 방안의 하나이다. 시장경제에서는 소비자들이 여러 가지 상품들 가운데 자신이 선호하는 것을

소비에 보조금을 지불하는 간접적인 현금이전 방법의 증가인데, 예를 들면 개인은퇴계좌(individual retirement accounts), 아동보호세금공제 (child care tax credits), 피고용인 부가급여(employee fringe benefits), 그리고 근로소득공제(earned income credit)를 위한 것이다(1960년대 후반 이래로 세금지출은 주로 중류층을 위한 모호한 형태의 복지국가를 형성해 왔는데, 이러한 세금지출은 사회보장에 대한 것을 제외하고는 직접적인 모든 복지지출보다 훨씬 더 급속히 증가하였다; Gilbert & Gilbert, 1989를 보라). 그리고 보다 철학적인 수준에 대해서 언급한다면, 사회복지의 민영화 는 효율성, 소비자 선택, 경쟁, 그리고 기업활동을 향한 열정을 자본가 윤리에 주입함으로써 수반되어 왔다. 미국에서 사회복지사들은 사회복 지 서비스를 어떻게 시장에서 매매할 것인가에 대한 강의를 듣고 있으며, 순이익과 단위비용에 대해 보다 많이 논의하고 있다.

　민영화 경향은 사회복지 서비스의 전달 및 전문적 실천에 대해 많은 쟁점들을 제기한다. 즉 ① 사회복지 서비스와 영리추구 공급자 간의 양립성, ② 직장을 통한 사회복지서비스 전달의 비용과 이익들, ③ 사회복지서비스의 전문성과 민주화, 그리고 시민사회의 증진을 위하여 지역기반조직들과 맺는 계약이 시사하는 점, ④ 전문적 서비스체계에 대한 사적 사회사업 실천의 영향 등이 그것이다. 필자는 이러한 쟁점 들에 대해 지역사회에 기반을 둔 민간 공급자들과의 계약을 지지하는 가정들을 검토함으로써 분석을 시작하고자 한다.

선택하여 구입할 수 있으나 정부가 제공하는 사회복지 서비스에 대해서는 선택의 폭이 크게 제한되어 있었던 것이 사실이다. 그러나 증서(voucher) 체계하에서는 사회복지 서비스 수혜자들이 하나의 서비스를 제공하는 여러 경쟁자들 가운데 자신의 선호도에 따라 선택할 수 있는 권리를 가지게 된다. 이러한 제도 가운데 가장 보편적인 것으로 식품권(food stamps), 수업료보조금(tuition grants), 주택보조금 증명서(housing subsidy checks)가 있다(역자주).

2) 서비스 계약: 전문성, 민주화, 그리고 시민사회
(Contracting for Service: Professionalism, Democratization, and Civil Society)

사회복지의 민영화는 서비스를 구매하는 제3자의 현저한 성장으로 추진되어 오고 있는데, 이것은 영리 및 비영리기관들이 전달하는 서비스에 지불하기 위해 사용하는 공공기금을 포함한다(Salamon/Abranson, 1982).2) 복지개혁에 대한 최근의 계획들로 이러한 '서비스계약'은 증가하고 있음이 분명하다. 이와 동시에, 계약이라는 것은 공공 사회복지 서비스에서 이미 확립된 전문적 관례와 서비스 전달의 민주화 사이에 심각한 긴장을 만들어낼 것이다.

필자는 이러한 상황을 잠시 검토할 것이다. 공공복지를 개혁하기 위한 상, 하원 양쪽의 제안들은, 연방기금 및 공적부조에 대한 권리를 제한하고, 이러한 프로그램들에 대한 기본책임을 주(state) 위탁기관에 위임하는 등 입법 프로그램들을 총괄교부금(block grants)으로 변화시킬 것이다. 총괄교부금에 대한 수많은 논의들은 복지클라이언트들이 새로운 협정하에서는 어떻게 대우받을 것인가에 대해 강조점을 두고 있다. 그러나 거의 주목받지 못했던 제안된 개혁안들 중에 몇몇 중요한 것들이 있는데, 이 글에서 필자는 그것들이 서비스 전달을 민주화할 것이며, 공적 사회복지서비스에서 조직화된 노동 덕분에 시민사회의 몇몇 측면을 증진시키는 방법들에 대해 언급하고자 한다.

---

2) 예를 들어, 1962년에 유태계 사회복지기관에 대한 정부보조금은 이 조직들이 받은 전체 수입 중 11%뿐인 것으로 계산되었다. 겨우 10년 후, 이 기관들에 대한 정부지불은 그 기관들의 수입 중 51%로 계산되었다. 그리고 1980년 경 연방정부의 기금은 비영리 사회복지서비스 기관들을 민영화시킨 모든 재정적 지원의 50% 이상을 제공하였다.

최근에, 필자는 캘리포니아의 복지부 관리자들 6명이 모이는 자리에 참석한 적이 있는데, 다음과 같은 질문을 받았다: 만일 복지 프로그램에 대한 총괄교부금을 만들기 위한 의회안들이 이행되어서 그 주정부가 지역 차원에서 총괄교부금제도를 통과시킨다면, 당신은 어떻게 할 것인가? 가설적으로, 독창력을 막는 연방 규정으로부터 자유로우며 새로운 시도에 자유롭고 지역이 필요로 할 때 기금이 할당된다면, 복지관리자 모두가 만장일치로 그 제도의 도입에 동의했을 것이며, 지역사회에 기반을 둔 민간부문에서의 기관들과 함께 서비스에 대하여 점차적으로 계약을 하게 될 것이다.

총괄교부금을 기반으로 한 공공 사회복지서비스의 민영화에 대한 이러한 열정은 두 가지 가정이 교묘하게 수렴됨으로써 촉발되었다. 첫째, 민영화는 사회복지서비스의 생산과 전달에 가장 효율적인 접근법을 제공한다는 것이다. 둘째, 지역기반 조직(CBO)들은 공공관료제보다 훨씬 효율적인데, 왜냐하면 지역기반 조직들은 서비스를 받는 사람들과 보다 밀접하게 위치하기 때문이다.

첫 번째 가정을 살펴보면, 민영화의 효율성은 추정되는 경쟁의 이점과, 이익집단과의 거래에 대응해야만 하는 정부하에서 비용경쟁에 제한적인 공공관료제의 실패, 양자와 연관이 있다. 이러한 가정에 의문을 제기하는 사람들은 시장은유(market metaphor)가 제대로 적용되지 않는다고 주장한다. 그들은 지적하기를, 사회복지서비스 영역에서는 시장원칙이 잘 작동하지 않는데, 왜냐하면 서비스의 제3자 구매가 소비자 선택에 대응한 경쟁력을 손상시키기 때문이라는 것이다.[3] 전체적인 상호거래는 그 서비스에 대해 지불하지 않는 개인 소비자에 의해서도,

---

3) 이러한 가정들에 대한 찬·반 견해에 대해 보다 상세한 논의는 Gilbert·Tang, 1995를 보라.

그 서비스를 직접 수령하지 않는 구매자(공공기관)에 의해서도 간파되지 않는다. 더구나 사회복지서비스 소비 인구(아동, 노인, 빈곤자들)는 취약하며, 정보가 별로 없는 소비자들이다. 얻는 것에 대해 지불하는 정보를 가진 소비자들에 의해 부과되는 시장규율의 부재 속에서, 서비스의 제3자 구매는 전달되는 서비스의 품질을 보장하는 데 어려움을 가질 수 있다.

이러한 어려움은 민영화에 대한 두 번째 비판을 이끌어낸다. 즉 구매되고 있는 서비스 단가를 결정하기 위한 복잡한 측정의 요구와, 그 이후 전달되는 서비스의 품질을 점검하는 값비싼 절차로 인해 계약의 구매비용이 상당히 높다는 점이다.

이러한 비판에 대해 지역기반 조직들과 계약함으로써 민간기관으로부터 구매하는 서비스의 거래비용을 줄일 수 있다는 지적이 있다. 왜? 지역기반조직은 지역의 소비자(구매자)에 책임이 있으며, 대응적일 것이기 때문이다. 소비자들은 그들의 관리체계에 직접적으로 영향을 끼침으로써 이러한 기관들에게 영향을 미칠 수 있다. 본질적으로, 이러한 기관들은 그들 자신의 지역사회에 서비스하는 지역적 집단들이다. 따라서 소비자들은 그들이 받는 서비스에 대해 지불하지 않는다고 하더라도, 이러한 서비스의 품질에 강력한 영향력을 미칠 수 있는 위치에 있는 것이다. 이러한 상황에서 볼 때, 지역의 조직체들에 대해 영향력을 행사할 수 있는 힘을 가지고 있는 소비자들이 서비스 품질에 대한 점검을 하기 때문에 계약 거래비용은 감소될 수 있는 것이다.

그렇다면 계약이라는 것은 보다 효율적이고 효과적인 서비스를 전달하기 위한 하나의 방법일 뿐 아니라 사회복지서비스의 민주화를 증진시키기 위한 기제도 된다. 지역기반 조직은 개인과 국가 사이에 시민사회의 완충지대를 제공하는 지역적이고, 사적이며, 서비스받는 사람들에게 대응적인 중재기관이다. 지역기반 조직들과 계약하는 경우는 사회복지서비스의 전달에 있어서 정부의 역할을 최소화함으로써 이러한 "중재기구는 시민사회의 중심부에서 그들의 합법적 입지를 요구하면서 일단 활성화될 여지를 가지게 될 것"이라는 견해로 지지된다 (Krauthammer, 1995, 15-12).

지금까지 필자는 지역기반 조직과 사회복지서비스의 전달을 공적으로 계약하는 것은 보다 효율적이고 효과적인 서비스를 생산하고, 민주주의를 증진시키며 시민사회를 부활시킬 것이라고 주장해 왔다. 그러나 이러한 장밋빛 이면에는 지역기반 조직과의 계약 경향에 대해 다소 회의적인 견해도 있다.

지역기반 조직들이 공공관료제보다 더 효과적으로 사회복지서비스를 전달하는가는 실증적으로 볼 때 의문스럽다. 왜냐하면 지역기반 조직들이 서비스를 받는 사람들과 보다 긴밀하게 위치하고, 덜 관료적이며, 지역의 영향에 보다 대응적이라고 할지라도, 그것이 서비스 전달에 더 큰 효과성을 보장하지는 않는다(관료제와 민주주의는 서로 다른 목적들을 위해 효과적으로 의사결정하고 실행하기 위한 사회조직의 상이한 방식이다. 얼마나 많은 환자들이 지역의 정치위원회가 운영하는 병원에 가기를 진정으로 원하고 있는가?).

그러나 효과성 이외에도 지역기반 조직이 공공관료제보다 더 낮은 비용으로 사회복지서비스를 전달한다는 것은 사실이다. 지역기반조직은 미국에서 노조운동의 마지막 거점으로 대표되는 공공관료제보다 근로자들에게 보수를 적게 지급하기 때문에 서비스를 보다 적게 전달한다. 1970년대부터 1991년까지 미국의 노조가입률은 28%에서 16%로 감소하였다. 민간부문에서 노조가입률이 점차 하락하는 반면, 정부고용에서의 노조가입률은 증가하였다. 1970년 정부 고용자들이 노조가

입자의 10%를 차지하였는데, 그 이유 중 하나는 물론 정부에서 조직
된 노동력은 주로 서비스 부문이라는 점이다. 산업생산부문과는 달리,
이러한 직종들은 낮은 비용으로 수행되기 위하여 해외로부터 들여올
수는 없었다. 그 대신에 이 서비스 직종들은 지역사회조직들과 계약하
고 있는데, 이 조직들은 비교적 작고, 조직화된 노동과 관계가 별로 없
는 취약한 비영리적 단위이다. 바로 그러한 이유로 지역기반 조직과
계약하는 것은 공공 사회복지서비스 노조들을 손상시키는 잠재적 기능
들을 행사한다.

　이런 모든 결과들을 검토한 후에야, 공공 사회복지서비스에서 지역
사회에 기반을 둔 전달체계로의 이동이 바람직할지도 모르겠다. 그러
나 먼저 상호거래가 분명하게 이루어져야 하며, 특히 사회복지서비스
에서 향후 조직된 노동의 의미를 명백히 해야 한다.

3) 영리를 위한 사회복지(Welfare for Profit)

　1960년대 중반 이후로 사회복지서비스에 영리추구 공급자들의 활발
한 움직임이 있어왔다. 이러한 움직임은 의료보험(Medicare)이나 의료
부조(Medicaid)의 무제한적 배상을 허용하는 건강서비스와 같은 사적
보호의 다양한 유형을 분류화함으로써 부분적으로 촉진되어 왔다. 따
라서, 예를 들면 많은 정신건강, 물질남용, 장애, 성, 그리고 질병과 관
련이 있는 서비스들이 건강보호 항목하에서 효과적으로 분류되고 변상
된다. 건강보호 범주로 분류되는 대인사회서비스를 넘어서서 운송, 식
사배달, 취업훈련과 같은 몇 가지 분야가 있다. 이 속에서 영리추구기
관들은 시장의 주요한 몫을 획득해온 생동적인 현실적 문제와 또 다른
요인들을 개발해 왔다. 1987년 비정부 사회복지서비스의 약 40%가

영리추구로 작용했다(U.S. Bureau of the census, 1992: 774).

아동복지는 영리추구기관들이 실질적으로 존재하는 분야 중의 하나이다. 미국 아동 사무소에 의하면, 만약 우리가 원외 아동시설의 경우를 본다면 거주 처우의 35%, 기관보호의 24%, 그룹홈 보호서비스의 28%가 영리추구회사와의 계약하에서 구매되었다. 이러한 3가지 유형의 서비스에 대한 구매계약의 전반적인 형태는 영리추구기관들이 자발적/비영리기관이나 공공기관들보다 더 빈번하게 매각인으로 이용되어 왔음을 나타낸다(c.f. Born, 1983: 112).

영리지향적인 활동이 사회복지에 적합한가? 물론, 이것은 즉각적으로 제기되는 질문이다. 이것은 도덕적이고 경험적인 관점, 양쪽으로부터 모두 접근될 수 있는 질문이다. 도덕적 관점에서 본다면, 취약하고 불안정한 사람들의 긴요한 욕구충족을 위해 고안된 프로그램들로부터 이익을 취하는 것은 잘못이라고 논박할 수 있다. 그러나 이것은 음식, 의복, 그리고 기타 생활필수품들에 대한 인간적 욕구들이 대개 영리지향적인 활동을 통해 만족된다고 보는 자본주의 사회에서는 맞지 않는 주장이다. 만일 영리지향적인 기관들이 사회복지서비스 전달에 가장 효과적이고 효율적인 수단을 제공한다면, 도덕적인 반론을 제기할 수 있는 근거는 다소 줄어든다고 하겠다. 비영리 대 영리추구 서비스 공급자들의 상대적 효과성과 효율성에 관한 쟁점은 실증연구의 근거에 대한 논쟁으로 옮아간다. 여기에 요양원과 병원들에 대한 대부분의 실증자료들이 있다.

요양원에 관한 비교자료들은 결정적이지는 않더라도 꽤 정교하다. 영국과 미국에서의 수많은 연구들은 많은 중요한 프로그램 특성들을 통제한 이후에도, 영리추구 요양원들이 비영리요양원들보다 평균 5%~15% 정도 비용이 덜 든다는 유사한 결과를 보이고 있다(Gilbert/Tang,

1995를 보라). 요양원에 대해서라면, 영리추구 공급자들의 비용이 적게 든다.

그러나 비용면에서의 차이점만으로는 더 큰 효과성을 입증하지는 못한다. 영리추구 요양원들의 비용이 적게 드는 이유가 무엇인가? 라는 질문이 여전히 남아 있다. 여기서 우리는 현실적인 궁지에 빠지게 된다. 요양원 서비스의 질이란 무엇인가? 우리는 직원들의 세심함, 호의적인 환경, 혹은 일주일에 몇 번이나 시트를 바꾸는지 검토하는가? 요양원 내부에서 무엇이 일어나는지 측정하기 어렵다는 점에도 불구하고, 많은 연구들이 그 문제를 공격해 왔다. 필자는 여기서 전체 문헌을 검토하지는 않을 것이다. 그러나 훌륭한 사회조사가 우리에게 말해 줄 수 있는 것과 말해 줄 수 없는 것에 대한 흥미있는 예를 들어보고자 한다. 이것은 전통적인 교회 소유의 요양원과 영리목적으로 운영되는 요양원에서의 진정제 사용을 비교한 연구이다. 발견된 결과는 허용되는 약 처방을 받은 노인의 비율 사이에는 차이가 거의 없는 반면, 이 환자들에게 허용되는 수면제의 복용에 있어서는 상당한 차이가 있음을 나타내고 있다. 이윤추구의 요양원은 비영리요양원보다 평균 4배의 진정제를 노인들에게 주고 있다(Weisbord, 1988). 동시에 영리추구 요양원에서는 환자 1인당 배당되는 전일제 간호사와 전일제 부양사가 비영리요양원보다 수가 적다는 것도 보고되었다. 이러한 자료가 우리에게 말해 주지 않는 것은 이것이 의약에 대한 진정한 욕구에 의해 처방된 최선의 의약수단을 보여주는지 혹은 취약한 환자들을 이용하는 비용절감 절차인지이다. 보다 빈번하게 진정제를 맞는 환자들은 고통이 덜할 것이며, 보다 행복할 것이고, 보다 덜 낙담하며 스스로를 덜 상처 입힐 것이며, 일반적으로 보다 나은 상태일지도 모른다.―본인은 이러한 가능성을 철저하게 방어하고 싶은지 스스로도 잘 모르겠다―그러나 이것은 해결되지 않는 심각한 문제로 남아 있다. 사람들은 이 분야에서의 실증조사의 복합성을 대단히 강조한다.

병원 보호의 영역에서, 영리 및 비영리 설비들의 상대적 비용에 따라 그 견적이 다르다. 그 증거의 일반적인 경향들은 영리추구 병원들이 실제로 비영리 병원들보다 더 많은 요금을 청구한다는 것을 보여준다. 그러나 병원 비용을 계산하는 방법들은 많이 있다. 영리추구 병원들은 1일당 요금을 더 많이 청구한다. 그러나 환자들은 단기간체제를 하고 있는데, 이것은 일당보다는 환자 1인당 요금의 기초에 계산하면 비용이 바뀌게 된다(Marmor, et al., 1987). 또한 비영리 병원들은 다양한 세금 면제와 세금 면제보증의 보다 낮은 이자율로 대부 받을 수 있는 방법 등을 통하여 공공보조금으로부터 혜택을 받는다. 공적으로 부과되는 이러한 비용은 그들의 낮은 하루 서비스요금에 부가되어야만 한다. 무엇보다도 소유자가 있는 비영리 병원에서의 비용과 보조에 대한 조사결과들은 분명한 특혜를 산출하지 않는다. 국립과학의약연구소는 3년간의 연구를 검토하여 주의 깊은 진술로 다음과 같이 결론짓고 있다.

"영리와 비영리 건강보호조직들 간의 차이점에 관해 통용되는 근거는 건강보호조직들의 투자자 소유권이 공공정책에 의해 반대되거나 또는 지지되도록 하는 추천을 정당화하기에는 충분하지 않다"(Gilbert/Gilbert 1983).

그래서 이 사실은 우리에게 무엇을 의미하는가? 보다 영리지향적인 공급자들은 비영리사회복지 서비스기관들과 점차적으로 경쟁하게 됨에 따라, 비영리 사회복지서비스 기관들은 보다 '경영적인 태도'로 행동하도록 하는 압박에 점차적으로 놓이게 될 것이다. 이것은 비영리기관들이 영리지향적인 기관들만큼이나 고집이 세고 아마도 능률적인 것

이 될 것을 의미하는 것이다. 효율성의 관점에서, 사회복지서비스 기관
들은 항상 의심받아 왔는데, 왜냐하면 '효율적인 선행'이라는 아이디
어는 다소 모순적으로 들리기 때문이다. 위험은 여기에 있다. 효율성은
사회복지서비스 공급자들을 비교하는 데 현혹적인 기준이 될 수도 있
다. 거의 모든 사회복지 프로그램에서 최소와 최선의 급부간에는 유의
미한 범위가 있다. 예를 들면, 노인들을 위한 영양사업들은 주로 집단
설비를 갖춰놓고 거의 50만의 노인들에게 매일 식사를 제공한다. 요리
에 대한 맛과 모양의 측정에 대해 이러한 식사들은 아마도 고급요리보
다는 덜 화려하나 군대보다는 더 나은 것으로 간주된다. 만약 이 프로
그램들의 효율성이 음식이 제공된 숫자와 영양이라는 진부한 기준에
의해서가 아니라 수월성에 의해 측정되는 것으로 판단된다면, 결국은
가장 쉽게 알 수 있는 메뉴를 제공하는 경향이 확산될 것이다. 맛과
모양은 측정하기가 더 어려운 법이다. 더구나 이러한 프로그램들의 또
다른 혜택, 사회접촉을 위한 기회제공 같은 특별히 '소프트한(soft)' 프
로그램들은, 축소되지 않는다면 간과될 것이다. 아늑한 사교적 분위기
의 쾌적함들은 싸구려 술집(Bowery)의 황량한 식당환경보다 유지하기
에 비용이 더 많이 든다. 사회복지서비스 급여의 다중적이며 가끔은
모호하기까지 한 특성은 효율성을 비교하기에는 불안정한 기반을 만든
다(Gilbert, 1983을 보라).

4) 직장으로의 사회서비스 이동
(Moving Social Services to the Workplace)

직장에서의 대인사회서비스 급부는 민영화의 또 다른 면을 반영한
다. 1970년대 이후 이러한 서비스들은 부분적으로 그리고 간접적으로

정부 보조의 세금지출로 점차적으로 피고용인 부가급여의 인기있는 요
소가 되어왔다. 이러한 피고용인 원조 프로그램(EAPs)들은 마약, 알코
올 남용 치료, 정보 및 소개, 가족 카운셀링, 심리치료, 그리고 정신보
건을 증진시키기 위한 활동 등과 같은 건강과 관련된 다양한 사회복지
서비스들을 전달하고 있다. 이러한 프로그램들의 성장률은 다양한 조
사에서 입증되었는데, 2,000개의 피고용인 원조 프로그램들이 1972년
과 1978년 사이에 확립되었으며, 1980년에는 5,000개로, 1980년대 중
반에는 8,000개 이상으로 증가하였다.4)

처음에 피고용인 원조 프로그램들은 알코올 중독과 마약 남용자들
의 치료에 중점을 둔 것들이었으며, 나중에는 보다 광범위해졌다
(Kurzman, 1987을 보라). 1981년 경제회복법(The Economic Recovery
Act)은 면세 부가급여라는 피고용인 패키지에 어린이의 주간보호를 위
한 보조금 포함을 허가하였다. 주간보호급여는 고용주들이 작업장에
대한 피고용인들의 헌신을 굳히고, 피고용인들을 유혹하기 위한 '특매
품'으로서의 가치를 깨닫게 되면서 상당한 지지를 얻고 있었다. 1982
년 400명과 비교되는 1987년 약 3,000명의 고용주들은 일종의 아동
보호원조(child care assistance)라는 형태를 제공하였다(San Francisco
Chronicle, 1986: 48을 보라). 적은 수의 고용주들이 직접적으로 현장센
터를 후원한 반면, 보다 많은 일반적인 전달 유형은 독자적인 공급자
들과 계약을 하거나 그 공급자들을 자유롭게 선택하는 피고용인들에게
직접적인 보조금을 지불하는 형태이다.5) 다른 평가에 의하면 바로 자

---

4) 1978년의 추정치는 Sonnenstukl/O'Donnell(1980), 1980년은 Wrich(1980),
   1982년은 Roman(1983)에 보고되어 있다.
5) 또한 피고용인의 월급이 주간보호서비스 때문에 감소되어 월급삭감 계획이
   있었다. 왜냐하면 그것들은 독자적 검토로 보상을 받기 때문에 그들이 세금을
   지불하는 소득세는 떨어지는 것이다.

기가 운영하는 회사의 센터를 지원한 고용주들은 여러 측정에 의하면[6] 150~550개의 회사였다.

대인사회서비스의 전달에 대한 센터로서의 직장의 출현은 찬양과 비판, 모두를 이끌어내었다. 예를 들어, 로버트 라이히(Robert Reich)는 정부와 회사가 사회복지급부와 경제발전을 통합시키는 것에 목표를 둔 파트너십에 들어갈 것을 강조한다. 그의 제안에 의하면 여러 가지의 대인사회복지서비스를 위한 공공기금은 현재 이러한 프로그램들을 관리하는 정부관료제를 없애고 회사에 할당되는 것이다(Reich, 1983: 247을 보라). 민간기업과 이러한 방식으로 결합한다면 대인사회복지서비스들은 인적 자본의 형성에 기여하고 생산성을 촉진시키는 것으로 나타날 것이다. 이러한 까닭으로 사적인 채널을 통해 대인사회복지서비스를 전달하는 가장 강력한 유인책이 무엇인지의 문제가 나타난다― 그것은 복지활동에다 합법성과 시장경제에서 성장을 증진시키는 생산력의 가치를 부여한다.

명백한 혜택에도 불구하고, 대인사회복지서비스의 전달을 '보호하는 직장(caring workplace)'에 두는 것을 강조하는 제안들은 어떤 모호한 의문을 제기한다.[7] 서비스의 전달이 증가함에 따라 피고용인들은 경제적, 사회적 보호욕구를 충족시킴에 있어서 직장에 보다 의존하게 된다. 산업가부장주의의 용인은 노동자들에 대해 자비로운 포용이나 억압적인 지배력을 첨가할 수 있다. 이런 점에서, 복지자본주의의 초기단계 동안 '회사타운(company town)'[8]에서의 노동경험은 완전히 고무할 만한 것은 못된다.[9] 근로자의 독립성 정도는 회사 결정과정에 피고용인

---

6) 150의 추정치는 Trost(1987: 25)에 의해 주어졌으며, 550이라는 수치는 Fallows(1985: 173)에 의해서 보고되고 있다.

7) 예를 들어, Gilbert(1986: 254-55)를 보라.

8) 고용, 주택 등을 한 기업에 의존함으로써 형성된 지역(역자주).

이 참여할 수 있는 제도에 의해 보장될 수 있다. 그러나 미국에서의 민주적 경영에 대한 경험은 불완전하고 비결정적으로 남아 있다. 건강한 회의주의는 가치가 있다. 민주주의적 경영이 시도되는 곳에서, 경영이 피고용인들의 참여 또는 조종을 유도하였는지 어떤지에 대해 항상 그 기록은 분명하지 않다(Gomberg, 1966: 30-34를 보라).

또한 노동력 바깥에 있는 사람들에게는 어떤 일이 발생하느냐에 관한 의문이 있다. 연약하고 심한 장애가 있는 사람들을 누가 보호할 것인가? 회사가 지원하는 주간보호센터에서 아이를 키우기보다는 집에 머무르면서 아이를 돌보기를 원하는 독신부모들의 욕구는 어떤 기관들이 처리할 것인가? 라이히(Reich)의 제안에 의하면, 중증장애인과 같은 특수집단을 위해서는 직장 밖에서 일부 공공기관들이 서비스를 계속 전달하는 것이다. 그러나 이러한 공공기관들은 어떻게 산업에 기반을 둔 프로그램들의 조직화된 구매자에 대항하여 사회복지 서비스 자원에 대한 경쟁을 하며 살아가는가? 대인사회복지서비스의 전달이 인적 자본의 증진을 향하는 체계 속에서 생산적인 기여에 대한 잠재성이 제한되어 있는 사람들은 그들의 욕구가 어느 정도로 강하든지 간에 원조에 대한 높은 우선권이 있을 것 같지는 않다.

최저선에 대한 의문이 여전히 남아 있는데, '보호하는 직장'은 어느 정도 모순적인가? 피고용인 복지를 향상시키기 위해 고안된 서비스가 생산성과 이익으로 나아갈 때 사회적, 경제적 목적들의 상호강화가 있다. 그러나 항상 그렇지는 않다. 고용주들은 근로자가 값비싼 기계를 조작하고 민감한 물질을 다루거나 혹은 인간의 생명을 보호하는 데 관

---

9) 회사타운은 그것들이 일반적으로 유발시키는 인상만큼 불쾌한 것은 아니었다. 회사타운에 대한 균형적 평가 및 복지 자본주의의 초기단계는 Brandes(1970)을 보라.

여된 책임을 필요로 하는 곳에서는 특히 그들의 지속적인 고용위험을 관리하기보다는 마약과 알코올 치료 프로그램들에 등록한 고위험 노동자들을 해고하는 것이 더 많은 이익을 가져온다는 사실을 발견할 수 있다.

역사적으로, 경영 목적과 개인 보호 사이의 관계는 서로 노력하는 요소들을 가지고 있다. 20세기로 들어서면서 수많은 회사들은 소위 '복지 비서들(welfare secretaries)'이라는 사람들을 고용하여, 피고용인들을 상담하고 조언하고 또는 원조해 왔다(Popple, 1981: 260을 보라). 1930년대에 이러한 산업사회 복지사들은 부상하는 개인적 관리의 전문직으로 함께 통합되면서 많은 기능이 그 상황에서 사라지게 되었다. 복지 비서에서 개인 관리까지로의 발전은 복지자본주의의 초창기에 피고용인의 복지에 대한 관심과 작업장의 생산성 사이에 긴장이 전개될 때, 후자가 궁극적으로 우세하다는 것을 보여준다. 직장에서 사회복지 서비스의 현대적 부활과 함께 그 긴장들은 다시 나타나게 되었다 (Gilbert, 1973을 보라).

5) 사적 개업과 2단 서비스체계의 출현
   (Private practice and the Emergence of a Two-Tiered Service System)

민영화 경향에 의해 제기되는 마지막 쟁점은 사회복지사들 사이에 심리치료의 사적 개업이 팽창한다는 것이다. 사적 개업은 20세기초 사회사업조직들에 의해 방해를 받았는데 이때는 유료 서비스활동들과 영리적 동기가 사회복지의 박애주의에 다소 벗어나는 것으로 보였을 때이다(Hardcastle, 1981을 보라). 그러나 1960년대 중반에 사적 개업은 제3자 매각인 지불을 통한 사회사업서비스의 부활에 대한 전망으로 사적 개업가들을 위한 생존에 적합한 시장을 열게 됨에 따라 보다 유혹적인 것으로 보이기 시작했다. 1964년 사적 개업은 미국사회복지사협회(NASW)로부터 다음과 같이 공식적인 지지를 받게 되었다.

미국사회복지사협회는 사적 개업을 사회사업의 합법적인 영역으로서 인정한다. 그러나 사회적으로 후원받는 조직구조 안에서의 실천이 전문직의 목표 수행에 가장 우선적인 방법이어야 한다는 것을 강조한다.

이러한 진술은 사적 개업을 시인하면서 동시에 견제하는 이상한 진술이다.

사적 개업 경향에 관한 흥미있는 이면은 클라이언트들의 유료서비스 지불에 대한 치료적 가치와 관련한 사회복지사들의 신념에서 나타난다. 10개 주에서 31개의 가족서비스자원 기관의 236명의 사회복지사들에 관한 연구는 조사대상자의 거의 2/3가 "비용을 지불하는 클라이언트들은 비용을 지불하지 않는 클라이언트들보다 성과가 더 좋으며, 그리고 그들의 재정적인 희생을 요구하는 것으로 생각하므로 치료적 가치가 더 높은 경향을 보이는 것으로 믿고 있다"는 것을 조사하였다(Bloch/Rubenstein, 1986). 같은 선상에서 가족서비스기관의 전국적인 연구는 클라이언트의 사회계층을 통제한 이후에도 심지어 서비스 비용을 지불한 사람들이 비용을 지불하지 않고 서비스를 제공받은 경우보다 훨씬 더 많은 성과가 있다는 사회복지사들의 평가를 밝혀냈다. 그러나 클라이언트들이 그들 자신의 변화를 평가할 때, 비용지불과 결과 사이에는 아무런 관계가 없는 것으로 나타났다(이러한 결과는 치료에 대한 비용의 효과가 비용을 지불하는 사람들에 의해서보다는 이러한 실행으

로부터 이익을 얻는 사람들이 훨씬 더 유용한 것으로 인식할 수 있음을 시사
한다; Beck/Jones, 1973을 보라).

1964년 미국사회복지사협회의 모호한 인정에도 불구하고, 사적 개
업에 대한 움직임은 신속하게 진행되었다. 1980년 후반에 이르러, 미
국사회복지사협회의 사적 개업에 대한 모호한 인정은 따뜻한 포용으로
바뀌게 되었다. 상업적 윤리가 사회복지활동에 흡수된 정도에 대하여
전문직 전국회보에 마케팅에 대한 보고로 인하여 드러나게 되었다.

"메디슨 거리(A Madison Avenue)의 개념은 그것의 방법을 사회복지사의
의식 속에 흡수시키는 것이다. 경영학교라는 단어의 의미 그대로 마케팅은 사
회복지와 공공기관에서 사회복지서비스의 전통과는 이질적인 것으로 보인다.
그러나 보다 많은 사회복지사들이 사적 개업으로 진출하고 그들 자신과 정신
보건 전문직 사이에 경쟁이 최고조로 달함에 따라 마케팅은 필수적인 생존도
구"가 되었다(NASW, 1987: 5).

평가는 민간부분에서의 사회복지사 수만큼이나 다양하다. 스펙트
(Specht)와 클터니(Courtney)는 1910년에 사적 개업에 종사했던 사회
복지사들의 비율이 13%였다고 보고하고 있다. 1990년 경 그 비율은
40%까지 증가했다(Specht/Courtney, 1994를 보라). 매사추세츠 주로부
터의 결과는 미국에서 전문적 독립 임상사회복지사(Licenced Indepen-
dent Clinical Social Workers, LICSW)—매사추세츠 주에서 자격증 있
는 사회복지사의 4가지 수준에서 가장 높은—4,400명 중 45%가 사적
개업에서 풀타임이나(19%) 파트타임으로(26%) 종사했음을 보여주고
있다(McGuire, et al., 1984). 미국사회복지사협회와 매사추세츠 조사
는 대인사회복지서비스의 급부에서 사적 개업으로의 빠른 움직임이 있
어왔으며, 그 움직임은 많은 경험과 높은 자질을 갖추고 있는 전문가

들을 끌어들이고 있다는 것을 시사한다.

사적 전문가는 누구에게 서비스하는가? 매사추세츠 조사와 함께 또 다른 보고서들은 사적 개업에서 일하는 사회복지사들은 공공기관에 기반을 둔 복지기관에서의 사회복지사들보다 저소득 클라이언트들과 소수민족 클라이언트들에게 서비스를 적게 하는 경향이 있음을 밝혀냈다 (Specht/Courtney, 1994를 보라). 이러한 결과들은 빈곤자들과 소수민족들에게 유용한 전문적 사회복지서비스의 정도와 질에서 그 하락을 시사한다. 사적 개업의 유혹은 공공 및 자원기관 내에 비전문가들과 사회시장에서 전달 서비스에 경험이 없는 전문가들의 비율을 증가시키게 할 수 있다. 궁극적으로 이러한 경향은 최고의 자질을 가진 전문가들은 비교적 부유한 사적 개업 환경으로 이동하는 2단의 사회복지서비스 체계의 출현을 보여주고 있음을 지적하고 있다. 증가하고 있는 직장에서의 사회복지서비스 급여는 이러한 방향으로 나아가는 것에 부가적인 추진력이 되고 있다.

그러나 대인사회복지서비스의 향후 진행과정은 여전히 불확실하게 남아 있다.10) 경영 부문은 1930년대 동안 대공황으로 인하여 산업체에서 사회복지를 폐기하도록 하였던 것처럼, 사회복지활동에 관심이 없을 수도 있다. 이윤추구 기관들은 제3자 계약이 보다 더 요구조건이 많고 서비스하기가 쉽지 않은 인구층에 보다 초점을 맞추고 있으므로 사회시장으로 침투하는 것이 보다 어렵다는 것을 발견할지도 모른다. 사적 개업으로의 움직임은 정신과의사, 심리학자, 그리고 사적 부문에서 그들의 서비스영역을 보호하고자 하는 사람들로부터의 강한 저항에 직면할 수 있다. 이러한 전개는 최근의 경향들을 역전시키고 대인사회

---

10) 미래 전망에 대한 이러한 논의는 Gilbert(1985)로부터 채택되었다.

복지서비스의 전달에 대한 보다 큰 책임을 공적 부문에 부여할 수도
있다.

그러나 지금 사회복지서비스의 생산과 전달에 높은 공적 책임을 지
는 '자유주의적' 복지제도의 재생이 곧 나타날 것 같지는 않다. 가장
그럴듯한 시나리오는 증가하는 민영화의 과정에서 사회복지서비스 전
달 진행을 묘사하는 것이다. 영리추구 공급자들은 사회시장에 계속 침
투할 것이며, 사적 개업에 대한 움직임은 사회복지 전문직을 계속 민
간부문으로 이동하게 할 것이다. 정부가 대인사회복지서비스의 재정에
대한 주요 원천으로 남아 있는 동안, 이러한 서비스의 생산과 전달은
서비스의 구매와 경제시장에 대해 상환할 수 있는 증서(voucher)의 형
태로 급여 공급을 함으로써 점차적으로 민간부문으로 위임될 것이라는
것은 의심의 여지가 없다.

이러한 관찰 결과를 가지고 필자는 결론을 맺으려고 한다. 네 가지
의 전개과정이 논의되었는데, 보다 일반적이고 철학적인 요점은 민영
화가 사회복지급부에 새로운 사고와 행동의 지평을 열었다는 것이다.
이러한 견지에서 볼 때, 민영화는 사회복지의 전달에 대한 대안적인
경로를 창출하고 소비자들에게 더 많은 선택권을 제공함으로써 중요한
기회를 부여하고 있다. 소비자 선택은 시민 참여와 권한 부여에 대한
자본가적 해석이다. 그러나 소비자 선택이 그렇게 많이 확장될 것인가
는 불확실하다. 새로운 기회들이 혼란을 가져올 수 있다. 경쟁의 미덕
을 찬양하는 시장윤리는 민영화를 수반하고, 민영화는 사회복지서비스
의 질과 수행에서 새로운 상하수준을 만들어낼 가능성이 크다. 사회복
지정책에 관심이 있는 우리들이 새로운 고급수준은 증진하고 하급수준
은 막기 위해 경계해야 할 시기이다.

⊠ 참고문헌

Beck, D. & Jones, M.(1973) *Progress on Family Problems*, Family Service Association of America. New York.

Bloch. M. & Rubenstein, H.(1986) "Paying for service: What Do Clinical Social Workers Believe?" *Journal to Social Service Research*, vol. 9. 4. 21-35.

Born. C.(1983) "Proprietary Firms and Child Welfare Services: Patterns and Implications," *Child Welfare*, March/April.

Brandes, S.(1970) *American Welfare Capitalism 1880-1940*, Chicago.

Fallows, D.(1985) *A Mother's Work*, Boston.

Gilbert, N.(1983) *Capitalism and the Welfare State*, New Haven.

_____(1985) "The Commercialization of Social Welfare," *Journal of Applied Behavioral Science*, vol. 21, 4, 373-375.

_____(1986) "The Welfare State Adrift," *Social Work*, vol. 3, 4, pp. 254-255

Gilbert, N. & Gilbert, B.(1989) *The Enabling State*, New York.

Gilbert, N. & Tang, K. L.(1995) "The United States," in Johnson, N.(ed.), *Private Markets in Health and Welfare*, Oxford.

Gomberg, W.(1966) "The Trouble With Democratic Management," in Trans-action, July/August, 30-34.

Hardcastle, D.(1981) "The Profession: Professional Organizations, Licensing, and Private Practice," in Gilbert N. & Specht H.(eds.) *Handbook of the Social Services*, Englewood Cliffs, p. 40.

Krauthammer, C.(1995): *A Social Conservative Credo*. In: The Public Interest, 121, pp. 15-22.

Kurzman, P.(1987): *Industrial Social Work*. In: National Association of Social Workers(ed.): *Encyclopedia of Social Work. 18th Edition*. Silver Springs, Maryland, pp. 899-910.

Ling, C.(1965): *The Management of Personnel Relations: History and Origins.* Homewood/Ⅲ.

Marmor, T. & Schlesinger, M. & Smitty, R.(1987) "Nonprofit Organizations and Health Care," in Powell W.(ed.). *The Nonprofit Sector: A Research Handbook*, New Haven.

McGuire, T. & Gurin, A. & Frisman, L. & Kane, V. Shatkin, B.(1984) "Vendorship and Social Work in Massachusetts," *Social Service Review*, vol. 58, 3, pp. 373-383.

National Association of Social Workers(ed.)(1974) *Handbook of the Social Services.* Washington, DC, p. 40.

National Association of Social Workers Marketing(1987) "A Lifeline for Private Practice," *NASW News*, vol. 32, 9, p. 5.

Popple, P. R.(1981) "Social Work Practice in Business and Industry, 1875-1930," *Social Service Review*, vol. 55, June, p. 260.

Reich, R.(1983) *The Next American Frontier*, New York.

Roman, P.(1983) "Pitfalls of 'Program' Concepts in the Development and Maintenance of Employee Assistance Programs," *Urban and Social Change Review*, vol. 16, 1, pp. 9-12.

Salamon L. & Abramson, A.(1982) *The Federal Budget and the Nonprofit Sector*, Washington, D.C.

San Francisco Chronicle, June 19(1986) *How Government, Business Are Getting Involved.* p. 48.

Sonnenstukl W. & O'Donnell, J. E.(1980) "EAPs: The Why's and How's of Planning Them," *Personnel Management*, November, pp. 35-38.

Specht H. & Courtney, M.(1994) *Unfaithful Angels: How Social Work Has Abandoned Its Mission*, New York.

Trost, C.(1987) "Child-Care Center at Virginia Firm Boosts Worker Morale and Loyaltym," *Wall Street Journal*, February 12, p. 25.

U.S. Bureau of the Census(1992): *Statistical Abstract of the United States, 1992.* Washington, D.C.

Weisbord, B.(1988) *The Nonprofit Economy*, Cambridge.

Wrich, J. T.(1980) *The Employee Assistance Program.* Rev. ed. Center City, Minn.

■ 지은이 소개
닐 길버트(Neil Gilbert)
U.C. 버클리대학교 사회복지대학 교수
주요저서 『자본주의와 복지국가(*Capitalism and the Welfare State*)』(1983),
『능력개발국가(*Enabling State*)』(1989), 『복지정의: 사회공평의
회복(*Welfare Justice: Restoring Social Equity*)』(1995) 외 다수

■ 옮긴이 소개
김영화
독일 보훔대학교 사회과학 박사
미국 하버드대학교 옌칭연구소(Yenching-Institute) 객원교수
미국 버클리대학교 객원교수(Fulbright Scholar)
현 경북대학교 사회복지학과 교수

임성옥
경북대학교 사회복지학과 박사과정 수료
현 경북대학교 강사

공정원
경북대학교 사회복지학과 박사과정
현 경북대학교 강사

한울아카데미 386
복지국가에서 능력개발국가로
미국 사회복지의 이해

ⓒ 김영화 외, 2001

지은이ㅣ 닐 길버트
옮긴이ㅣ 김영화·임성옥·공정원
펴낸이ㅣ 김종수
펴낸곳ㅣ 도서출판 한울

초판 1쇄 발행ㅣ 2001년 3월 10일
초판 4쇄 발행ㅣ 2011년 10월 25일

주소ㅣ 413-756 파주시 교하읍 문발리 535-7 302(본사)
    121-801 서울시 마포구 공덕동 105-90 서울빌딩 1층(서울 사무소)
전화ㅣ 영업 02-326-0095, 편집 031-955-0606, 02-336-6183
팩스ㅣ 02-333-7543
홈페이지ㅣ www.hanulbooks.co.kr
등록ㅣ 1980년 3월 13일, 제406-2003-051호

Printed in Korea.
ISBN 978-89-460-3999-5 94330

* 가격은 겉표지에 표시되어 있습니다.